教育部人文社科规划基金项目
逻辑思维能力提升与创新人才培养丛书
总主编　刘培育

课堂中的逻辑味道

——让理性引导教与学

汪馥郁　主编　董志铁　主审

汪馥郁　饶玉川　刘玉　史月东　孙海昆　赵兴祥　翟暾　谷渊　窦雪松　编写

中国人民大学出版社
·北京·

丛书总序

"逻辑思维能力提升与创新人才培养丛书"由中国逻辑与语言函授大学策划和组织编写。其中部分图书是中国逻大组织专家参与教育部人文社科规划基金项目"逻辑思维能力与创新型人才培养"课题研究而获得的成果。

逻辑思维能力是指正确、合理思考的能力。具体地说包括对事物进行观察、比较、分析、综合、抽象、概括、判断、推理的能力，以及采用科学的逻辑方法准确而有条理地表达自己思维过程的能力。

创新型人才指富于开拓性、具有创造能力、能开创新局面、对社会发展做出创造性贡献的人才，能在经济、科研、军事、文化等领域不断有新发明、新发现、新创意、新开拓的人才。

恩格斯曾指出，一个民族想要站在科学的最高峰，一刻也不能没有理论思维。而理论思维的核心则是逻辑思维。一个国家逻辑思维能力的高低往往决定着这个国家创新能力的高低，决定着这个国家科技实力的高低，进而决定着这个国家综合国力和国际竞争力的高低。正因为这样，世界各国都高度重视逻辑思维能力的培养。联合国 1974 年公布的基础学科分类目录，将逻辑学与数学、天文学和天体物理学、地球科学和空间科学、物理学、化学、生命科学并列为七大基础学科。《大英百科全书》更是将逻辑学列于众学科之首。联合国教科文组织的报告则指出，在一份由 50 个国家 500 多位教育家列出的 16 项最关键的教育目标中，发展学生的逻辑思维能力被列在第二位。著名的科学家爱因斯坦认为，西方科学的发展是以两个伟大的成就为基础的：一是希腊哲学家发明的形式逻辑体系，二是通过系统的实验发现有可能找出因果关系。逻辑学和逻辑思维能力为西方的科学发展做出了重要的贡献。这些事实充分说明，国际上的许多科学家或教育家都认识到，逻辑学是各门科学产生和发展的必要条件。任何领域无论是其理论体系的建立还是具体问题的解决，都离不开逻辑思维与逻辑方法的运用。

　　欧美各国不仅形成了有关逻辑思维能力重要性的认识，而且在强化逻辑思维能力训练方面采取了许多实际行动。以美国为例，逻辑思维训练贯彻于整个教育的始终，从幼儿园、小学一直到大学教育的各个阶段，甚至伴随一生。在幼儿园，他们鼓励孩子在各种活动中自由发挥、自由创造。教师通过在各类游戏中对幼儿进行有关计划和反思方面的训练，来有效提高幼儿的逻辑思维能力。在美国的小学里，教师通常不会让学生死记硬背一些东西，而是侧重于告诉学生怎样去思考问题，教给学生面对陌生领域寻找答案的方法。学校也会组织一些辩论赛，通过各种形式提高学生的语言能力、思辨能力和推理论证能力。到了中学，教师会注重对学生批判性思维能力的培养，鼓励学生质疑问难。老师常在课堂上提出问题，然后指导学生自己去查阅书本或网络，以得出自己的答案，老师那里也没有现成且固定的答案，他们更愿意让学生充分发挥想象力，并提出自己的创见。美国高中也开设一些研究型课程，这些课程注重对学生发现问题、分析问题、解决问题以及批判性思维能力的培养。在美国的大学里，大都开设《批判性思维》和《逻辑学导论》这样专门训练学生逻辑思维能力的课程。此外，在整个大学教育中，各个专业会通过多种多样的方式，比如写调查报告、写研究性论文、举行辩论赛或创业大赛等，来训练和提高大学生的逻辑思维能力和创新能力。总体来看，现在世界上很多国家都越来越认识到提高国民的逻辑思维素质与培养创新型人才之间的密切关系。很多发达国家都越来越重视在教育的各个阶段对学生逻辑思维能力的训练与培养。这是非常值得我们借鉴的。

　　党的十八大明确提出要实施创新驱动发展战略，强调科技创新是提高社会生产力和综合国力的战略支撑，必须摆在国家发展全局的核心位置。这是我们党放眼世界、立足全局、面向未来做出的重大决策。根据世界各国的经验，要实施创新驱动发展战略、建设创新型国家，就必须有创新型人才，而创新型人才则必须具有较强的逻辑思维能力。因此，对国民——首先是对中小学教师和中小学学生——加强逻辑思维能力的训练，已成为当今时代的紧迫任务。

　　中国逻辑与语言函授大学办学 32 载，正如其校名所昭示的，始终围绕着逻辑与语言学科的普及和提高做文章，积累了比较丰富的经验。基于时代的发展、社会的需要，中国逻大发挥自身的优势，依托中国逻辑学会，精心策划，组织全国高校和科研院所的逻辑专家、中小学校教学一线的资深教师，集思广益，齐心协力，共同编写"逻辑思维能力提升与创新人才培养丛书"。中国逻大逻辑教育指导委员会的专家们在策划选题与审订书稿方面将会发挥重要作用。

本丛书包括以下几个系列：

（1）对中小学和幼儿教师进行逻辑思维培训的图书。这些图书以揭示基础教育各门教材中渗透的逻辑方法为切入点，展示逻辑思维在学习各门学科知识中的核心作用，帮助教师深刻理解、准确把握这些逻辑方法，在教学中自觉地对学生进行逻辑思维训练，从而提高学生的思维素质。

（2）帮助各领域的从业者提高理性自觉和思维能力的图书。这类图书力求紧密联系职场实际，对人们日常思维的特点进行逻辑分析、中肯点评。介绍逻辑知识不求系统，文字力求简明、通俗、有趣。

（3）汇集专家学者阐释上述问题的精彩言论和学习者畅谈心得体会的图书。

本丛书是开放的。我们将密切关注社会发展和人们需求的具体变化，围绕逻辑思维的训练与应用，不断修订、完善已出版的图书，及时推出新的图书，为提高人们的逻辑素质贡献绵薄之力。

中国人民大学出版社作为我国高校最有影响力的出版社之一，欣然与我校携手，担负出版重任，谨向他们表示衷心的感谢！

逻辑思维能力提升与创新人才培养丛书编委会

2013 年 7 月 16 日

目　录

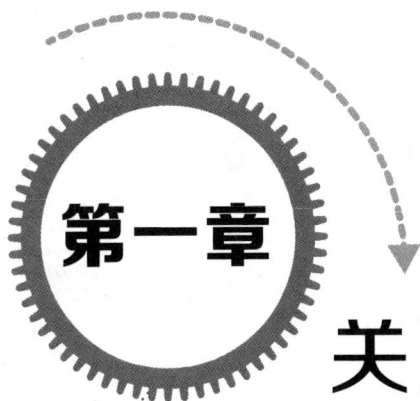

第一章

关注逻辑
张扬理性

　　这是一本专门为了给中小学课堂增添点逻辑味道而编写的读本。

　　承担着中小学课堂教学任务的老师们，面对着学生升学考试带来的压力，面对着学生家长的殷切期望，面对着新课程改革提出的种种要求，肩上的担子是很重的。如何才能解放自己？如何才能使教改获得真正突破？如何才能从根本上提高教育教学质量？一个不可缺少的重要途径就是提升自己的思维素质。一个在学业上表现优秀的人，说到底是他的思维素质好；一个有较大成就的人，起根本作用的是他良好的思维素质所产生的智慧远远高于别人。如何提高教育者和被教育者的思维素质？这就不能不考虑到逻辑学，因为逻辑学是关于思维如何达到规范、合理、有效的科学。我们在这里所呈现的《课堂中的逻辑味道》，就是希望老师们从逻辑学这个角度，进行一些新的思考，以期对我们的教育教学改革起到一些促进作用。

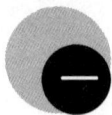

一 逻辑到底是什么

讲到课堂中的逻辑味道，当然首先要了解"逻辑"到底是什么。

按照现在不少逻辑书上的说法，"逻辑"是一个多义词。大体上说，"逻辑"一词有以下三种主要含义：

第一，"逻辑"指客观事物的规律性。例如，"经济运行的逻辑"中的"逻辑"，就是指经济运行中存在的客观规律性。"市场的逻辑"中的"逻辑"，就是指市场活动中存在的客观规律性。

第二，"逻辑"指思维活动的规律性。例如，"在感性认识阶段，人们还不能形成深刻的概念，得出合乎逻辑的结论"中的"逻辑"，就是指人们得出推理的结论的思维活动要遵守思维的规律性。

第三，"逻辑"指一门以研究思维活动规律为基本任务的科学，即"逻辑学"。例如，"中学生要学点逻辑"中的"逻辑"，就是指逻辑学。

我们在本书中所提到的逻辑，主要指逻辑学中所涉及的逻辑理论。

中国古代就有人研究思维活动的规律，并且提出了一些理论见解。不过，当时人们并不把这种研究思维活动规律的理论见解称为"逻辑学"，而是称之为"名学"、"辩学"。后来，有人又把这种理论见解称为"理则学"。"逻辑"一词是到了中国近代，才从国外翻译过来并沿用至今的。

总的说来，逻辑学就是一门研究思维形式、思维规律、思维方法的科学。但是，如果细分的话，它又可以分为形式逻辑、辩证逻辑等不同分支学科。在形式逻辑中还有传统形式逻辑和现代形式逻辑的区分。在本书中，涉及的主要还是传统形式逻辑的内容，但也有所扩展。

在形式逻辑中，所谓思维形式，就是指概念、判断、推理等。

概念是反映思维对象本质属性的思维形式。例如，"力"、"惯性"、"功"等都是物理学中的概念。所谓"力"就是指物体间的相互作用，在此，"物体间的相互作用"就是"力"的本质属性；所谓"惯性"就是指物体保持自身原有运动状态或静止状态的属性，在此，"物体保持自身原有运动状态或静止状态"就是"惯性"的本质属性；所谓"功"就是指力与在力的方向上移动的距离的乘积，在此，"力与在力的方向上移动的距离的乘积"就是"功"的本质属性。

每一概念都有内涵和外延。概念的内涵就是概念所反映的对象的本质属性。概念的外延就是具有概念所反映的本质属性的那些对象。当人们需要把概念的内涵揭示出来时，就可以运用给概念下定义的方法。例如，上述所谓"力就是指物体间的相互作用"、"惯性就是指物体保持自身原有运动状态或静止状态的属性"、"功就是指力与在力的方向上移动的距离的乘积"就分别是对"力"、"惯性"、"功"这三个概念所下的定义。当人们需要把概念的外延揭示出来时，就可以运用给概念分类的方法。例如，以力的性质为标准，可以把力分为重力、弹力、摩擦力、分子力、电场力、磁场力等。

从概念外延的角度看，在一个知识体系内，概念与概念之间有可能呈现相容关系或不相容关系。其中相容关系又有全同关系、真包含关系、真包含于关系、交叉关系等，不相容关系又有矛盾关系、反对关系等。

判断和命题是两个相互关联的逻辑术语。有的逻辑书上，只讲命题，而不提判断。有的逻辑书上，则只讲判断，而不提命题。我们认为，命题就是通过语句来反映事物情况的思维形式，命题的特征在于它有真假。如命题反映的内容与客观对象情况符合，则命题是真的，反之则是假的。至于判断，则是被断定了的命题，是断定者在一定时空条件下对命题的认识，它断言一命题或是真，或是假。在本书中，我们一般采用"命题"一词，但在不严格的意义上，它与"判断"一词具有等价性。

命题具有不同类型。按照一个命题中是否还包含其他命题，我们可以首先将所有命题区分为两大类：简单命题和复合命题。

所谓简单命题，就是不再包含其他命题的命题。对于简单命题，根据其反映的是对象的性质还是关系，又可以将其分为性质命题和关系命题两类。在性质命题中，根据命题的量项和联项，还可以再分为全称肯定命题、全称否定命题、特称肯定命题、特称否定命题、单称肯定命题、单称否定命题。

所谓复合命题，就是包含其他命题的命题。对于复合命题，根据其逻辑联结词的性质，又可以进一步区分为联言命题、选言命题、假言命题和负命题等。以"且"等为逻辑联结词的复合命题称为联言命题。以"或"、"要么……要么……"等为逻辑联结词的复合命题称为选言命题。以"如果……那么……"、"只有……才……"等为逻辑联结词的复合命题称为假言命题。以"并非"等为逻辑联结词的复合命题称为负命题。

推理就是从一个或多个已知命题根据一定的逻辑规则推出一个新命题的思维过程或思维形式。一个或多个已知的命题称为推理的前提，从已知命题中推出的新命题称为推理的结论。

根据不同的标准，可以把推理划分为不同的种类。在本书中，我们首先根据前提是简单命题还是复合命题，把推理分为简单命题推理和复合命题推理。其次，对于简单命题推理，可以进一步分为简单性质命题推理和简单关系命题推理，而且对于其中的简单性质命题推理，还可以再分为性质命题直接推理和性质命题间接推理（三段论）。再次，在复合命题推理中，根据复合命题的性质，可以区分为联言推理、选言推理、假言推理、负命题推理以及归纳推理等。

在形式逻辑中，所谓思维规律，主要是指同一律、矛盾律、排中律和充足理由律。同一律是指在同一思维过程中，人们的思想内容必须保持确定，必须前后一贯。违反了同一律就要犯"偷换概念"、"混淆概念"等逻辑错误。矛盾律是指在同一思维过程中，不能既肯定了一个思想同时又否定了这个思想，即一个思想与对这个思想的否定，不能同时都是真的。违反了矛盾律就要犯"自相矛盾"的逻辑错误。排中律是指在同一思维过程中，当出现了自相矛盾的情况时，人们必须旗帜鲜明地加以选择，不能既不肯定又不否定。违反了排中律就要犯"模棱两可"的逻辑错误。充足理由律是指在同一思维过程中，一个思想被确定为真，必须有充足的理由，言之有理、持之有故，不能不证而论。违反充足理由律就要犯"推不出"、"预期理由"等逻辑错误。

在形式逻辑中，所谓逻辑方法，就是指比较、分析、综合、抽象、概括等。所谓比较法，就是寻找出研究对象的相同点和不同点，用以认识对象的一种逻辑思维方法。所谓分析法，就是把研究对象分解为不同的层次或不同的组成部分，并且对不同层次或不同组成部分逐一地分别考察，用以认识对象的一种逻辑思维方法。所谓综合法，就是在分别考察对象的各个层次或各个部分的基础上，把各个层次或部分重新整合起来形成一个整体，用以认识对象的一种逻辑思维方法。所谓抽象法，就是指在考察对象的过程中，把对象中的次要的、现象的、偶然的内容都暂时撇开，而把重要的、本质的、必然的内容抽取出来，用以认识对象的一种逻辑思维方法。所谓概括，就是指在抽象的基础上，把抽象中获得的本质认识提炼推广为一种普遍性、共同性认识，用以认识对象的一种逻辑思维方法。

两千多年来，人们不懈地努力，研究人的思维形式、思维规律、思维方法，并且形成了越来越完善的理论，这究竟是为了什么？总的来说，是为了更加科学、更加合理、更加深刻地去认识和变革客观世界。具体来说，人们建立逻辑学的科学理论体系，学习逻辑学的科学理论知识，有着以下四个方面的重要意义：

第一，有助于增强人们思维的准确性。

在人们认识和变革客观世界的过程中，思维的准确性具有头等重要的意义。中国有句古语："失之毫厘，谬以千里"。思维、认识上的一点点不准确，就会导致认识和变革世界过程中的重大失误。我们可以发现，一些学生在学习中出现的错误，常常就是由于忽略了思维的准确性。请看这个案例——"命题 p：对角线互相垂直的四边形是菱形。命题 q：对角线互相平分的四边形是菱形。请写出'p 或 q'、'p且 q'形式的复合命题。"

作业反馈得到的情况是两个班级没有一个学生答对，他们都认为：

"复合命题 p 或 q"是"对角线互相垂直或互相平分的四边形是菱形"；"复合命题 p 且 q"是"对角线互相垂直且互相平分的四边形是菱形"。①

问题出在哪里？根本的问题就出在这些学生没有准确理解逻辑联结词"或"和"且"到底是什么含义。

---

① 参见郭小兰．学生在逻辑用语中常见的错误．见好研网，2013 - 04 - 14。

"或"是选言命题联结词，"且"是联言命题联结词。在本题中，它们联结的应该是"p"和"q"两个命题。命题 p 应该是指"对角线互相垂直的四边形是菱形"，而不是仅指"对角线互相垂直的四边形"，因为，"对角线互相垂直的四边形"仅是命题 p 中的主项，而不是整个命题 p。命题 q 应该是指"对角线互相平分的四边形是菱形"，而不是仅指"对角线互相平分的四边形"，因为，"对角线互相平分的四边形"仅是命题 q 中的主项，而不是整个命题 q。整个命题和命题中的一个部分，其间存在着相当大的区别。如果能够了解一点逻辑学，将会十分有利于避免此类由于思维不准确而导致的错误。

第二，有助于增强人们思维的一贯性。

一种能够进行正常交流、能够被别人理解的思维，必须保持思维前后的一贯性。这是同一律和矛盾律的要求。但是，我们却可以看到，学生在做题时，经常会出现违背思维一贯性要求的情况。请看下面这个案例：

> 已知△ABC 中，∠BAC 的平分线与边 BC 和外接圆分别相交于点 D 和 E，求证：$AB \cdot AC = AD \cdot AE$。

> 证明：如图 1—1，等腰△ABC 顶角∠BAC 的平分线交 BC 于 D，交 $\overparen{BC}$ 于 E，则有 $AD \perp BC$，即 $CD \perp AE$。由射影定理得 $AC^2 = AD \cdot AE$。

> 又∵$AB = AC$，

> ∴$AB \cdot AC = AD \cdot AE$。[1]

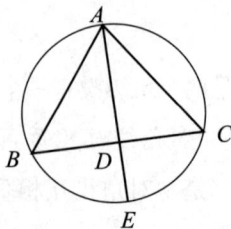

图 1—1 △ABC 外接于圆

在此，已知条件只是说有一个△ABC，并没有说这个△ABC 究

---

① 龙德翰：《证明应该遵守哪些逻辑规则》，载《教学与研究》，1986 (10)。

竟是一个什么样的三角形。所以，仅从已知条件看，$\triangle ABC$ 是一个任意三角形。但是，学生在开始证明时，却直接把 $\triangle ABC$ 明确规定为"等腰 $\triangle ABC$"。很显然，"$\triangle ABC$"和"等腰 $\triangle ABC$"是两个不同的概念。学生却把"$\triangle ABC$"当作了"等腰 $\triangle ABC$"，这就犯了偷换概念的逻辑错误，没有能够保持思维的一贯性。如果能够了解一点逻辑学，将会十分有利于避免此类由于思维前后不一致而导致的错误。

第三，有助于增强人们思维的鲜明性。

人们在认识和变革世界的过程中，会形成许许多多的见解、选择和决定。这些见解、选择和决定，不见得都是正确的。其中，有些可能部分正确、部分错误，有些则可能完全错误。但是，不管是正确的还是错误的，是就是是，非就是非，肯定就是肯定，否定就是否定。赞成什么、反对什么，人们都必须鲜明地表达出来，不能含糊其词、躲躲闪闪、模棱两可。例如，山东 2008 年公务员考试的第 20 题：张三问李四："你常看《新华文摘》吗？"李四回答："谁说我不常看《新华文摘》？"张三又问李四："这么说你常看《新华文摘》了？"李四回答："我并不是说我常看《新华文摘》。"要求应试者从逻辑规律角度指出李四的话中存在的问题。在这里，李四就犯了模棱两可的逻辑错误。如果能够了解一点逻辑学，将会十分有利于避免此类由于思维模棱两可而导致的错误。

第四，有助于增强人们思维的合理性。

合理的思维，才是在逻辑上站得住的，才能让人信服。思维的合理性，最重要的要求，就是人们办事、说话、写文章都要有充足的理由。不能道听途说，不能人云亦云，不能主观臆测，不能不证而论。这是充足理由律的要求。但是，我们却可以看到，学生在做题时，经常会出现违背思维合理性要求的情况。请看下面这个案例：

已知：$\triangle ABC$ 中，$AC>BC$ 且 $CD\perp AB$，求证：$\angle 1>\angle 2$。

证明：如图 1—2，

$\because AC>BC$，

$\therefore \angle B>\angle A$。

而 $\angle B+\angle 2=90°$，

$\angle B + \angle A = 90°$，

$\therefore \angle A = \angle 2$。

同理$\angle B = \angle 1$，

$\therefore \angle 1 > \angle 2$。[①]

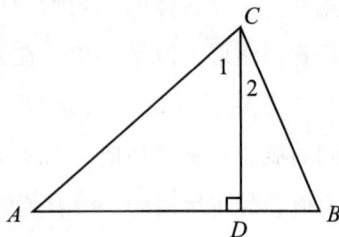

图1—2　$\triangle ABC$

我们仔细看一下学生的证明过程。在这个证明中，前三步都是合理的，都是根据已知条件和几何定理得出的。

但是，到第四步，就出问题了。学生认定$\angle B + \angle A = 90°$，并且把它作为证明中的论据。然而，前提的已知条件中并没有给出这个论据，那么有什么根据可以认定$\angle B + \angle A = 90°$呢？也就是说，作为证明的论据之一的$\angle B + \angle A = 90°$，恰恰是一个未经证明而有待证明的命题。学生在证明中犯了预期理由的逻辑错误，导致了整个证明的不合理。如果能够了解一点逻辑学，将会十分有利于避免此类由于思维不合理而导致的错误。

一个人如果能够通过逻辑学的学习和逻辑思维能力的有意识训练，在思维的准确性、一贯性、鲜明性和合理性等方面获得明显的提升，那么他在学习和工作中就能够收到事半功倍的效果。

二　课堂中本来就存在逻辑味道

当我们讲到课堂中的逻辑味道时，并不是说现在的课堂中没有逻辑味道。事实上，逻辑味道早就存在于我们的课堂之中，只是有的老师没有意识到或没有重视而已。

在有的学科中，这种逻辑味道就是以逻辑本身的形式呈现的。

拿数学来说，在人教版普通高中课程标准实验教科书《数学》（必修A版）第一册中，第一章就是讲集合与函数概念。其中讲到了

---

① 樊恩普：《中学生解数学问题时逻辑错误分析》，载《南都学坛（自然科学版）》，1992（2）。

"集合的含义与表示"、"集合间的基本关系"、"集合的基本运算"等内容。在普通高中课程标准实验教科书《数学》（选修）第一册中，第一章就讲到了"常用逻辑用语"，其中既讲到了命题、命题间的相互关系以及充分条件、必要条件、充要条件等内容，也讲到了简单的逻辑联结词、全称量词与存在量词等内容；第二章还讲到了推理与证明等内容。这些都是逻辑学中相当重要的内容。

拿语文来说，在人教版全日制普通高级中学教科书《语文》（必修）第三、四册中，首先针对"表达交流"问题，讲到了"学习选取立论的角度"、"学习选择和使用论据"、"学习论证"、"学习议论中的记叙"、"学习横向展开议论"、"学习纵向展开议论"、"学习反驳"、"学习辩证分析"、"辩论"等内容。然后在"梳理探究"部分，讲到了"逻辑和语文学习"，简要地介绍了逻辑的有关知识和方法。这些也都是逻辑学中不可缺少的重要内容。

在更多的学科中，这种逻辑味道是渗透在学科知识体系之中的。

首先，每一学科都有一系列概念，这些概念组成了学科的知识体系。拿初中物理学来说，新课程标准把初中物理学的内容归纳为由"物质"、"运动和相互作用"、"能量"三个核心概念统领的三组概念群。在"物质"这个核心概念统领下，有"物质的形态和变化"、"物质的属性"、"物质的结构"、"物体的尺度"、"新材料及其应用"等一系列二级概念。在"运动和相互作用"这个核心概念统领下，有"机械运动"、"力"、"长度"、"时间"、"速度"、"牛顿三大定律"、"声和光"、"电和磁"等一系列二级概念。在"能量"这个核心概念统领下，有"机械能"、"内能"、"电磁能"、"能量的转化和转移"、"能量守恒"等一系列二级概念。实际上，在每个二级概念下面，还有一些三级概念，比如，在"力"这个概念之下，还有"弹力"、"重力"、"摩擦力"等概念。所以，一个学科知识体系，就是一个由许多不同层级概念组成的体系。如果不理解这些概念，想学好学科知识是根本不可能的。正是因为这样，有的老师就特别注意抓概念教学，强调对概念的理解，切实打好基础。然而，有的老师却缺乏这种应有的认识，结果是费力不少而效果不理想。

其次，为了搞好概念教学，引导学生理解概念，就不能不用到许多命题（判断）。比如，为了让学生理解什么是机械运动，老师就要说："在物理学中，一个物体相对于另一个物体的位置，或者一个物体的某些部分相对于其他部分的位置，随着时间而变化的过程，就叫作机械运动"，"机械运动可以分为直线运动和曲线运动，或者分为匀速运动和变速运动等"。老师说的这些话，就是在表达一些命题（判断）。前面的命题（判断）揭示了机械运动的内涵，后面的命题（判断）揭示了机械运动的外延。

再次，在这些命题（判断）的基础上，老师还可以进行许多推理，扩展出其他一些知识。比如，既然机械运动是一个物体相对于另一个物体的位置随着时间而变化的过程，那么同一个物体是运动的还是静止的，就取决于参照物的选择。这就是运动与静止的相对性。由此，我们就可以推导出，在长征三号火箭运载同步卫星升空时，如果以地球为参照物，卫星是运动的；如果以火箭为参照物，卫星是静止的。类似这样的推导，在老师们的课堂教学中可以说比比皆是。

由此可见，逻辑味道本来就存在于老师们的课堂教学之中。它不是从外面硬加入课堂教学之中的。可以这样说，没有这种逻辑味道，学科知识体系就难以成立，真正的课堂教学也难以实现。没有逻辑味道的课堂教学，是一种存在严重缺失的课堂教学。遗憾的是，由于多种原因，有些老师还没有清晰地意识到这一点，没有让这种逻辑味道在课堂教学中充分发挥应有的作用，因而也就大大影响了课堂教学的有效性。

我们这本书，就是希望能够帮助老师们，结合自己的课堂教学实践，首先好好品味一下课堂中已有的这点逻辑味道，在此基础上，再想办法让这种逻辑味道在课堂教学中得到更充分的散发，从而使教学水平获得更大的提升，使学生更多地受益。

三　为什么要在课堂中增添逻辑味道

虽然在现有的课堂教学中已经存在一定的逻辑味道，但是，不能否认的是，与科学技术的迅猛发展和社会的迫切需求相对照，这点逻辑味道是远远不够的。课堂教学中的逻辑味道必须明显增添。其中的原因何在？我们可以从几个不同角度来分析。

一、从应试角度分析

老师们实际感受到的最大压力，莫过于来自学生的应试。我们就首先从考试说起。

仅就考试这种手段而言，应试教育中显然离不开考试，即使在素质教育中也同样如此。因为，只要有学习活动存在，人们就需要检测学习的效果；只要有许多人在一起学习，就需要对不同人的学习水平做出评估和区分。而且，通过考试来进行这种检测、评估和区分，至少在目前来说，还是一种比较公开、公平、公正的手段。所以，现在要运用考试的手段，今后仍然要运用考试的手段。既然应试教育需要考试，素质教育也需要考试，那么，问题就不是出在考试这种手段本身，而是出在考什么和如何考。

一个值得注意的动向是，现在国内外的考试中，出现了一种强化逻辑思维能力的趋势。

首先，我们可以清楚地看到，在 MBA（工商管理硕士）入学考试、MPA（公共管理硕士）入学考试、GMAT（商科研究生入学考试）、GRE（美国研究生入学资格考试）、GCT（工程硕士专业学位研究生入学资格考试）以及我国的公务员招录考试中，都明确地在考试科目中把逻辑作为重要考试内容，并且占有相当大的比重。

比如，MBA 笔试考试科目有英语和综合（数学、逻辑、写作），综合总分为 200 分，其中有逻辑题 30 道共计 60 分。

又如，2012 年 6 月起改革了 GMAT 考试科目，取消一篇作文，同时增加"综合推理"部分，该部分包括 12 道考题，单独计分，更偏重于考查考生的逻辑思维能力。

其次，我们可以清楚地看到，在国外的大学入学考试中，测试学生的逻辑思维能力也占有重要地位。

比如，俗称"美国高考"的 SAT，中文名称为"学术能力评估测试"，由美国大学委员会主办，是美国高中生进入美国大学的标准入学考试，也是世界各国高中生申请美国名校学习资格及奖学金的一种重要参考。从其名称就可以看出，与我国高考重在考查学生对学科知识点的记忆不同，SAT 考试重在评估学生的"学术能力"。[1] SAT 考试共由三个部分组成，分别为批判性阅读、写作和数学。[2] SAT 数学的考查点反映了美国教育的一大特点，它更注重的是数学在生活中作为一种技能的体现。因此，逻辑分析的能力是 SAT 数学考查的一个侧面，SAT 数学中有一类考题，主要涉及逻辑推理，和数学运算毫无关联。[3] 而 SAT 写作最重要的一个考查点就是逻辑结构。[4] 有专家把我国的高考写作与 SAT 的写作进行了比较后指出，两国高考作文最显著的差异在于 SAT 的作文非常注重逻辑思维。[5] 专家认为，学生如果想在 SAT 写作中获得高分的话，就必须在答题中体现自己的逻辑思维和创新能力。阅卷老师往往先看文章结构，再考查段落及句子间的逻辑关系，如果文章能体现学生创新的观点，往往能够增色不少。[6]至于 SAT 的阅读考试，是一种需要思维能力的考试。有人曾这样指出：真正对中国考生造成威胁的应该是逻辑分析能力，SAT 考试最重要的考查点就是测试考生的逻辑思维能力，真正掌握逻辑分析能力和逻辑技巧的同学，在解答 SAT 阅读填空题的时候就会如鱼得水。[7]所以，负责编撰《中国 SAT 年度报告》的杜克国际教育总经理吴雨浓建议，中国学生在备考 SAT 时，不要把大量时间都花在语言上，语言只是 SAT 考试必备的基础，批判性思维能力和综合能力才是美国大学真正想要的。[8]

又如，在 TOEFL 考试（检定非英语为母语者的英语能力考试）中，虽然没有明确地在考试科目中把逻辑作为重要考试内容，但其本

① 参见百度百科 . SAT. 见百度网，2013 - 07 - 27。
② 相关介绍见杜克国际教育：《2012 年中国 SAT 年度分析报告》。
③ 参见毕达教育 . 针对 SAT 数学逻辑推理进行讲解 . 见毕达教育网，2011 - 08 - 19。
④ 参见天道留学 . SAT 写作备考重点之逻辑结构 . 见天道教育网，2012 - 04 - 19。
⑤ 参见王雪瑞 . 国外"高考"作文都写些啥？美国 SAT 重视逻辑思维 . 见扬子晚报网，2013 - 06 - 08。
⑥ 参见李琼 . "美国高考"难倒中国学生 . 见广州日报网，2011 - 12 - 27。
⑦ 参见新东方论坛 . SAT 阅读备考要从三个方向入手 . 见新东方网，2013 - 09 - 22。
⑧ 参见冯明惠 . 中国 SAT 年度报告：批判性思维比语言更重要 . 见中国日报网，2012 - 10 - 29。

质仍是对考生语言表达能力、逻辑思维能力的考查。只靠死背单词和反复地做真题，而没有实实在在的语言能力与逻辑能力，是很难在 TOEFL 考试中取得高分的。[①]

再次，我们也必须看到，在我国的高考中，形势也在发生变化。

比如，清华大学等"华约联盟"七校，调整了 2013 年自主招生考试科目。2012 年，理科考试科目为：（1）阅读与写作（语文、英语）；（2）数学；（3）自然科学（物理、化学）。文科考试科目为：（1）阅读与写作（语文、英语）；（2）数学；（3）人文与社会（历史、地理、政治）。2013 年，统一调整为两项：（1）数学与逻辑（所有考生必考）；（2）物理探究或阅读与表达（考生任选一项）。"数学与逻辑"成为"华约联盟"七校所有参加自主招生考试的文理科考生的必考内容。这种发展趋势深刻地表明了逻辑思维能力已经成为各类人才走向成功必备的通用核心能力之一，而且，人们在实践中也越来越重视这种必备通用核心能力。

除了明确地把逻辑列入考试科目外，各科试卷中也出现了更多的需要具有一定逻辑思维能力才能正确解答的试题。

例如，在 2012 年高考理科数学北京卷中：

第 3 题：设 $a,b \in \mathbf{R}$，"$a=0$"是"复数 $a+bi$ 是纯虚数"的（　　）。

A. 充分而不必要条件　　　B. 必要而不充分条件

C. 充分必要条件　　　　　D. 既不充分也不必要条件

第 14 题：已知 $f(x)=m(x-2m)(x+m+3)$，$g(x)=2^x-2$，若同时满足条件：

（1）$\forall x \in \mathbf{R}$，$f(x)<0$ 或 $g(x)<0$；

（2）$\exists x \in (-\infty, -4)$，$f(x)g(x)<0$。

则 m 的取值范围是_____。

第 20 题：设 A 是由 $m \times n$ 个实数组成的 m 行 n 列的数表，满足：每个数的绝对值不大于 1，且所有数的和为零，记 $S(m,$

---

① 参见新通教育．托福备考宝典：用最短的时间，获取最好效果．见新通教育网，2013－01－24。

n）为所有这样的数表构成的集合。

对于 $A \in S$（m，n），记 $r_i(A)$ 为 A 的第 i 行各数之和（$1 \leqslant i \leqslant m$），$c_j(A)$ 为 A 的第 j 列各数之和（$1 \leqslant j \leqslant n$）；记 $k(A)$ 为 $|r_1(A)|$，$|r_2(A)|$，…，$|r_m(A)|$，$|c_1(A)|$，$|c_2(A)|$，…，$|c_n(A)|$ 中的最小值。

（1）对数表 A（见表1—1），求 $k(A)$ 的值。

表1—1　　　数表 A

1	1	-0.8
0.1	-0.3	-1

（2）设数表 $A \in S(2，3)$（见表1—2），求 $k(A)$ 的最大值。

表1—2　　　数表 A

1	1	c
a	b	-1

（3）给定正整数 t，对于所有的 $A \in S(2，2t+1)$，求 $k(A)$ 的最大值。

在解这些试题时，除了需要掌握"虚数"、"复数"、"函数图像与性质"、"不等式求解"、"绝对值"等方面的数学知识外，如果对其中所渗透的有关"属于"、"若……则……"、"且"等一类逻辑用语没有准确的理解，要想获得正确答案也是不可能的。

再如，在2012年高考语文全国卷中：

第4题：依次填入下面一段文字横线处的语句，衔接最恰当的一组是（　　）。

_____，_____，_____，_____，_____，_____。如在某些汉印中，就有"荼"字省作"茶"的写法。

①民间的书写者出于某种考虑，将"荼"减去一笔，这就成了"茶"字

②随着饮茶习俗的推广，"茶"字的使用频率越来越高

③"荼"简写为"茶"，汉代已露端倪

④在中唐之前"茶"字写作"荼"，这恐怕不是我们人人都知道的

⑤茶作为饮品，我们都很熟悉

⑥"茶"有多个义项，"茶叶"义是其中之一

A. ④⑥⑤②①③

B. ⑥②①⑤④③

C. ⑤④⑥②①③

D. ⑥④⑤②③①

又如，在2012年高考语文北京卷中：

第4题：在文中横线处填入下列语句，衔接恰当的一项是（　　）。

如果有黑洞撞向地球，那么＿＿＿＿＿＿。当然，你听到的不是声波，而是引力波，因为＿＿＿＿＿＿。当黑洞靠近时，引力波会"挤压"内耳鼓，产生类似照相机闪光灯充电时发出的唑唑声。尽管天文学家认为，＿＿＿＿＿＿，但正常情况下，＿＿＿＿＿＿。

①引力波每时每刻都在影响着我们

②你会听到它悄然逼近的声音

③引力波是听不到的

④声波在真空中无法传播

A. ②③①④　　　　　　　　B. ②④①③

C. ③②①④　　　　　　　　D. ③①④②

回答这些试题，最需要的不是知识，而是理解和判断能力以及保持思维有序性和一贯性的能力。这些能力正是逻辑思维能力。

如果我们再进一步分析2013年的高考，可以发现，高考命题中呈现出了"强调能力、突出思维"的新趋势。据高考语文命题组专家介绍，2013年语文科目考查了包括语言应用能力、创新思维能力、探究能力等在内的综合能力。例如，全国课标乙卷"老子"的试题，就涉及孔子是否曾经向老子求教等逻辑推理过程。[①] 另有专家指出，2013年数学试卷以能力立意为核心，坚持多角度、多层次地考查数

---

① 参见赵婀娜：《高考语文题　更关注时事》，载《人民日报》，2013－06－08。

学能力，特别是思维能力、运算能力、空间想象能力、阅读理解能力等。[①] 2013 年物理试卷全面考查了考试大纲要求的理解能力、推理能力、分析综合能力、应用数学处理物理问题的能力、实验能力五种能力要求。[②] 我国高考中的这种发展趋势，已逐渐与国际上的发展趋势相一致。可以预见，在今后的高考中，"强调能力、突出思维"的趋势一定会更加明显。

许多人都说高考是根指挥棒。既然现在高考这根指挥棒已经呈现出"强调能力、突出思维"的变化动向，那么始终感受着考试压力的老师们、真心诚意地希望学生们能够考出好成绩的老师们，是不是也应该及早调整自己的思路，首先强化自己的逻辑思维能力，以适应越来越明显的这种变化？

二、从人才角度分析

我们教师的一切努力都是为了培养人才。我们需要培养什么样的人才？党的十八大报告中已经明确指出，为了夺取中国特色社会主义建设的新胜利，并且全面建成小康社会，我们必须实施创新驱动发展战略，以全球视野谋划和推动创新，把全社会智慧和力量凝聚到创新发展上来。而要实现创新，则依赖于德智体美全面发展的创新型人才，为此，我们就必须全面实施素质教育，深化教育领域综合改革，着力提高教育质量，培养学生创新精神。这是十八大向全国教育工作者提出的战略任务。这也是全国教育工作者在工作中必须承担的神圣责任。

如何培养这种德智体美全面发展的创新型人才？在《国家中长期教育改革和发展规划纲要（2010—2020 年）》第 32 条中，就专门论述了"创新人才培养模式"问题，其中提出的第一项措施就是要"注重学思结合"。"思"就是指思考、思维。一个创新型人才必须是一个会思维、善思维的人。所以，创新人才培养模式，首先就需要使我们所培养的人才会思维、善思维。要想达成这个目标，就必须懂得并且

---

① 参见赵凤歧.2013 河北高考数学：注重思想　能力立意.见燕赵都市网，2013 - 06 - 08。

② 参见天星学堂名师教研团.2013 高考理综试卷分析与专家点评（四川卷）.见天星教育网，2013 - 06 - 05。

遵循如何合理思维的规律。逻辑学正是一门研究合理思维的规律的科学。创新型人才首先应该懂得逻辑，并且善于合乎逻辑地进行思维。在《国家中长期教育改革和发展规划纲要（2010—2020年）》第4条中，则专门论述了教育改革和发展的战略主题问题，其中特别指出要"坚持能力为重"。能力包含众多方面，但思维能力特别是逻辑思维能力，则是一切其他能力的基础和核心。思维能力越强，人的能动性就越强，人的行动就越有目的性和计划性，就越有利于达到目标。学习逻辑，接受逻辑思维训练，是增强人的思维能力的最有效的途径。

为了更深入地理解党和国家在创新人才培养模式方面的指导思想，我们需要进一步分析提高学生逻辑思维能力与有效培养创新型人才之间，究竟存在着什么样的内在关系？

我们知道，所谓创新，实际上就是指人们为了发展的需要，运用已知的信息，不断突破常规，发现或产生某种新颖、独特的有社会价值或个人价值的新事物、新思想的活动。

创新不能脱离知识。没有知识，创新就成为无源之水、无本之木。所以，我们的中学生为了能够成为创新型人才，必须认真而高效地学习和掌握知识。创新所需要的知识是什么知识？钱学森先生曾提到"死的知识"和"活的知识"的问题。[1] 创新不能依靠"死的知识"。创新型人才需要的知识应该是"活的知识"。当然，这不是说知识本身可以分为"死的知识"和"活的知识"，知识就是知识，它本身无所谓"死"与"活"。这里所说的"死的知识"与"活的知识"，是从如何去获得知识和如何去对待知识这个角度说的。那种靠填鸭式灌输获得的知识、靠死记硬背获得的知识、靠题海战术获得的知识、只知记住而没有理解更不知如何运用的知识，用一句话来概括，那种靠"死读书"、"读死书"而获得的知识，就是"死的知识"，那种在自主探究的过程中获得并且被理解了的知识、能够被运用到实践中解决问题并推动实践发展的知识，就是"活的知识"。

---

[1] 参见陈华新主编：《集大成 得智慧——钱学森谈教育》，67、68页，上海，上海交通大学出版社，2007。

目前，我们面临的一个危险是，有相当一部分教师，不知道创新所需要的恰恰是"活的知识"，不知道如何引导学生去形成这种"活的知识"。

怎样才能使学生获得的知识是一种"活的知识"？第一，要使学生在教师的启发引导下开展自主的探究活动；第二，要使学生在教师的启发引导下对知识有深入的理解；第三，要使学生在教师的启发引导下对知识实现灵活运用。正是在学生获取这种"活的知识"的过程中，我们看到了逻辑思维能力的重要作用。譬如，在开展科学探究活动时，学生要像科学家发现知识那样，学会自己去发现和提出问题，学会在占有材料的基础上，通过提出假设和验证假设自己去推出结论。在此，无论是发现和提出问题，还是提出假设和验证假设，都需要运用到许多逻辑方法。又如，在对知识进行理解时，学生要学会对所学的知识进行层层分析、提炼概括、精确定义、解释推演，既要去理顺知识的条理脉络，又要去了解知识的来龙去脉。理解知识的过程就是一个严密的逻辑思维过程。可以这样说，为了实现创新，我们不能让学生成为"死的知识"的收藏者，而应该成为"活的知识"的探求者。为了让学生能够获取"活的知识"，就必须特别培养他们的逻辑思维能力。

创新不能脱离知识，但是，仅有知识就能够实现创新了吗？不能！事实上，有没有创新，首先取决于你有没有一个好主意、好点子，而这需要的恰恰是人的智慧。也就是说，为了实现创新，仅有知识是不够的，还要在知识基础上进一步发展为智慧。

什么是"智慧"？《应用汉语词典》里说："智慧"就是指人们"对事物认识、辨析、判断和发明创造的能力"[1]。《辞海》里说："智慧"，是指人"对事物能认识、辨析、判断处理和发明创造的能力"[2]。这就表明，智慧建立在知识的基础上，但又超越了知识。正如钱学森先生所说："不是有了知识就自然而然地有智慧了，这里有

---

① 商务印书馆辞书研究中心编：《应用汉语词典（大字本）》，1637 页，北京，商务印书馆，2002。

② 辞海编辑委员会编：《辞海》，3666 页，上海，上海辞书出版社，1989。

一个运用知识的问题","有知识不会用,也不能达到智慧"[1]。智慧实际上表现为一种能力,表现为一种运用知识去解决实际问题的能力。值得我们警惕的是,现在有相当一部分人认为,只要记住了知识就行了。因此,他们就想方设法地去背知识、记知识。他们不知道在创新与知识之间还有一个"智慧",智慧比知识更有力量。

如果我们对智慧这种人所特有的能力进行剖析,它实际上可以细分为把分散的、孤立的知识整合为一个知识系统的能力,发现问题的能力,为了解决问题而展开设想和策划的能力,求证的能力等。正是在智慧所表现出的这些具体能力中,我们看到了智慧与思维能力的不可分割的天然联系。譬如,所谓"把分散的、孤立的知识整合为一个知识系统",实际上就是按照各个知识点的内在逻辑关系去形成某类知识的逻辑体系。又如,所谓"发现问题",实际上就是去寻找理论内部之间、理论与理论之间、理论与事实之间、现状与设想之间等方面在逻辑上所呈现的不一致。思维能力(包括逻辑思维能力和非逻辑思维能力)构成了智慧的核心组成部分,而逻辑思维能力则是智慧中不可缺少的方面。没有逻辑思维能力,就形不成智慧。缺乏智慧,就成不了创新型人才。

为了把学生培养成具有创新精神的人才,不仅要使他们成为掌握"活的知识"的人,还要使他们成为有智慧的人。掌握"活的知识",需要依靠逻辑思维。把知识转化为智慧,更离不开逻辑思维。我们认为,正是在这个意义上,钱学森先生才明确地说:"素质教育的关键是培养学生的思维方法,提高智力。"[2] 这样,提升学生的逻辑思维能力,就成为培养创新型人才的必不可少的条件。

通过上述分析我们可以认识到:建设创新型国家需要大批创新型人才;创新型人才实现创新需要掌握多方面的知识;知识必须转化为智慧才真正有利于实现创新;智慧的核心就是思维能力,尤其是逻辑思维能力。所以,培养创新型人才必须在培养人才的逻辑思维能力上下功夫。

---

①　陈华新主编:《集大成　得智慧——钱学森谈教育》,61页。
②　同上书,116页。

老师们都希望能够把自己的学生培养成党和国家需要的创新型人才，而创新型人才则必须是思维能力较强的人才。因此，对于老师们而言，使自己的逻辑思维能力得到更大提升，使学生们在课堂中感受到更浓的逻辑味道，是履行培养创新型人才崇高使命的需要。

三、从知识角度分析

作为教师，基本任务之一就是启发、引导学生学习科学知识，而科学知识不是一成不变的，尤其是近几十年来，科学知识更是呈现出一种"爆炸性增长"和快速更新的态势。如何应对这种发展态势，就成为我们教师不能不关注的重要问题。[①]

所谓知识更新的速度，就是知识老化、知识在质上发生变化的速度，旧知识被新知识完善和替代的速度。在任何时代，都存在知识更新的问题。当前的突出特点是，这种知识更新的速度空前加快了。我们可以提供以下证据来证明：

据一些科学史学者的研究，18世纪时，知识更新的周期约为80～90年；19世纪到20世纪初约为30～40年；到第二次世界大战后，知识更新的周期已经缩短为约15年，个别前沿学科知识更新的周期只有5～10年。现在大学生们在学校里学习的知识当中，20世纪以来新发展的知识就要占到大约90%，只有约10%是20世纪以前的知识。[②]

有两位国外学者R. 巴尔顿和R. 凯普勒借用放射性物质衰变的"半衰期"概念，来表示知识老化和更新的速度。所谓知识的"半衰期"，就是指发表的某一门类或科目的文章和科研成果会有一半以上变为无用的年限。譬如，如果植物学的"半衰期"为10年，这就意味着，今天刚发表的植物学方面的文章或科研成果，在10年后有一半以上会成为过时的东西，并且被新的东西所代替。根据他们的研究，按照当今的科学水平，生物医学的"半衰期"为3年；冶金学的"半衰期"为3.9年；物理学的"半衰期"为4.6年；社会学的"半衰期"为5年；机械学的"半衰期"为5.2年；生理学的"半衰期"

---

① 本部分论述参阅汪馥郁主编：《成为富有创新能力的教师》，广州，新世纪出版社，2005。

② 参见王言根主编：《学会学习》，3、4页，北京，教育科学出版社，2003。

为 7.2 年；化学的"半衰期"为 8 年；数学的"半衰期"为 10.5 年；地质学的"半衰期"为 11.8 年。这就告诉我们，一个大学毕业生在走上工作岗位后，少则几年，多则十几年，他在学校所学的知识就要老化了。如果他不能随时更新和补充，他就会成为落伍者，就会被淘汰。[①]

我们还可以再以一个力学的例子来说明。在 2 000 多年前，亚里士多德曾提出一个非常有名的力学定理："物体下落的速度和物体的重量成正比"。此后，这个力学定理一直没有人敢去动摇过。过了 1 800 多年，伽利略通过自己的探索，大胆地向世界宣告："亚里士多德错了。"他证明，一切物体不论轻重都以同样的时间经过同样的距离坠落。也就是说，物体下落的速度和物体的重量无关。在伽利略研究的基础上，牛顿又做了进一步的发展和完善。统治了 1 800 多年的亚里士多德力学理论终于被改写了。以牛顿为代表的经典力学代替了亚里士多德力学。但是，牛顿没有亚里士多德那样幸运。亚里士多德的力学理论在保持了 1 800 多年后才被改变，而经典力学的统治地位仅仅保持了大约 200 年，就被爱因斯坦的狭义相对论力学取代了，经典力学成为狭义相对论力学的一个特例。但是，狭义相对论提出后不过约 10 年，一个不仅能够描述惯性系统，而且能够描述非惯性系统的具有更普遍意义的广义相对论就诞生了。从 1 800 多年到 200 年再到 10 年，我们可以非常生动具体地看到知识更新的速度在空前加快。

知识更新速度的空前加快这一事实表明，我们在知识更新速度较慢时形成的学习形式和学习方法，已经成为我们的障碍。形势要求我们的学生学会和具备能够与知识快速更新相适应的学习形式和学习方法。当然，同时也就要求我们教师形成和掌握能够与知识快速更新相适应的教学形式和教学方法。

知识不仅在内容方面即质的方面出现更新加快的现象，而且在量的方面也出现了"爆炸性"增长的局面。人们把当前人类知识量的增长趋势用指数函数来描绘，也就是媒体经常提到的"知识爆

---

① 参见王言根主编：《学会学习》，3、4 页。

炸"现象。"知识爆炸"这一概念用以比喻知识量的增长，形象地描述和揭示了知识增长的速度和规模。置身于"知识爆炸"的世界，人们必须不断更新求知的观念与方式。我们可以从以下两个方面来说明：

据美国科学家詹姆斯·马丁的研究，人类的知识在 19 世纪大约每 50 年翻一番；到 20 世纪初，大约每 30 年翻一番；到 20 世纪 50 年代，大约每 10 年翻一番；20 世纪 70 年代大约每 5 年翻一番；而到 20 世纪与 21 世纪之交大约每 3 年翻一番。詹姆斯·马丁预测，在 21 世纪的前 50 年中，知识总量将增加 100 倍，这就意味着 21 世纪初人类的全部知识，在 21 世纪中叶的人类全部知识中，将只占大约 1%。[1]

有人通过研究科技文献的增长，来说明知识的"爆炸性"增长。据研究，世界上的第一份采用同行评议机制的科学期刊是 1665 年由英国皇家学会出版的《哲学汇刊》。[2] 此后，期刊的数量不断增加：1750 年期刊数仅为 10 种左右；1800 年为 100 种左右；1865 年为 1 000 种左右；1900 年为 10 000 种左右；到 1965 年已经突破 10 万种；到 2000 年大约达到 100 万种。[3]

知识在"爆炸性"地增长，然而人的学习时间却是十分有限的。德国未来学家哈根·拜因豪尔指出，今天的一位科学家，即使他夜以继日地阅读，也只能读完有关他本专业全部出版物的 5%。有人计算，现在世界上在一年内发表的有关化学方面的论文和著作，如果一位化学家每周用 40 小时而且仅仅是粗线条地翻阅一下，他就要耗费 48 年的时间。因此，在我们希望获得的知识与我们所拥有的时间之间，就形成了一个尖锐的矛盾。为了解决这个矛盾，我们就需要改造我们的学习，就需要改造我们的教学。[4]

我们还必须注意到的一个事实是，以计算机技术和通信技术为核心的信息技术的迅猛发展，已在全世界范围内掀起了一场信息化浪

---

① 参见王言根主编：《学会学习》，2~4 页。

② 参见科技部．英国皇家学会科学期刊文献将永久免费开放．见科技部网站，2011 - 11 - 21。

③ 参见刘大椿：《科学活动论》，301 页，北京，人民出版社，1985。

④ 参见王言根主编：《学会学习》，2~4 页。

潮。20多年前有人曾预言的"随时随地都有一台具有计算天才的电子计算机伴随着你的社会"①，即信息社会，现在已经展现在人们面前——

我们坐在家里或办公室里，就可以检索到我们所需要的大批资料。比如，我们想了解当前我国关于中学生创新教育的情况，就可以通过计算机与互联网连接，输入相应的主题词或关键词，点击一下搜索，计算机屏幕上立即会显示出几十条、几百条有关中学生创新教育的资料，真正实现了"不出户，知天下"。

有一本非常有影响的书，是美国麻省理工学院教授尼葛洛庞帝所写的《数字化生存》，其中有这样一段非常形象生动的描述："计算不再只和计算机有关，它决定我们的生存……几乎在全球各地，都向个人电脑俯首称臣，我们看到计算机离开了装有空调的大房子，挪进了书房，放到了办公桌上，现在又跑到了我们的膝上和衣兜里。不过，还没完。下一个千年的初期，你的左右袖扣或耳环将能通过低轨卫星互相通信，并比你现在的个人电脑拥有更强的计算能力。你的电话将不会再不分青红皂白地胡乱响铃，它会像一位训练有素的英国管家，接收、分拣，甚至应答打来的电话。大众传媒将被重新定义为发送和接收个人化信息和娱乐的系统。学校将会改头换面，变得更像博物馆和游乐场，孩子们在其中集思广益并与世界各地的同龄人相互交流。地球这个数字化的行星在人们的感觉中，会变得仿佛只有针尖般大小。"②

信息技术的普及和广泛运用，对我们的教育产生了什么影响？比尔·盖茨在《未来之路》中专门用一章进行了论述。他说："信息高速公路将在任何时间、任何地点，给我们提供一切途径，使我们得到看上去似乎无穷无尽的知识"，"信息高速公路将把无数教师和作者的最好劳动聚集起来，让所有的人来分享"，"信息技术也会使学习成为一种大规模的各取所需的过程，多媒体文件和便于使用的自己编辑的工具，使得教师能对课程表做出因材施教的安排"，"学习过程也可以

---

① 董玉娴：《农村中小学教师要提高自身信息素质》，载《陕西教育（高教版）》，2008（6）。

② ［美］尼葛洛庞帝：《数字化生存》，15、16页，海口，海南出版社，1996。

在很大的范围内进行因人因材施教的安排，因为在这种情况下计算机会对产品——教学材料，加以协调，允许不同的学生沿着有一定区别的途径，按自己的速度学习""信息高速公路将从机构到个人地改变教育的重点，教育的最终目标会改变，不是为了一纸文凭，而是为了终身受到教育"[1]。

展望新世纪，信息技术是最活跃、发展最迅速、影响最广泛的科学技术领域之一。互联网的发展不仅将改变人们的工作和生活方式，也将改变教育和学习方式。信息技术极大地拓展了教育的时空界限，空前地提高了人们学习的兴趣、效率和能动性。多媒体教学、计算机教学软件、远程教育、虚拟大学等应运而生。先进的信息技术使教育资源共享的原则得以贯彻，人们听取世界高水平课程的要求已经或正在实现，学习选择的自由度大大提高，按需学习、因材施教真正成为可能；学术交流空前繁荣，合作研究在全球范围内展开，信息生产、传播和应用日新月异地高速发展；现代教育科学、心理科学和信息科学技术的综合和相互渗透，已成为教育发展和改革的强大动力；传统的教和学的模式正在酝酿重大的突破，教育面临着有史以来最为深刻的变革。

面对科学知识发展过程中呈现出的这种新态势，靠满堂灌、填鸭式教学，显然已经大大不适应了；靠题海战术和死记硬背，显然也已经落伍了。在这种背景下，根本的途径在于改造我们的学习，具体说就是"授人以鱼，不如授人以渔"。所谓"授人以渔"，就是引导学生去学习发现知识、获取知识、运用知识的方法，去培养和提高发现知识、获取知识、运用知识的能力。这种方法和能力，本质上都可归结为人的思维能力。所以，在学校学习阶段就培养训练学生的思维能力，主要是逻辑思维能力，就使他们获得了一个将来能够应对知识大爆炸和知识快速更新，并且能够在信息化时代优质生存的重要法宝。为了使学生能够具有较强的逻辑思维能力，教师当然应该在提升逻辑思维能力方面成为先行者。

课堂中增添点逻辑味道，已是势在必行。

---

[1] ［美］比尔·盖茨：《未来之路》，232～254页，北京，北京大学出版社，1996。

四 张扬理性 引导教学

我们所做的上述论述，似乎还有点就事论事的色彩，还需要对问题做更深的剖析。我们提倡增添课堂的逻辑味道，更深层次的意义在于张扬理性。这是因为我们从相当多的课堂教学中看到了理性缺失的现象。这里仅讲其中几个方面：

一、习惯于盲从而缺乏反思、质疑

在我们的课堂教学中，可以看到许多盲从现象：

> 某实验学校设计了一道"数学题"，然后对低、中、高三个年级随机抽取的各 20 名学生进行测试。题目是这样的：一条船上载了 25 只羊、19 头牛，还有 1 位船长，要求根据已知条件求出船长的年龄是多少。

> 这本来是一道不可能算出结果的题目，因为从逻辑上看，这道题中，根本就不具备计算出船长年龄的已知条件。测试的目的是要看看被试者会不会发现和提出问题。但是，测试结果是大多数学生居然都"算"出了具体"结果"，只有少数学生对试题的合理性提出了质疑，且质疑者低年级学生居多，中年级次之，高年级最少。[①]

为什么一个不能算出结果的题目多数人却"算"出了"结果"？这是因为许多学生相信：既然老师出了题目让回答，那就一定能够算出结果，于是就想尽各种办法去找出结果，而不去思考一下这个题目本身合理不合理。这是发生在一些学生中的盲从现象。

类似的情形也存在于我们的教师之中，在讲到"命题及其关系"时，我们发现许多教案都采取了如下思路：

> 教师列出一些语句并提出问题："下列语句的表述形式有什

---

① 陶西平在第三届"素质教育与逻辑思维"论坛上的报告：《没有问题是最大的问题——关注学与思结合》。

么特点？你能判断它们的真假吗？"

通过辨析，得出命题的定义：一般说来，我们把用语言、符号或式子表达的，可以判断真假的陈述句叫作命题。因此，能够判断真假的陈述句是命题，而疑问句、祈使句、感叹句均不是命题。

在此基础上，教师开始引申："以前，同学们学习了很多定理、推论，这些定理、推论是否是命题？同学们可否举出一些定理、推论的例子来看看？"

得出结论：一切定理和推论都是由条件和结论两部分构成的。

教师进一步提出问题："命题是否也是由条件和结论两部分构成的呢？"

得出结论：从构成来看，所有的命题都由条件和结论两部分构成。在数学中，命题常写成"若 p，则 q"或者"如果 p，那么 q"这种形式。而且，不是"若 p，则 q"形式的命题可以改写为"若 p，则 q"形式的命题。

然后，根据条件和结果的关系，得出原命题、否命题、逆命题、逆否命题，并分析四种命题间的相互关系。

接着引出原命题的否命题和对原命题的否定：否命题是针对原命题用否定条件也否定结论的方式构成的新命题；命题的否定是逻辑联结词'非'作用于判断，只否定结论不否定条件。其形式可表示如下：

原命题：若 p，则 q。

否命题：若¬p，则¬q。

命题的否定：若 p，则¬q。

在这个为不少老师所采用的教案编写思路中，如果我们能切实反思和善于质疑，就可以发现其中有些提法是经不起推敲的。

例如，"一切定理和推论都是由条件和结论两部分构成的"，这里既说到了推论，也说到了定理。如果说推论还可以说涉及条件和结论两部分的话，难道一切定理也都是由条件和结论两部分构成的吗？我们不妨看一看下面的例子：

万有引力定律：任意两个质点通过连心线方向上的力相互吸引。该引力的大小与它们的质量乘积成正比，与它们距离的平方成反比，与两物体的化学本质或物理状态以及中介物质无关。

牛顿第一定律：一切物体总保持匀速直线运动状态或静止状态，除非作用在它上面的力迫使它改变这种状态。

牛顿第二定律：物体加速度的大小跟它受到的作用力成正比，跟它的质量成反比，加速度的方向跟作用力的方向相同。

牛顿第三定律：两个物体之间的作用力和反作用力总是大小相等，方向相反，作用在同一条直线上。

反射定律：（1）反射光线、入射光线、法线都在同一平面内；（2）反射光线、入射光线分居法线两侧；（3）反射角等于入射角。

请看，这些定律的表达采取的都是直言命题或直言命题组成的复合命题的形式，而不是"若……则……"这种假言命题形式。所以，一些教师在课堂中反复告诉学生"一切定理和推论都是由条件和结论两部分构成的"，这显然是不合理的。

又如，"从构成来看，所有的命题都由条件和结论两部分构成"。请注意，这里说的是"所有的命题"，这显然忽视了命题包含简单命题和复合命题这一事实。简单命题是由量词、主项、谓项和联项构成的，而并非由条件和结论构成。至于复合命题，可以划分为假言命题、选言命题、联言命题和负命题等。只有复合命题中的假言命题，才是由条件和结论两部分构成，其他类型的复合命题都不是由条件和结论构成的。既然实际情况是这样，为什么有些老师还一再地照讲不误呢？

再如，"否命题是针对原命题用否定条件也否定结论的方式构成的新命题；命题的否定是逻辑联结词'非'作用于判断，只否定结论不否定条件"；"原命题：若 p，则 q；否命题：若¬p，则¬q；命题的否定：若 p，则¬q"。有些老师就是这样讲的。这里的问题在于对"命题的否定"理解错误。首先，"命题的否定"在逻辑学中可称为"负命题"，不仅可以对"若 p，则 q"一类假言命题形式的复合命题进行否定，也可以对选言命题、联言命题等形式的复合命题进行否定，还可以对简单命题进行否定。其次，即使是在"若 p，则 q"一类假言命题中，也不能说"只否定结论不否定条件"。一个假言命题的否定，是对整个假言命题的否定。如果原命题为"若 p，则 q"，那么对原命题的否定就应该是"并非'若 p，则 q'"。请看它们的真值表（见表1—3）。

表1—3　　　　　　　　　　　　　逻辑真值表

p	q	非 q	若 p 则 q	若 p 则非 q	并非（若 p 则 q）	p 且非 q
真	真	假	真	假	假	假
真	假	真	假	真	真	真
假	真	假	真	真	假	假
假	假	真	真	真	假	假

从逻辑真值表看，原命题"若 p，则 q"的否定应为"并非'若 p，则 q'"，它等值于"p 并且非 q"，而不是等值于"若 p 则非 q"。所以，把原命题"若 p，则 q"的否定说成是"若 p 则非 q"是不对的。

为什么如上所述的错误讲解会存在，而且并非个案，而是有一定数量的老师都在做着同样的事情呢？为什么在讲课之前，不去认真思索一下呢？这是发生在一些老师身上的盲从现象。

盲从，就是随大溜，就是从众，就是人云亦云，根本的问题在于不去思考，不去质疑，不去分析。这是非理性的重要表现之一。

二、功利化倾向滋长而缺失根本性目标

网上有一个博客中这样写道："曾有一位教育局局长告诉我：办教育很简单，管好三个数，即'考试的分数、升学率数和基于分数、升学率数的奖金数'，这就行了。"[①] 尽管有些人并没有这样明确地表述，但在实际的思想和行动上，也同样为争取尽可能高的考试分数、尽可能高的升学率而奋斗。所以，这里所概括出的"三数"，确实是对弥漫在教育教学领域中的功利化倾向的比较典型的写照。

为了追求所谓的"三数"，一些老师实际上把"立德树人"这项教育的根本任务丢在脑后，德智体美全面发展成了智育一枝独秀。考

---

① 闻平．认识高效课堂的原点：走出教育功利主义．见新浪博客，2012-01-19．

试成绩好，就是好学生。一俊可以遮百丑。即使有点什么缺点、毛病，也都可以视而不见或予以原谅。考试成绩不理想，那就会受到讥讽、蔑视。在陕西某小学就发生过一起"绿领巾"事件：该校给那些考试成绩不好的学生一律戴上"绿领巾"，而且在学校中还不许摘下来。《人民日报》曾以"请摘掉功利教育的'绿领巾'"为题，对这种严重伤害学生人格的行为予以严厉的谴责。

为了追求所谓的"三数"，学生的学习时间被大大延长。来自国家统计局四平调查队的一份调查报告指出：小学生在校学习时间每天约6～7个小时；初中生在校学习时间每天约8～9个小时，除去吃饭半个小时，做作业需要3～4个小时；高中生在校学习时间每天约11～12个小时，如果再加上晚自习3个小时，在校学习时间达到14个小时以上。在调查中曾问过一些中学生："整天这样学累吗？"他们说："快累死了，但是我们丝毫不敢放松，学习这么紧张，压力这么大，别人都这么用功，你不加班加点学，不是差距越来越大吗？我们就像高速旋转的陀螺，想停都停不下来。"某初中三年级学生家长介绍，他的孩子今年面临升高中，在校的学习时间平均在12个小时，如果在校没有完成作业还得在家做作业，睡觉时间基本在凌晨两三点。[①] 笔者就曾亲耳听到有的老师说，他们学校的老师、学生每月就休息一天，学生每天差不多都要学习到晚上12点左右。学生们娱乐的时间被剥夺了，扩充课外知识的时间被侵占了，参与社会实践、了解社会现实的时间被取消了。

为了追求所谓的"三数"，一些老师费尽心机、潜心揣摩中考或高考的所谓"命题方向和趋势"，然后就按照这种预测重点讲述所谓的考试要点，布置大量"与未来的命题方向和趋势一致"的习题。他们一门心思想的就是如何找窍门、觅捷径，让学生考出好成绩，提高升学率，让自己增光添彩。与此同时，每一学科的知识体系被肢解了，对每一学科基本概念的理解被忽略或轻视了。学生可能会考得高分，但学到的却可能是"死的知识"，未来却可能是那种"高分低能"的人。

---

① 参见国家统计局四平调查队. 关于中小学生课业负担情况的调查. 见四平市人民政府网，2011－04－05。

对于追求功利的问题，毛泽东同志曾指出，我们是以最广和最远为目标的革命的功利主义者，而不是只看到局部和目前的狭隘的功利主义者。[①] 问题的实质在于，我们在谈功利时，是不是有一个"最广和最远"的目标，我们的功利不过是这个"最广和最远"的目标在每一特定时期的实现。缺失了"最广和最远"的目标，一味去追求狭隘的功利，那就陷入了非理性的境地。

三、死记硬背而缺乏系统理解

课堂教学中非理性的又一重要表现是让学生死记硬背而缺乏理解。学生在学习过程中，其"记忆"与"理解"一直是需要处理好的两大焦点。作为教师，我们首先必须要搞清楚什么是记忆、什么是理解。

记忆是人类心智活动的一种，属于心理学或脑部科学的范畴。记忆力是识记、保持、再认识和重现客观事物所反映的内容和经验的能力。所以，在学生学习的过程中，记忆这种能力是很重要的。增强学生的记忆力是发展学生学习能力的一个重要方面。而我们在这里所反对的，是死记硬背。"死记硬背"是指学习过程中不理解，而一味地死记书中内容或答案的学习方式。

中国当代作家路遥在《平凡的世界》一书中曾这样说："中国这种考试方式鼓励了死记硬背，但往往排斥了真正的才学。"[②] 是的，在我国的很多升学考试中，由于多考记忆的内容，导致人们过分关注死记硬背，会不会背书似乎成了学没学会的重要标志。从下面的具体现象中，我们不难发现"死记硬背而缺乏系统理解"这一弊病在中小学教学中根深蒂固地存在。

现象之一：我们常常能听到某某学生因为一个生词、定理或法则没有记住而被老师或家长罚抄 10 遍、20 遍乃至 100 遍，这样的事情天天都在发生。这一现象源于老师、家长潜意识中对记忆的过分关注，是典型的重"死记硬背"而轻"思考理解"。

现象之二：在课堂上，学生记笔记的方法就是抄黑板；一些老师

---

① 参见《毛泽东选集》，2 版，第 3 卷，864 页，北京，人民出版社，1991。
② 路遥：《平凡的世界》，310 页，北京，中国青年出版社，2000。

在参加培训时，也同样在照抄黑板。死记已成为一些人学习的习惯，而与"记忆"相比，"理解"则被放在了次要位置。

现象之三：为了让中小学生写好作文，家长甚至是老师让学生背作文选里的范文，导致不同学生在考作文时不仅作文情节相同，甚至连作文里主人公的名字都相同。不引导学生思考应该怎样观察与构思，不引导学生去解读作文的灵魂，而是反复强调死背范文和各科的公式、定义、定理、定律等，结果就是：不少学生课文会背，但作文不会写；公式会背，但作业不会做。

现象之四：主张多记的老师很多，研究记忆策略的老师较少。教师上完课，希望学生花时间多记忆自己课上讲的内容，认为记的越多越好。

现象之五：许多教师上完课之后，不加筛选地让学生记忆书本上的内容。由于记忆量大，学生什么都要记，结果往往什么也记不住，最后学生认为学习太难太苦，并产生厌学情绪，由厌学发展到逃学，又由逃学发展到辍学。现在中学的初二、初三学生中，有一些是什么都不学的学生。

上述五种现象，都是重死记硬背、轻思考理解的具体表现。

此外，从下面这个例子中折射出的问题，也是多数人重记忆、轻理解最好的佐证：有一名初一的学生，数学基础比较差，分数的加法不会做，认为"$1/2+1/3=2/5$"。

针对这一学生出现的问题，我们曾做过调查，让大家分析他的问题出在哪里、教师该怎么教。调查结果是，绝大多数的老师认为这个学生的问题出在分数加法公式不会背，认为解决这一学生的问题必须使其记住"异分母相加的法则"。

为了探究这一问题，我们曾与能将这类题做对的学生进行过细致的交流，交流的过程大致如下：

老师："$1/2+1/3$ 等于几？怎么做？"

学生："先通分，把 $1/2$、$1/3$ 化成同分母，$1/2=3/6$，$1/3=2/6$；然后分母不变分子相加：$1/2+1/3=3/6+2/6=5/6$。"

老师："为什么分母可以不变呢？"

学生："不知道，老师没讲过。"

可见，只教会学生背分数加法法则，做题时套法则，题目虽然做对了，但是学生并没有真正学会。这是"死记硬背而缺乏系统理解"最典型的危害。

其实，这位初一的学生将这道题做错了，根子不是不会背异分母加法法则，而是没有真正理解分数的概念和分数加法的含义，如果没有理解分数的概念，当然不可能理解分数运算中各个环节的原理。假如我们用以下办法来教，引导学生去理解，效果会如何呢？

老师："我拿一个苹果，用刀切成相等的两块，你吃了一块，你是不是吃了半个苹果？"

学生："是。"

老师："这半个苹果可以用另一种方式表达，即 1/2，其中分母 2（老师指出分数线下面的 2）表示苹果被分成了相等的两块，分子 1（老师指分数线上面的 1）表示苹果切成两块后你吃了其中的一块。"（这是帮助学生建立分数的概念。）

学生："明白。"

老师："如果我将苹果切成相等的三块，你吃了一块，那用分数怎么表示呢？"（这是让学生应用刚才建立起来的分数概念。学生思考后会回答吃了整个苹果的 1/3。这是学生思考后的判断，1/3 的得出是学生思维活动的结果。）

老师："假如我用刀将苹果切成相等的六块，你吃了其中的一块，你吃的苹果怎样用分数表示呢？"（这是让学生巩固分数的概念。）

学生："我吃了整个苹果的 1/6。"（这是学生自己独立思考后的判断，1/6 是其思维活动的结果。）

老师："允许你吃苹果的 1/2，但是苹果是被切成相等的六小块，你该吃几小块呢？"（这是让学生学会分数概念的应用拓展和迁移。）

学生："三小块，我该吃 3/6。"（学生在原来的 1/6 基础上，现在能思考出 3/6 的结果，说明学生已经掌握分数概念了。）

老师："那你判断一下 1/2 与 3/6 是什么关系？"

学生："1/2＝3/6。"

老师："如果苹果被切成相等的六块，让人吃1/3，那你该吃几小块呢？用分数如何表示？"（目的是让学生进一步巩固分数概念。）

学生："我该吃两小块，可表示为2/6。"

老师："1/3与2/6是什么关系呢？"

学生："1/3＝2/6。"（学生在应用概念判断了。）

老师："是啊，1/2＝3/6、1/3＝2/6，你从等式两边分母、分子的变化情况中，有没有发现什么规律啊？"（这是让学生通过观察、思考发现规律。）

让学生从中找规律，并通过找规律培养学生观察问题和思考问题的能力，当其找到规律后，就搞清楚分数的基本性质了。此时，学生对分数的概念和通分的原理就获得了理解。学生需要掌握的知识，不是仅仅记住了的知识，而是在充分理解基础上记住的并且会运用的知识。

什么是对知识的理解？总的来说，对知识的理解就是对知识进行质疑、探究、分析、概括和系统化的思索过程。具体地说，首先，对知识的理解就是要学会发现和提出问题。教师要引导学生不是被动地接受教师灌输的知识，而是要善于通过自己发现问题并且开展探究性学习，去能动地获取知识。其次，对知识的理解就是要准确把握概念的内涵和外延；要善于区分和处理概念间的不同关系；要学会对所学的知识进行层层分析、提炼概括；要能够运用原理、定理对事物现象进行科学解释；要知道如何进行知识的扩展和迁移。再次，对知识的理解就是要学会发现和梳理各个知识点之间的逻辑关系，既理顺知识的条理脉络，又了解知识的来龙去脉，使所学知识成为一个系统整体。这样，学生就可以高屋建瓴地把握知识和运用知识。由此可见，对知识的理解必须依靠逻辑思维。学生理解知识的过程就是一个严密的逻辑思维过程，就是一个在理性引领下的学习过程，而死记硬背则是一种忽略或轻视思维的非理性活动。

四、埋头题海而缺乏积极思索

当你走进一所重点中学时，跳入眼帘的场景可以概括为两个：一是教师在上课，一是学生在做题。细看每个学生的书桌，每个书桌上都有"书山"，只要是自习课你就会发现学生们在题海中挣扎。"书山"和"题海"成了现代中小学生学习状态的写真画卷。假如我们再深入到一些学生学习生活的更深层面，会发现他们在埋头"题海"的过程中，快乐不多，烦恼不少，每天关注的是题型、考点和分数，很少会独立思考。这种"埋头题海而缺乏积极思索"的非理性现象，在中小学校里仍然普遍存在。

镜头一：已经是晚上 10 点半了，校园里仍灯火通明，教室里座无虚席、一片寂静，学生们都在紧张地忙于自己手中的习题，围绕着考点、题型、分数打转转。

镜头二：这是周末，已经快 12 点了，家里人都没有睡觉，因为孩子的作业还没有完成，孩子的父母、祖父母都在陪着孩子，从孩子那疲惫厌倦的神情中，看不到任何积极思考的迹象。

镜头三：一场考试刚过，走出考场的学生们在对着彼此的试卷答案。"题目我很多都不会，选择题完全是瞎猜，不经思考靠猜打钩。""那些题型没有做过，有点眼生无法下笔，郁闷啊！"中小学生考完试后，类似这样的场景随处可见。

镜头四：老师与一个极诚实的学生交流。

老师："你课前看课本预习吗？"

学生："不看，也没时间预习。"

老师："你的时间呢？"

学生："老师，我们有那么多的作业呀！"

老师："作业多做不完你怎么办？"

学生："大家相互抄抄，反正老师也没有那么多精力一个一个检查，交差就行了呗。"

老师："你的学习方法是什么？"

学生："上课听听课，然后做作业，作业不就是套套例题吗？"

老师："其他同学也这样学吗？"

学生："哈哈……这样的情况，每个学校、每个班级里都普遍存在。"

从上述四个镜头可以看出一些学生因对题海的厌倦，而采用应付了事的态度来对待学习，这是当下中小学教学中普遍存在的"埋头题海而缺乏积极思索"的具体表现。

什么是题海战术？我们认为，所谓题海战术就是在应试教育理念的指导下，企图通过让学生做海量的习题来提高应试能力并获得较好考试成绩的教学方法。题海战术是一种功利化极为明显的做法。为什么有些人要搞题海战术？直接的目的就是为了应对考试。至于"立德树人"、"培养创新型人才"等根本性目标，则完全被题海淹没了。

题海战术是一种撒大网、碰运气的做法。搞题海战术的人认为，只要尽可能多做题，将来考试时总能碰上几道。题做得越多，碰上的概率就越大，考试成绩就可能越高。在这种观念影响下，学生在看到一道试题时，不是首先认真审题，而是急于去寻找它与曾经做过的哪道题相似，找到相似的题后，便把该题的解法套上去。如果考试试题中出现了过去没有做过的题，或者试题稍作变化，学生就会感到不知所措，只能自认倒霉了。

题海战术是一种肢解学科知识的做法。正如我们前面所说，每一学科知识都是由许多概念、判断、推理构成的体系。其中的概念与概念之间、概念与判断或推理之间，都存在着密切的内在逻辑联系。只有把知识综合起来融会贯通地加以理解，才能真正掌握知识、领会知识，在考试时也才能应对自如。题海战术却让学生只见树木，不见森林；只见片瓦，不见大厦。学生学到的只是一些知识的碎片和若干解题技巧，并没有真正掌握和领会知识。

题海战术是一种摧残学生身心健康、泯灭学生学习乐趣的做法，海量的习题占据了学生的大部分时间，使得学生享受不到原本应该生动活泼的课余生活。不断重复的变化不大的题目，使学生感到乏味、厌倦，感受不到原本可以在知识的海洋中获得的快乐。

总的来说，题海战术的结果就是把原本最富有朝气和活力的学生变成不善于思索、失去了创新精神的机械答题者。有些学生由苦学而厌学，由厌学而逃学，最后甚至酿成人生的悲剧。在这种非理性做法的推波助澜下，科学知识的学习被完全异化了。

习惯于盲从而缺乏反思、质疑，功利化倾向滋长而缺失根本性目标，死记硬背而缺乏系统理解，埋头题海而缺乏积极思索等，就是存在于当前课堂教学中的比较明显的非理性现象。这种非理性现象的弊病在于：第一，把人类最伟大的能动地积极变革客观世界的能力，实际上降低到与动物一样的被动适应能力；第二，使人类独具的"物质的最高的精华——思维着的精神"[①] 实际上处于被搁置、被弱化甚至被湮灭的状态。由于逻辑是确保人们思维准确性、一贯性、鲜明性和合理性的工具，所以，课堂教学中的非理性也就必然要忽视、轻视、贬低逻辑的作用。基于此，我们提倡大家在课堂教学中增添点逻辑味道，就是在呼唤课堂教学中的理性，抵制课堂教学中的非理性。

让理性在我们的课堂教学中得到更充分的展现！让教与学在理性的引导下结出更丰硕的成果！让作为理性的核心和理性的工具的逻辑在课堂教学中发挥更显著的作用！

---

① 《马克思恩格斯选集》，2版，第4卷，279页，北京，人民出版社，1995。

第二章

善于发现和提出问题

一 新课标的一个突出
特点是实施探究式教学

中学新课程标准一个突出的特点，就是把科学探究式教学作为关键环节。它不是仅仅体现在少数课程标准之中，而是体现在各门不同的课程标准之中。这是新课程标准中最有价值的内容之一。例如：

教育部《义务教育物理课程标准》提出："科学探究既是学生的学习目标，又是重要的教学方式"。

教育部《义务教育化学课程标准》提出：科学探究"是学生积极主动地获取化学知识、认识和解决化学问题的重要实践活动"，"科学探究对发展学生的科学素养具有不可替代的作用"。

教育部《义务教育语文课程标准》提出："积极倡导自主、合作、探究的学习方式"，"培养学生主动探究、团结合作、勇于创新的精神"，"鼓励学生运用多种方法，从不同的角度进行探究"。

教育部《义务教育历史课程标准》提出："尝试体验探究历史问题的过程"，"在探究历史的过程中尝试反思历史，汲取历史的经验教训"。

为什么在新课程标准中如此重视和强调科学探究？我们可以从两个方面进行说明：

从教师的角度看，新课程标准中高度重视和强调科学探究，首先是为了使教师由对教纲和教材的被动贯彻和讲授，转变为对新课程的主动设计。其次是为了使教师由教学过程中的传授者转变为教学过程中的学习和探究者。再次是为了使教师由教学过程中的主宰者转变为教学过程中的启发和引导者。可以这样说，对于教师，科学探究应该成为最为重要的教学方式。会不会开展科学探究式教学，从根本上决定了教师能不能胜任按新课程标准进行的教学。

从学生角度看，新课程标准中高度重视和强调科学探究，首先是要使学生由被动性学习转变为自主性学习。其次是要使学生由接受性学习转变为创新性学习。学生将不是接受一个现成的知识结论，而是要了解这个知识结论形成的过程。学生要通过自己的探究，知道怎样提出问题，怎样根据问题形成需要探究的课题，怎样通过观察、实验、调查来搜集材料，怎样进行猜想以形成假说，怎样对假说进行验证，最后由自己"发现"这个结论。再次是为了使学生由应试性学习转变为全面提高素质的学习。可以这样说，对于学生，科学探究是由被动接受性学习转向自主创新性学习所应采取的最为重要的学习方式，也是为了适应科学技术的迅猛发展和社会的快速变化而必须确立的学习目标。

在不太严格的意义上，新课程标准中所说的"科学探究"，在科学方法论中称为"科学发现"。当我们说到"科学探究"问题的时候，实际上也就是指"科学发现"问题；当我们说到提高科学探究的能力时，实际上也就是指提高科学发现的能力。但是，严格说来，它们又有一些区别。在新课程标准中所提的科学探究，是要求教师组织、启发和引导学生像科学家那样经历一个发现问题、解决问题、发现新知识、实现知识创新的过程。也就是说，新课程标准要求教师不要把知识结论直接灌输给学生，而要教师引导学生像科学家那样去进行一个探究的过程，自己去获得知识结论。因此，新课程标准中的科学探究过程，主要是对科学家所经历的实际发现过程亦即知识创新过程的一种模拟。模拟和被模拟，当然是有区别的。但是，既然是模拟，就要和被模拟的实际过程基本一致。正是根据后面这一点，我们在以后的叙述中就不去强调这种区别，而将这两个词按照同一个意思来理解。[①]

---

① 本书第二章参照汪馥郁主编的《成为富有创新能力的教师》进行编写，以下不再一一注明。

二 探究式教学的关键性基础是提问能力

在中学新课标中占有突出地位的科学探究式教学，应该怎样进行？这就需要对科学探究过程及其所包含的核心要素，有一个大致的了解。

为此，我们想用一个教学中的实际例子加以说明。下面是北京师范大学深圳南山附属中学根据浙教版新课程实验教材开展科学探究式教学的一个案例片段（文字略有修改）：

师："同学们已经看到，我们每张课桌上都放着一个烧杯、一个打火机和几根蜡烛。现在，我们首先进行一个小实验，请每组的同学任取一根蜡烛，点燃，立于桌面，然后，用烧杯倒扣住燃烧的蜡烛，仔细观察。"

学生分组实验。

师："刚才你们看到了什么？"

生："蜡烛熄灭了。"

师："为什么？"

生："蜡烛燃烧的时候需要氧气，烧杯扣住后，蜡烛的燃烧渐渐缺氧，所以熄灭了。"

师："很好。大家知道，氧气是物质燃烧的必要条件，而被烧杯倒扣住的蜡烛燃烧时就产生二氧化碳，随着燃烧的进行，蜡烛就逐渐进入一种缺氧的状态，所以，蜡烛会熄灭。尽管这个实验很小、很简单，但是，当我们仔细观察、研究这个现象，试图寻找隐藏在这个现象背后的答案时，我们其实已经走进了科学的世界，开始了科学探究。"

老师用幻灯片打出课程的题目。

师："我们接着刚才的问题继续深入下去。如果我们现在不是点燃一支蜡烛，而是把一高一矮两支蜡烛同时点燃，立于桌面，用烧杯倒扣住，那么，会有什么现象发生呢？请大家大胆猜想。"

生甲："同时熄灭。"

师："为什么？"

生甲："两根都是蜡烛，又都在同一烧杯内，当然同时熄灭。"

生乙："矮的先熄灭，高的氧气多一点。"

生丙："高的先熄灭。"

师："为什么？"

生丙："蜡烛燃烧产生二氧化碳，朝上跑，将高的先罩住，高的就先熄灭。"

师："二氧化碳应该是密度较大的气体，要往下沉，怎么会朝上跑呢？"

生丙："我改变自己的观点，矮的先熄灭。"

师："我们大家举手表决吧，哪一支蜡烛先熄灭？"

赞成同时熄灭的占一半，赞成矮的先熄灭的近一半，两位同学赞成高的先熄灭。

师："我根据什么来判断你们谁是正确的呢？"

生甲："做一做就知道了。"

生乙："实践。"

师："对，实践，检验真理的唯一标准就是实践。下面，我们就来实践一下吧！"

学生分组进行实验，得到结果，很惊讶：高的怎么先熄灭了？互相交流讨论。

师："高的先熄灭。看来，真理有时候是站在少数人一边的。大家想一想，这是为什么？"

生丙："（不服气）我刚才的答案是正确的，老师你误导我！"

师："（笑）我是故意考考你，看你坚持真理的态度是否坚决。不过，为什么大部分同学都回答错了呢？"

老师展示幻灯片，运用气体密度的相关知识解释原因。

师："大家再反思一下刚才的过程，对整个实验还有疑问吗?"

学生思考,没有回答。

师:"(提醒)假如条件改变了会怎么样?比如,烧杯变大了,或两支蜡烛的高矮程度相差再大一些,我们是否还会得到同样的答案呢?"

学生七嘴八舌地议论。

师:"这就是我们今天课后要继续探究的问题。"

师:"我们现在再回过头来,在刚才的探究活动中,我们经历了哪几个阶段?"

学生小组讨论,集体归纳。

归纳出如下几个阶段:

(1)提出问题:哪一支蜡烛先熄灭?

(2)通过猜想建立假设:高的先熄灭;矮的先熄灭;同时熄灭等。

(3)实践检验:分组实验。

(4)验证结果:高的先熄灭。

(5)解释原因:反思整个实验设计、过程与结果,假定条件变化了会怎样。

师:"(总结)我们就是循着这样的途径来探究未知的事物的。像刚才这样提出问题—通过猜想建立假设—验证—结果与分析—评价与交流的过程,就是我们今天所要学习的科学探究的基本过程。当然,科学探究的环节和过程远远要比这个复杂得多,但是它的基本框架就是这样的。"[①]

通过上述这个实际案例,我们可以提炼出科学探究如下几方面共同的核心要素:第一,提出问题;第二,准备资料和材料;第三,进行猜想,形成假设(假说);第四,设计实验,进行观察实验;第五,搜集、整理、分析证据,验证假说,形成结论;第六,应用和进一步拓展已获得的知识。由于学科不同,实际的科学探究活动自然就存在

---

① 陈坚主编:《中学科学新课程课堂教学案例》,7~10页,广州,广东高等教育出版社,2003。

着若干差异。

由此我们看到，科学探究的第一个核心要素就是发现和提出问题。

科学探究为什么一定要从发现和提出问题开始，而不是从观察、实验、调查开始呢？最根本的原因在于，作为一个具有社会性的人，他所进行的各种活动都是有目的、自觉、能动的活动。这是人之所以为人而不同于动物的地方。因此，任何观察、实验、调查，都是一种有目的、有计划的科学研究活动。观察、实验、调查的目的从何而来？正是来自人们当时所要解决的问题。其次是因为，如果人们只是不断地进行观察、实验和调查，那么人们只是不断地在积累经验知识，即使发现了一些前所未有的新的经验事实，那也只不过是增加了一些新的经验知识而已，并不是科学理论知识。由观察、实验和调查获得的经验知识并不能直接过渡到理论知识，其中需要经过发现问题这个环节。这样，归根到底，一个人能不能发现和提出一个问题，就直接关系到他能不能开始科学探究活动。在科学史上，这样的事例非常多。例如：

> 英国的科学家哈雷，仅凭自己掌握的关于彗星的三次观察资料，就提出了"这是不是同一颗彗星？"和"它有什么运行规律？"等问题。经过研究，他推断出关于彗星的这三次观察记录实际上是对同一颗彗星的观察，这颗彗星后来被命名为"哈雷彗星"。他还计算出哈雷彗星的运行周期，预见到下一次出现的时间。但是，哈雷并不是最早观察到哈雷彗星的人。据史书记载，我国从春秋时代开始，一直到哈雷生活的时代，有记载的关于哈雷彗星的观察记录就有二三十次。但是，我国并没有人发现哈雷彗星的规律，更没有人做出预测。这是为什么？根本原因就在于，我国过去的许多学者仅停留在观察上，仅满足于记录观察结果，而没有从中发现和提出问题，更没有根据问题进行深层次的探究活动，所以，尽管有这么多的观察记录，却没有能够促成科学理论的发现。

由此可见，如果人们只是观察到一些事实或现象，却没有提出问题，那么，无论这样的事实或现象被人们观察到多少次、被多少人观察到过，它们都仅仅是一些事实或现象而已，并不能由此而形成一种科学理论的发现。只有当人们进一步从中提出了问题，并针对问题开始了科学探究，科学理论的发现才成为可能。所以，提出科学问题才是科学知识形成的真正起点。为了获得科学发现，为了进行科学探究，必须善于发现问题。

这也说明，问题会同样地降临到许多人的头上，但是，并不是所有人都能够发觉到问题的存在并且把它提出来。只有那些能够敏锐地发现并提出问题的人，才有可能走上科学探究、科学发现之路。所以，具有提问能力并且能正确提出问题，就是迈开了科学探究的第一步。

既然发现和提出问题是科学探究的起点，而且制约了科学探究的方向和深度，那么，贯彻新课程标准，实施科学探究式教学，引导学生进行科学探究式学习，首先就要训练教师和学生的发现和提出问题能力。这是探究式教学的根本性基础。

三 问题的基本性质和种类

新课程标准以科学探究为突破口，倡导以科学探究为主的多样性的学习方式。而这种科学探究则是以问题为中心，问题是科学探究的起点，也规定了科学探究逐步展开的方向。为此，我们就需要了解：什么是"问题"？

所谓"问题"，就其根本性质而言，即人们思维中的"矛盾"，也常常被称为"疑难"、"困惑"。为什么说问题就是人们在思维中产生的种种矛盾？这是因为，对于客观事物、现象来说，虽然也时时处处都存在矛盾，但是，客观事物、现象从来都是它自身所存在的那个样子，而且不依人的意志而转移，无所谓问题不问题。问题属于认识的范畴，是人在和客观事物、现象发生某种关系时才产生的一种认识。人无论是作为自然的人还是作为社会的人，都有各种需求或愿望。当人产生了一种需求或愿望，客观事物、现象却一时不能使这种需求或愿望得到实现，这就构成一个矛盾。人们通过思维活动认识到了这种矛盾后，就形成了问题。人们的需求或愿望，也就是人们所确立的工作目标；客观事物、现象所呈现的实际状况，就是人们面临的现状。需求或愿望一时不能得到实现，就表明目标与现状之间存在一定差距。人们通过思维活动认识到了这种差距，也就认识到了问题。在此，需求或愿望是一方，需求或愿望不能得到实现是另一方；目标是一方，现状是另一方。两方中缺少了任何一方，都不能构成问题。如果没有某种需求或愿望，就不可能形成问题；虽然有某种需求或愿望，却很容易实现，同样也不可能形成问题。如果没有确立某种目标，就不可能形成问题；虽然确立了某种目标，然而现状和目标之间并没有出现一定的差距，同样也不能形成问题。这样，我们就可以做出以下一些定义：

——问题就是思维中的矛盾；

——问题就是需求或愿望与这种需求或愿望一时不能得到实现之间的矛盾；

——问题就是目标与现状之间的差距。

可以用一幅图简单形象地表示什么是问题（见图2—1）。

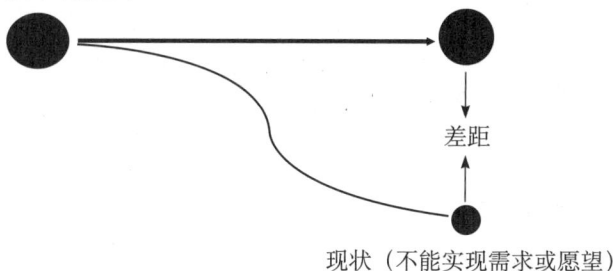

图 2—1　问题

在教学中，常见的问题类型主要有以下五种：

一、"是什么"类型

回答这类问题，就是要指出或确认某个或某种经验事实。

"这个事物（现象）是什么？"例如：

太阳是什么？

月亮是什么？

这个瓶里的东西是什么？

这张图片上显示的是什么？

这篇散文的主题是什么？

"这类事物（现象）是什么？"例如：

艺术手法是什么？

政党是什么？

剩余价值是什么？

封建思想是什么？

剥削是什么？

井田制是什么？

物质的固化是什么？

光的折射是什么？

水的分子结构式是什么？

基因是什么？

恐龙是什么？

"这里有什么？"例如：

故事里蕴含着什么？

李自成起义失败有哪些必然原因？

原子里有什么？

细胞里有什么？

"这类事物（现象）有多少？"例如：

文章中运用了多少种表达方式与修辞手法？

我国有多少个民族？

中国封建社会经历了几个朝代？

现存的植物种类有多少？

太阳与地球的距离是多少？

人身体内的骨骼有多少块？

太阳上发出的一束光到达地球大约要经过多少时间？

三角形有多少种不同类型？

"这类事物（现象）间关系的数学模型是什么？"例如：

文学鉴赏力与学生的兴趣爱好、课外阅读、家庭环境、学校教育等因素之间关系的数学模型是什么？

海啸的发生与地理位置、地壳运动、气候特征、环境变化等因素之间关系的数学模型是什么？

"发生（出现）在什么时间？"例如：

商鞅变法发生于哪个朝代？

欧洲文艺复兴运动开始于哪一年？

意识流小说兴盛于哪个时代？

牛顿万有引力定律是什么时候诞生的？

"发生（出现）在什么地点？"例如：

"荷花淀派"作家作品主要集中在什么地方？

典型的喀斯特地貌主要分布于世界哪些地区？

穿高跟鞋走路何处压强最大？

二、"为什么"类型

回答这类问题，就是要寻找事物或现象之间内在的因果联系，从而对某个或某类经验事实提供一定的理论解释，或者针对某种理论提供一层比一层深的理论解释。

在经验事实层次上，例如：

为什么说"辛亥革命"并没有改变中国的半封建半殖民地社会性质？

为什么陶渊明选择归隐田园？

为什么不规则动词是英语学习的重点与难点？

为什么脱毛衣时经常会冒出一些小火花，或者手会感到像被电刺激了一下一样？

为什么在圆形玻璃缸中养的金鱼看起来要比真实的金鱼大？

在理论层次上，例如：

针对"运动是绝对的，静止是相对的"的理论，我们可以进一步追问："为什么说运动是绝对的，静止是相对的?"

针对"苏轼是中国传统文化背景中的大智者"的评价，我们可以进一步追问："为什么是苏轼而非他人?"

针对"凡摩擦都会生热"这个经验定律，我们可以进一步追问："为什么摩擦会生热?"

三、"有何用"类型

可以从事物或现象的应用方面提出问题。例如：

凹透镜能够运用在哪些方面？

超声波有什么用？

在生产和生活中如何恰当地运用好摩擦力？

在生活中如何利用物质的三态变化来有效解决日常难题？

古诗文名篇背诵与默写对培养学生文学素养有哪些直接影响？

可以从理论的应用方面提出问题。例如：

王国维的"境界说"对中国诗歌批评与鉴赏有何意义？

爱因斯坦的"相对论"给世界科学发展带来怎样的影响？

基因突变理论在农业上和医学上有什么应用？

万有引力定律对现代科学技术的发展产生了怎样的影响？

四、"如何做"类型

如果对"如何做"类型的问题进行细分，它实际上包含四种不同的呈现方式：

第一，为了形成一个有关未来行为目标的决策，我们应该如何做？

第二，当未来行为目标确定后，为了能够在现状基础上最终实现目标，我们应该如何做？

第三，当发现原定目标已落后于现状时，为了及时调整原定目标，我们应该如何做？

第四，当发现现状已经偏离目标时，为了使现状及时回归目标方向，我们应该如何做？

这种"如何做"类型的问题，在政治、经济、军事、文化等活动中，无疑是大量存在的，那么在教学过程中是否同样存在呢？答案是肯定的。

我们可以用语文课的情况来说明。例如，教师都希望学生能够写出好作文，学生本人也是如此，这是教师和学生共同的目标。但是，对于相当多的学生而言，写作文无疑是一个相当"痛苦"的过程。用他们自己的话说："憋老半天才瞎编出一篇"。一个"憋"字，显出多少困窘；一个"编"字，道出多少无奈！目标与现状之间出现了差距。到底如何才能解决这个差距，写出好作文？这正是一个我们必须解决的"如何做"类型的问题。又如，学生在做社会调查或人物采访时，其设定的目标、设置的问题常常受到许多因素的干扰或误导，致使调查或采访逐渐偏离了预定目标。这就出现了如何掌控调查或采访，使现状不脱离目标而是指向目标的问题。

我们再以物理课的情况来说明。在一份物理考卷上有如下一道题目："有几位学生参加了生存能力的训练。他们到了一个孤立的小岛上，身上带的淡水已经用完了，小岛上找不到淡水，周围的海水又不能直接饮用，他们随身携带的东西只有被褥、衣服、塑料布、指南针、绳子、小盆、刀剪、镜子、方便食品等，他们如何才能解决自己的饮用水问题呢？"这里要解决的就是目标确定后如何实现从现状到目标的转化的问题。

五、"谁来做"类型

这个类型的问题一般包括"由谁来制定决策？""由谁来执行和实施？""由谁来监督和检查？"等方面内容。

例如，我们组织科学探究式教学，是以班级为单位进行，还是以小组为单位进行，或者是以单个学生为单位进行？这就是一个"谁来做"类型的问题。

四 发现和提出问题的主要方法

提升发现和提出问题的能力，最重要的环节是熟练掌握发现和提出问题的各种方法，以下将介绍一些主要方法：

一、围绕寻找对经验事实的科学解释而提出问题

在教学过程中，围绕寻找对经验事实的科学解释而提出问题，是一种引发学生发现和提出问题的常用方法。例如：

物理教学中，可以引发学生提出"为什么洗过的衣服在太阳下晾晒后能够变干？""为什么正在烧开水的壶里的水会越来越少？"等问题。

化学教学中，可以引发学生提出"为什么煮豆类粥时加入少量碱面可以让豆子熟得快？"等问题。

生物教学中，可以引发学生提出"为什么冬虫夏草是冬天成虫夏天成草？""为什么做豆腐乳必须让豆腐发霉长毛？"等问题。

数学教学中，可以引发学生提出"为什么从一个顶点出发，n 边形有 $n-3$ 条对角线？""为什么平移的图形，形状不变，大小也不变？"等问题。

语文教学中，可以引发学生提出"为什么唐诗是中国古代诗歌发展的高峰？"等问题。

要了解这种发现和提出问题的方法，首先需要了解"经验事实"和"科学解释"两个概念。

什么是"经验事实"？人们每天都在进行观察、实验和调查。在此过程中会遇到许多事物或现象。这些在观察、实验和调查过程中遇到的事物或现象，我们就称之为经验事实。

什么是"科学解释"？能够在观察、实验和调查过程中获得这些经验事实，显然是认识上取得的成果。但是，这仅仅是一种"知其然"的认识成果，人们的认识活动并不就此止步，人们总希望能够进一步获得"知其所以然"的认识成果。也就是说，人们并不满足于知道有没有这种经验事实，还希望能够追问一个"为什么"，以便能够对经验事实做出一些说明。有时，即使已经对经验事实做出了某种说明，人们仍然不满足，还会针对这种对经验事实的说明继续追问一个"为什么"。于是，人们又会对这种已经做出的对经验事实的说明，进一步去做出说明，即做出对说明的说明。所以，所谓科学解释，就是寻找到某种理论，以便对人们遇到的经验事实或低一层次理论做出一定的说明。

例如，人们观察到：某种植物由于长期淹在水中，死掉了。这是一种经验事实。人们不满足于自己的认识就到此为止，还要追问为什么，于是，人们就可以提出植物的呼吸作用原理来对这种经验事实进行解释。植物作为生物，也需要呼吸。植物通过呼吸分解土壤中的有机物而释放一定的能量，这些能量大部分就作为植物生命运动的不可缺少的动力。如果植物长期被水淹着，根部得不到所需要的氧气，根部的呼吸被抑制，根部正常的新陈代谢活动被阻止，植物就要死亡了。通过这种解释，人们就知道了为什么某种植物长期淹在水中会死掉了。

由此可见，任何一个科学解释，从其逻辑结构上看，都包含三个组成部分：一是被解释项；二是解释项；三是被解释项和解释项之间的逻辑联系。也就是说，科学解释的过程就是从解释项中推出被解释项的逻辑思维过程。

在上例中，"某种长期淹在水中的植物死掉了"就是被解释项；"植物的呼吸作用原理"就是解释项；被解释项和解释项之间的逻辑联系表现为一种演绎推理性质的联系。因为，在上例中，作为解释项的"植物的呼吸作用原理"是一般性的理论陈述，作为被解释项的"某种长期淹在水中的植物死掉了"是一种特殊的事实陈述，整个科学解释的过程具有演绎的性质。可以用下列式子来表示这种演绎性科学解释的逻辑结构：

解释项： 某种理论性陈述 H（植物的呼吸作用原理）
先行条件性陈述 C（某种植物长期淹在水中）

被解释项：某种经验事实陈述 E（某种长期淹在水中的
植物死掉了）

在实际的科学解释过程中，用来对被解释项实施解释的解释项，并不总是一般性原理，有时也会用到通过归纳统计而得到的具有或然性的结论。这时，整个科学解释的过程就具有了归纳的性质。例如：某人患肺癌去世了。为什么他会患肺癌？人们就可以引用科学家研究得出的一个统计结论，即"每天吸烟 x 根以上的人得肺癌的概率比不吸烟的人大 y 倍"，并且"某人恰恰每天吸烟超过 x 根"来进行解释。在此，"每天吸烟 x 根以上的人得肺癌的概率比不吸烟的人大 y 倍"是一个归纳统计结论。因此，这个科学解释的过程就具有归纳的性质。可以用下列式子来表示这种归纳性科学解释的逻辑结构：

解释项：某种归纳统计性陈述 H（每天吸烟 x 根以上的人得肺癌的概率比不吸烟的人大 y 倍）
先行条件性陈述 C（某人长期吸烟，每天都超过 x 根）

被解释项：某种经验事实陈述 E（某人患肺癌去世了）

根据科学解释的逻辑结构，为了培养学生围绕寻找对经验事实的科学解释而提出问题的能力，我们可以采用以下几种具体的方法：

第一，学生已经获知了被解释项，引发学生从寻找解释项方面提出问题。

例如，在学习了物态变化的知识后，就可以给出如下现象，这些现象都是被解释项，引发学生提出寻找解释项的问题："一到春天，冰冻的河面就解冻了，这是为什么？""铁匠师傅把烧红的铁块放入凉水中，只听到'嗤'的一声，同时看到水面上冒出一股'白气'，这是为什么？"

第二，学生已经获知了作为解释项的某种理论，引发学生从寻找被解释项方面提出问题。

例如，学生已经获知了汽化和液化的理论，就可以引发学生提出

"能够运用汽化和液化的理论，来解释日常生活中的哪些现象？"这类寻找被解释项的问题。学生已经获知了光的反射定律，就可以引发学生提出"能够运用光的反射定律，来解释生活中的哪些现象？"这类寻找被解释项的问题。

第三，针对某个被解释项，已经提出了一种作为解释项的理论，引发学生在寻找更多的解释项方面提出问题。

例如，学生已经知道"中国唐朝前期出现过一个非常繁荣的局面"这个历史事实，并且已经运用"生产力与生产关系"这种理论作为解释项独立地对这个历史事实做出了解释，此时，就可以引发学生进一步提出"还能不能运用别的理论来独立进行解释？"这类寻找更多解释项方面的问题。

第四，针对某个作为被解释项的经验事实，引发学生做出"打破砂锅问到底"式的提问。

例如，我们观察到"用铁锤敲打铁片，铁片会发热"。于是首先可以引发学生提出"这是为什么？"的问题。当学生应用"因为物体摩擦生热"这个解释项来解释后，我们又可以引发学生进一步追问："为什么物体摩擦就生热？"此时，就需要进一步运用分子运动理论来进行解释。如此不断地追问下去，就可以提出一系列问题。

二、围绕寻找例外的或反常的情况而提出问题

在教学中，作为教师，总要启发和引导学生理解和掌握一些人类已经获得的知识。这是教学的基本任务之一。但是，为了把学生培养成创新型人才，我们又要引导学生不被这些已有的知识限制住，而要不断去进行新的探索。于是，我们就要引导学生在寻找例外或反常情况方面不断提出问题。

例如，在学习物质的三态变化后，学生都普遍地知道，物质或为固态，或为气态，或为液态。此时，就可以引导学生提出这样的问题："物质就只有三态吗？""有没有既不是固态，又不是液态，也不是气态的物质？"现代科学研究已经揭示，在三态之外，确实存在着新的物质形态，例如"液晶态"、"等离子态"、"中子态"、"超导态"等。

在学习语文时，教师可以为学生设置一系列辩论题目，鼓励学生从直接经验和间接经验中寻找反例加以证明。比如，"英雄要不要问出处？""金钱是不是一定成为万恶之源？""人多是不是一定力量大？""得陇可不可以望蜀？"面对一篇范文，还可以提出"这样的题目难道只有这一种写法吗？"学完《邹忌讽齐王纳谏》，就可以提出这样的问题："大臣向君王进谏只能这样曲折委婉吗？"

大千世界，无奇不有。我们千万不要以为我们通常所认识到的东西，就一定是现在我们认识到的样子。俗话所说的"种瓜得瓜，种豆得豆"只是通常的情况、一般的情况。我们千万不要被这种通常的情况、一般的情况限制住，而是要敢于提出："难道就只能是这样吗？""会不会有反常的情况存在呢？""有没有例外的情况存在呢？"很多科学发现、先进思想、文化成就，就是由于提出了这种寻找例外或反常情况的问题而获得的。

对于人的思维来说，有两类最基本的思维模式：

一类是单一性思维，即只习惯于从一个角度、一个侧面、一个层次思考问题。获得了一个结论，就只会局限于这个结论，而不再去考虑会不会有其他结论；知道了一种解题方法，就只满足于这种解题方法，而不再去考虑会不会有其他解题方法。这种单一性思维模式极大地阻碍了人们的科学探究和创新活动。

另一类是多样性思维，即不限于从一个角度、一个侧面、一个层次思考问题，而是善于从多角度、多侧面、多层次去思考问题。获得了一个结论，思维并不就此止步，而是要去思考会不会有其他的新结论；知道了一种解题方法，思维也并不就此止步，而是要去思考会不会有更多更好的解题方法。创新型人才需要的思维模式正是这种多样性思维模式。围绕寻找例外或反常情况而不断提出问题，恰恰是多样性思维模式的一种具体表现。养成善于从多角度、多侧面、多层次去思考问题的习惯，就会产生许多新的问题、展开许多新的探究、获得许多新的认识。

三、围绕寻找理论知识与经验事实的不一致而提出问题

理论是从经验事实中总结和提炼概括出来的，理论又要获得经验事实的验证才能确立。理论一旦确立，它的一个重要功能就是要能够对已有的经验事实提供科学解释，并且能够对未知的经验事实做出科

学预见。科学解释和科学预见都是通过一种逻辑的形式进行的。所以，从这种意义上说，理论和理论能够解释或预见的经验事实在逻辑上应该是一致的。

仅以前述科学解释来说，无论是演绎性科学解释，还是归纳性科学解释，作为解释项的理论性陈述或归纳统计性陈述，都属于一般性陈述，而作为被解释项的经验事实则是特殊性陈述。科学解释的核心就是要能够把某种关于经验事实的特殊性陈述，从某种具有一般性的理论性陈述或者归纳统计性陈述中推导出来。所以，理论和事实二者在逻辑上就应该保持一致。如果不一致，就实现不了科学解释的任务，就出现了问题。所以，寻找理论与事实间的不一致，是一种很好的发现和提出问题的方法。

比如，在人教版普通高中课程标准实验教科书《化学》（必修）第一册第四章第四节"氨、硝酸、硫酸"中"硫酸的氧化性"部分，学生已经知道"不活泼金属铜与酸不反应"，但是，在进行"浓硫酸与铜反应"的演示实验时，学生却看到浓硫酸与铜在加热条件下反应，产生的气体又能使品红溶液褪色的现象。此时，学生就可提出"为什么理论与事实不一致"的问题。[①]

在讲人教版义务教育课程标准实验教科书《物理》（九年级）中"力的作用效果"一节时，老师通过双手折断尺子的实验，引导学生得出一个理论性结论："力可以使物体发生形变"。但是，当学生再进行更多的实验进行验证时，却发现用力去推墙，墙仍然静止不动，并没有看到发生形变。此时，学生就可提出疑问："既然力可以使物体发生形变，为什么用力推墙，却看不到墙发生形变?"

一般说来，面对理论和经验事实在逻辑上的不一致，人们可以从两个不同方面产生疑问：一方面是针对理论提出怀疑，例如，人们可以提出"是不是某理论有问题?"等问题；另一方面则是针对经验事实提出怀疑，例如，人们可以提出"是不是观察、实验出现了不妥?"等问题。解决这两方面问题的途径，或者是对理论进行修正、充实、

---

① 参见孙成林. 新课程背景下演示实验教学策略的改革与传承. 见百度网，2012－06－07。

更新，使其与经验事实恢复逻辑上的一致；或者是对观察、实验和调查做改进，获得新的经验事实，使其与理论恢复逻辑上的一致。例如：

> 哥白尼推翻了地心说而建立了日心说，这是天文学史上的一次革命。按照哥白尼的日心说进行科学预见性推论，地球是围绕太阳旋转的，这样，在地球上观测远处的恒星，就应该出现一种被称为"视差动"的现象。这种视差动现象是应该在实践中被观测到的，但是，人们实际上却怎么也观测不到。几十年内没有观测到，一百年内没有观测到，二百年内也没有观测到，理论和经验事实在逻辑上出现了严重不一致。人们提出了种种问题，并为此而展开了争论。一直到三百年后，更好的天文观测仪器产生了，人们的观测能力大大提高，终于观测到了恒星的视差动现象。

上例是针对经验事实提出了问题，通过改进观测仪器，获得新的经验事实，使理论和经验事实在逻辑上恢复了一致。又如：

> 对光的本性的研究，一直是科学家们孜孜不倦地探索的一个课题。从 17 世纪到 19 世纪，经过惠更斯等科学家的研究，发现了光以波的形式向外传播，同时发生散射、折射等现象。科学家们成功地观察到光的干涉、衍射现象，从而确立了光的波动说。但是，当人们发现了光电效应后，光的波动理论在解释光电效应时就遇到了巨大的困难，也就是发现了理论与事实间的不一致。例如，按波动理论，不论什么频率的光，只要光的强度足够大，就应该发生光电效应，但是事实却不是这样。光电效应存在一种极限频率，即当频率低到一定程度后，不论怎样增大入射光强度，怎样延长照射时间，都无法发生光电效应。又如，按波动理论，要达到使光电子飞出的能量，要有一个能量积累过程。但是事实却不是这样，光电效应几乎是瞬时发生的。再如，按波动理论，入射光越强，光能越大，光电子的初动能就越大。但是事实却不是这样，光电效应中光电子的能量仅与入射光频率有关。面对这种理论与事实间的不一致，人们提出

了许多问题，并且展开了研究。后来，爱因斯坦在普朗克的能量子假说的启发下，根据事实建立新的理论，提出了光子学说。

上例是针对理论提出了问题，通过修正原有理论，使理论和经验事实在逻辑上恢复了一致。

四、围绕寻找理论知识内部的不一致而提出问题

一个科学理论建立后，人们都要对其进行评价。在该理论内部保持自洽性，就是一个重要的评价标准。什么是自洽性评价标准？就是假定有一个理论 T，如果不能从它逻辑地推出命题 A 和非 A，就是自洽的，反之就不是自洽。这就是说，自洽性标准要求科学理论内部的各个命题之间有逻辑的一致性，不能相互矛盾。当人们发现了一个不自洽的理论，即一个内部存在逻辑矛盾的理论，就可以由此而提出许多问题。例如：

门捷列夫提出化学元素周期理论的时候，认为元素的化学性质是其原子量的周期函数。但是，后来发现有一些元素，例如碘和碲，前者的原子量小于后者的原子量，而根据化学性质，碘在周期表上却被排在碲之后。类似的情况反映出门捷列夫周期理论的不自洽。

针对这一现象，人们就可以提出"为什么门捷列夫的化学元素周期理论会出现矛盾"一类的问题。又如：

亚里士多德认为，物体下落速度的快慢与物体的重量成正比。在此后的 1 800 多年中，人们一直把这个理论当成真理，没有人敢怀疑它。年轻的伽利略却没有被吓倒，他经过思考，找到了亚里士多德力学理论中的逻辑矛盾：假定有一个重物体 M_1 和一个轻物体 M_2 同时从高处下落，按照亚里士多德理论，M_1 的下落速度 V_1 就应大于 M_2 的下落速度 V_2。现在，伽利略设想把 M_1 和 M_2 捆在一起下落与 M_1 单独下落相比，此时，就出现了如下结果：

（1）从物体重量角度看，"M_1+M_2"就意味着两个物体的重量捆在一起了，"M_1+M_2"自然就比 M_1 重。根据重物比轻物

下落的速度快，"M_1+M_2"的下落速度V_3就应大于M_1的下落速度V_1。

（2）从物体运动的速度看，"M_1+M_2"就意味着两个物体的速度捆在一起了，"M_1+M_2"的速度只能是M_1和M_2的平均速度，因此，"M_1+M_2"的下落速度V_3就应该小于M_1的下落速度V_1。

针对这一情况，人们就可以提出"为什么从同一前提会推出两个相互矛盾的结论"一类的问题。

解决一个内部不自洽即存在逻辑矛盾的理论，主要有两种途径：

一种途径是，通过对不自洽的理论自身的修正和补充，来消除内部存在的逻辑矛盾，从而重新实现理论内部的自洽性。例如，针对门捷列夫的化学元素周期理论的逻辑矛盾而提出的问题，人们通过在研究中确立了原子核结构和同位素的概念，并且把周期律的核心假定修改为"元素的化学性质是其原子序的周期函数"，揭示了周期现象背后的实质，从而消除了周期理论的不自洽。另一种途径是，一个内部不自洽的理论，无法消除自身所包含的逻辑矛盾，从而被另一个能够实现自洽的即内部不存在逻辑矛盾的新理论所取代。例如，针对燃素说内部的逻辑矛盾，拉瓦锡提出了氧化说，通盘考虑化学反应中所有物质的重量，克服了导致燃素说不自洽的困难，取代了燃素说的地位。针对亚里士多德理论内部的矛盾，伽利略建立了与其不同的自由落体理论，从而克服了亚里士多德理论内部的矛盾。

其实，保持内部的自洽性不仅是对一种系统化科学理论的要求，也是对人们日常口头表达和文字表达的要求。当人们对同一事物现象进行表达时，其内部也应该体现自洽性，即不存在逻辑矛盾。而一旦发现了其中的逻辑矛盾，人们就可以相应地提出种种问题。在语文教学过程中，这类通过发现逻辑矛盾而提出的问题经常可以见到。比如学生常常在语言表达（包括口头表达和书面表达）中犯逻辑错误，包括叙述脉络不清、缺少承接与过渡、前言不搭后语、关联词语乱用、结尾不能涵盖主体内容等。教师可以组织一系列学习活动，让学生自觉发现并自主解决这种理论知识内部不一致（逻辑矛盾）的问题。

五、围绕寻找同一领域不同理论知识之间的不协调而提出问题

在同一科学研究领域中，对同一对象进行研究，有时会形成不同的理论观点。对此，人们如何去进行评价和选择？此时就要用到相容性评价标准。相容性可以有多种解释，此处是指新的科学理论同已有的公认科学理论在逻辑上是相容的即不矛盾的。也就是说，如果从新理论 T_2 可以推出已有的公认理论 T_1，或者从 T_2 推不出与 T_1 相矛盾的推论，那么，T_2 与 T_1 就是逻辑上相容的。在这种情况下，就可以对新理论 T_2 做出评定：它得到了已有的公认理论 T_1 的支持。反之，不相容性是指：如果从新理论 T_2 推出了对已有的公认理论 T_1 的否定，或者从 T_2 推出了与 T_1 相矛盾的推论，那么，T_2 与 T_1 就是逻辑上不相容的。所以，相容性评价是通过一个理论与相关理论的比较进行的。

面对同一领域内逻辑上不相容的两个理论 T_1 和 T_2，人们主要可以从三个方面提出问题：一是针对新理论 T_2 提出问题，即认为并非已有的公认理论存在问题，而是新理论存在问题；二是针对已有的公认理论 T_1 提出问题，即认为并非新理论存在问题，而是已有的公认理论存在问题；三是既针对新理论 T_2，也针对已有公认理论 T_1 提出问题，即认为既不完全是新理论存在问题，也不完全是已有的公认理论出现问题，而是各自都有一定问题，人们可以据此而提出能否对两种理论都进行修改甚至把两者融合起来等问题。例如：

人们看到，在狭义相对论中，通过"在不同的惯性参考系中，一切物理规律都是相同的""真空中的光速在不同的惯性参考系中都是相同的"两个基本假设，可以推导出"同时"的相对性、长度的相对性、时间间隔的相对性等结论。这些结论似乎是与已经公认的牛顿力学不相容的。因为，在牛顿力学中，空间和时间的本性被认为是与任何物体及运动无关的，存在着绝对空间和绝对时间。牛顿在《自然哲学之数学原理》中就说："绝对的空间，它自己的本性与任何外在的东西无关，总保持相似且不动""绝对的、真实的和数学的时间，它自身以及它自身的本性与任何外在的东西无关"①。有些人就据此提出"是不是牛顿力学存在问题了?"一类的问题,甚至认为相对论推翻了牛顿力学。后来通过研究发现,牛顿力学研究宏观物体的低速运动;相对论研究宇观物体的高速运动。因而牛顿力学可以看成是相对论在低速世界的近似表现,因此,从逻辑的相容性关系来看问题,可以把相对论力学看成是牛顿力学在高速世界的拓展,它们在逻辑上是相容的。

又如:

在心理学中,人们对激励问题,也就是如何调动工作人员的积极性问题,进行了研究并形成了不同理论。有的心理学家认为,只有通过采取提高工资报酬、改善劳动条件和保证劳动福利等手段,才能使人受到激励,把人的积极性调动起来。这种激励理论主要强调外在激励手段的重要性,心理学家把这种理论称为行为主义激励论。另外一些心理学家则认为,要想调动人的积极性,主要应该采取提升人对工作本身的兴趣、为实现人的自我价值提供保证、使其在工作环境中感受到尊重、突出成就感等手段。这种激励理论主要强调内在激励手段的重要性,心理学家把这种理论称为认知主义激励论。这两派的观点是不相容的。在一段时间内,两派各执一词,相互争论,各自都想证明自己的理论是正确的,而对方的理论是不恰当的。后来,有人就提出:为什么非要采取这种非此即彼的态度呢?难道两种理论真是无法协调的吗?一些心理学家通过研究,认为两种理论其实是可以相互融合的。于是,一种新的综合型激励理论就形成了,从而解决了前述两派观点间的矛盾。

六、围绕寻找不同学科领域理论之间的协调、综合而提出问题

客观世界是纷繁复杂的。对不同领域的对象进行研究,就形成了不同学科的理论,如物理学、化学、生物学、数学等。但是,客观世界又是具有统一性的,是一个相互联系在一起的统一系统。因此,虽

① [英] 牛顿:《自然哲学之数学原理》,7 页,北京,商务印书馆,2006。

然各学科研究的对象领域可以不同，形成的学科理论也可以不同，然而不同领域的理论之间却不应该是相互排斥、相互冲突、相互孤立的，而应该是相互协调和综合统一的。所谓相互协调和综合统一，必须满足一个最基本的前提，即保持逻辑上的无矛盾。正是根据这一点，人们又可以提出许多问题。这方面的问题大体可以分为两类：

一是针对不同学科领域理论之间出现的冲突而提出的问题。例如：

> 到了 19 世纪，生物进化论和热力学在各自的领域内都成功地解释了广泛的现象，各自建立了相对严密的理论体系。但是，在这两种理论的基本原理之间，却出现了不协调。从热力学可以看到：随着时间的推移，一个物质系统逐渐由存在差别向消除差别、由不均匀向均匀、由复杂向简单、由熵（系统混乱程度的度量）比较小向熵不断增大转化。这是一个物质系统随着时间的推移而不断衰退，逐步向低级运动形式退化的过程。但是，从生物进化论却可以看到：随着时间的推移，一个物质系统逐渐由差别较小向差别增大、由简单向复杂、由熵的不断增加向熵的不断减少转化。这是一个物质系统随着时间的推移而不断提高自身的有序化和组织化程度，逐步由低级向高级发展进化的过程。面对这两个理论，人们提出了这样的问题：都是随着时间的推移，为什么一个是熵在增加，而另一个却是熵在减少？一个是在退化，而另一个却是在进化？到了 20 世纪 70 年代，普利高津提出的耗散结构理论，才解决了这个问题，使两种理论得到协调的解释。[①]

二是针对不同学科领域理论之间的综合统一而提出的问题。例如：

> 在很长时间内，人们认为人文科学和自然科学由于研究的对象不同、研究的方法不同、研究的意义不同，因而是截然不同的

---

① 参见沈小峰等编著：《耗散结构论》，3～35 页，上海，上海人民出版社，1987。

两大类科学。随着科学技术的进一步发展，有人提出了这样的问题：难道它们就始终只能像在两条道上跑的车，彼此分离地存在吗？这就是一个试图寻找不同学科领域理论之间的综合统一而提出的问题。现在，人们已经看得越来越清楚，人文科学正逐步向自然科学渗透，自然科学也正逐步向人文科学渗透，两者之间的综合统一趋势已越来越明显。

七、围绕寻找理论或事物现象的多样性而提出问题

世界是统一的，世界的统一性在于它的物质性。但是，统一的世界又是纷繁复杂、千变万化、丰富多彩的。这就是说，世界既具有统一性又具有多样性。正因为世界具有多样性，教师就要激发学生敢于、善于从多样性方面提出问题，引发学生深入探究、深入思考。

一道题目有没有多种解法呢？例如：

> 为了测出学校操场上旗杆的高度，可以测量太阳光下旗杆的影子和人的影子的长度；可以在观测者和旗杆之间立一根适当的标杆，使旗杆顶端、标杆顶端和观测者眼睛处于同一条直线上；可以利用镜子的反射。还有没有其他的办法呢？

> "曹冲称象"是一个有名的故事。但是，"称象"只有这一种处理方式吗？有学生认为，曹冲何必费力寻找石头，眼前的士兵就是最好的测浮力的"工具"。让他们上船再下船，省事又省力。还有没有其他的简易方法呢？

> 一部《红楼梦》已经有多家阐释，还能不能有更新颖的见解呢？

一个事物可不可以用不同的材料做成？例如：

> 一只水杯，可以用陶瓷做成；可以用玻璃做成；可以用不锈钢做成；可以用竹子做成；可以用塑料做成；可以用纸做成。还能不能用其他材料做成呢？

一个事物可不可以具有不同的结构形式？例如：

> 书面描述一个故事，可以采用顺序讲述的结构形式；可以设

计成倒叙、插叙的结构形式；可以采用画面集锦式表达的结构形式。还能不能采用其他结构形式？

一节课，可以按讲述的结构形式设计；可以按讨论学习的结构形式设计；可以按讲述与讨论结合的结构形式设计；可以按小组协作学习的结构形式设计。还能不能按其他结构形式设计？

一个事物可不可以具有不同的功能？例如：

书籍可以传播真理；可以记载经验；可以开启心智；可以振奋精神；可以描绘生活；可以指导生产；可以抚慰心灵……你还发现了什么功能？

一个理论能不能解释更多的事物或现象？例如：

运用"世界是物质的，物质是运动的"理论，既可以解释自然世界的本质特征，也可以揭示人类社会、人类历史发展与变化的规律……你还能用这个理论解释哪些自然或社会现象？

教师应当清楚地认识到，寻找理论或事物现象的多样性往往是学生非常感兴趣的，通过寻找理论或事物现象的多样性而提出问题，对培养学生的发散性思维能力有着十分重要的作用。

八、围绕寻找理论的实际应用而提出问题

理论是人们认识世界所获得的成果，而人们认识世界、形成理论则是为了改造世界，使世界能够更好地满足人们的需要。但是，从理论到理论的应用却有一个很大的距离，不是像对号入座那么容易的，而是认识上的又一次飞跃。这样，人们为了寻找到理论的实际应用，就可以提出不同类型的问题。

人们可以从理论的可能应用方向方面提出问题。例如：

社会生产与日常生活中，牛顿力学能应用在什么地方？电磁理论能应用在什么地方？遗传基因理论能应用在什么地方？

《列子·汤问》中的"愚公移山"的故事，表现了古代劳动人民改造自然的理想和顽强的精神意志。我们可以把愚公移山精神运用在什么地方？

人们可以从理论应用的技术条件方面提出问题。例如：

产生蒸汽机的技术条件是什么？

产生发电机的技术条件是什么？

将氧化铁中的铁还原出来的技术条件是什么？

无土栽培的技术条件是什么？

九、围绕寻找目标和现状之间的差距而提出问题

把人的行为和动物的行为进行比较，一方面我们可以看到，人的行为具有明确的目的性。人开始行动的时候，就已经规定了自己所要达到的目标。另一方面我们也可以看到，人作为社会的人，他的一切行为都为当时的客观环境条件所制约。人所处的客观环境条件并不总是有利于目标实现的。因此，我们就可以通过发现目标与现状的差距而提出各种问题。例如：

所有人都希望出门坐车的时候能够交通畅通。这是希望达到的目标。为此，各个城市都做出了很大努力，新建或拓宽了许多马路。但是，现状如何？在很多城市尤其是大城市里，几乎到处都在堵车，老百姓意见不小，该怎么办？

又如：

现在中小学生课外阅读越来越少，古今中外文学名著知之甚少。语文教师希望尽快提高学生的文学修养，培养广泛阅读和深层阅读的习惯与能力，然而又感到现实状况确实不令人满意。那么，课外阅读时间应如何保障？阅读书目应如何确定？什么阅读方式学生乐于接受？如何解决学生阅读能力的差异问题？如何指导学生的个性化阅读？如何看待阅读的低幼化现象？"快餐阅读"有无价值？

这些都是从目标与现状的差距角度提出的问题。

十、围绕寻找不同事物、现象之间的联结而提出问题

世界上没有什么事物或现象是绝对不能联结起来的，而众多联结处常常是问题的集中之处，是思索与钻研的好地方。围绕寻找事物现象的联结，我们就可以提出许多问题。例如：

马克思主义理论与达尔文生物进化论之间有何联系？

南唐皇帝李后主从历史角度看是昏庸无能的亡国之君，可从

艺术成就上看却是书画大家、诗词高手。这两者之间如何统一地联结起来？你同意王国维先生对李煜词作的评价吗？

能够从"地毯"、"塑料"、"雨衣"、"酒杯"、"钢笔"、"文具盒"、"牙刷"、"手提包"等物品名称中，任意选出两样并把它们联结起来吗？

十一、围绕寻找不同的思考角度而提出问题

为什么要寻找不同的角度？一方面是因为每一具体的事物、现象都有众多的不同侧面。从一个角度只能认识它的某一个侧面。正如宋代诗人苏东坡在《题庐山西林壁》中所写："横看成岭侧成峰，远近高低各不同。"因此，为了认识到事物、现象的多个侧面，就需要变换角度。另一方面是因为每一事物、现象都与其他事物、现象存在普遍联系，一个事物、现象的性质就在与其他不同事物、现象的联系中表现出来。一个角度只能认识到某一种联系，只有从多个角度才能把握事物、现象的普遍联系。所以，为了实践的需要，人们就要不断变换思考的角度。例如：

美国有一座具有百年历史的自由女神像。在对雕像的一次整修后，现场留下了两千多吨废料。怎么处理这些废料？用焚烧的办法不行，因为有些废料是不易燃烧或不能燃烧的，而且污染环境；用就地深埋的办法也不行，因为废料太多；用运走的办法同样不行，因为从现场到垃圾场的距离太长，费用昂贵。人们望着一大堆废料发愁。为什么总也找不到理想的办法呢？因为人们总是围绕着废料进行思考。为什么就不能换一个思考的角度呢？这时，有一个叫斯塔克的人换了一个思考角度提出问题：为什么废料就只能当作废料来处理呢？有没有办法让废料不再是废料呢？他对转换思考角度后提出的问题进行思考后，终于有了新思路，并且承包了这批废料。他先对废料进行分类整理，然后把其中的废铜铸成纪念币，把其中的废铝做成纪念尺，把石块做成小自由女神像……这样一来，本来一文不值、难以处理的废料，竟身价百倍，人们争相购买。

又如，语文教学中常常涉及文章主题的分析与归纳。教师可以

引导学生从不同的角度进行分析，充分发挥学生的探究积极性。例如，学习《〈宽容〉序言》一文，可以引导学生提出并讨论以下问题：

> 从"漫游者"的角度看，本文的主题是什么？
>
> 从"守旧老人"的角度看，本文要揭示什么？
>
> 从"人们"的角度看，本文表现了什么？
>
> 从房龙创作此文的时代背景看，本文试图表现什么？
>
> 从《宽容》一书的内容来看，本文力图表现什么？
>
> 综合以上各方面因素看，本文的主旨是什么？

十二、围绕寻找不同的存在环境（条件）而提出问题

每个事物或现象的出现与存在，都是和特定的环境条件联系在一起的。环境条件一改变，原有的事物或现象也就会随之发生或大或小的改变。据此，我们就可以提出不同的问题。例如：

> 假如没有了石油，怎么办？
>
> 假如臭氧层已经被严重破坏了，怎么办？
>
> 假如克隆人技术被普遍应用，人类伦理世界会发生怎样的变化？
>
> 假如祥林嫂活到现在，她的命运能否改变？
>
> 假如陶渊明生活在 21 世纪，他还会选择归隐田园吗？
>
> 假如所有的高中毕业生都能上大学了，中小学教育会怎么样？
>
> "一加一等于二"在任何条件下都成立吗？

五　克服妨碍提出问题的因素

一切科学探究（知识创新）活动都始于问题，但是，有许多因素却妨碍着人们发现问题。2002 年由中国科普研究所等单位联合发起并组织的"全国青少年创造能力培养社会调查"活动，对全国范围内

31 个省、自治区、直辖市的近 1.2 万名大中学生进行问卷调查。调查结果显示，与 2000 年相比，仍有约半数青少年受到思维定势的影响，且存在过于拘谨、尊崇权威的倾向。选择"对于老师或课本上的说法，我时常表示怀疑"的被调查者不足一半；42.6% 的被调查者"不愿提那种显得'无知'的问题"；33% 的被调查者认为自己"不会去做可能给自己带来风险的事"。这种状况的存在严重地妨碍了学生们发现和提出问题，影响了科学探究式教学的开展，干扰了知识创新，必须引起教师们的高度重视并认真予以解决。[①]

一、消除思维定势的负面作用

所谓思维定势，就是指人们在长期的思考活动中所形成的已经成为习惯的一些固化了的思维方向和思维途径。简单来说，思维定势就是固化了的思维习惯。对于思维定势，我们应从两方面去认识：一方面，我们要看到思维定势的形成有它的必然性、有它应有的作用，例如，在人们传授知识和技术、处理常规性问题、按规律或规则办事而没有遇到"例外"和"反常"的时候，思维定势有助于人们简便快捷地把事情做好。但是，另一方面，思维定势的固化思维习惯的特点会成为人们发现新问题、产生新思想、走出新路子、开拓新局面的障碍。后一方面，就是思维定势的负面作用。人们经常出现的思维定势主要有：权威定势、经验定势、书本定势、从众定势。这些不同思维定势的负面作用都不利于人们发现和提出问题，必须予以消除。

（一）消除权威定势的负面作用

凡有人群的地方，总会有权威，而且也应该有权威。如果没有权威，意见就不能集中，人群就不能整合，行动也不能统一。所以，尊崇权威有其必要性。但是，如因尊崇权威而导致放弃自己的独立思考、不敢坚持自己的思想见解，则是极其有害的。长此以往，将堵塞自由思考和想象的途径，影响有价值的问题与创造性方案的产生。在实际教学过程中，不少人习惯于引用权威的观点，不加思考地以权威

---

① 参见杨维汉，张景勇．调查显示：约半数青少年受到思维定势影响．见新华网，2003－05－15。

的是非为是非，一旦发现与权威相违背的观点或理论，便想当然地认为必错无疑。不少教师把教学参考书的内容、学术专家的著作、各级教研员的意见或各地名师的示范教案奉为金科玉律，不敢越雷池一步。于是，在课堂上权威的观点被原封不动地传授给学生，如果学生有疑问或异议，哪怕是很有启发性的问题、很有见地的观点，也都习惯性地被忽略甚至被粗暴地遏止，这样一来，学生就逐渐养成了被动吸收、不动脑子、不会质疑的不良学习习惯。

在权威定势负面作用的笼罩下，发现和提出问题的需要与勇气就被扼杀了。为了有利于发现和提出问题，当我们感到权威定势在束缚自己的思想时，可以采取如下办法来消除其负面作用：第一，可以用"那是以前的权威"来消除负面作用，因为"以前的权威"不见得今天还是权威；第二，可以用"那是其他领域的权威"来消除负面作用，因为"其他领域的权威"不见得在眼前这个领域中也是权威；第三，可以用"那是外地的权威"来消除负面作用，因为"外地的权威"不见得在我们这里也是权威；第四，可以用"那是借助外部因素而形成的权威"来消除负面作用，因为如果靠其自身的力量不见得能够成为权威。通过这些办法，我们就可以从权威定势的负面影响中摆脱出来。[①]

（二）消除经验定势的负面作用

经验是人们长期实践活动的结晶。人们一出生就生活在一个经验的世界里，从幼年到成年，人们所看到的、听到的、感受到的都融入大脑，构成了丰富的经验。在一般情况下，经验是人们处理日常事务的有效手段。但是，经验定势的负面作用不可忽视。

例如，长期以来，不少教育者对学生有一个大体相通的评判标准，即"听话和顺从"。当学生感到"听话和顺从"已被老师誉为美德，这样做就能取得自身的利益，而标新立异、独立思考则被斥为"骄傲自满"、"调皮捣蛋"并受到心灵挫伤和利益的损害时，有些学生就会把这种经验固化和强化。除了个性极强的少数学生，绝大多数都会在自我修正中进入保守状态。原本充满朝气和活力的中学生

---

① 参见梁良良等：《走进思维的新区》，57～129 页，北京，中央编译出版社，2001。

变得少年老成、兴趣狭窄。长此以往，学生对新鲜事物的感受能力、对新知识的吸纳能力必然弱化，甚至无意识地排斥新事物，使自己陷入自我封闭的思维状态，哪里还会去不断地发现和提出问题呢？[①]

为了有利于发现和提出问题，我们可以采取如下办法来消除经验定势的负面作用：第一，要指出任何经验都有时空方面的局限性。任何经验的形成都离不开特定的时间和空间条件。在一定时空条件下行之有效甚至屡试屡验的经验，如果被移到另一时空条件下就不见得有效了。例如，在北京、上海等大城市的示范性中学中行之有效的教学方法，在农村中学中就不见得有效。第二，要指出经验还有主体方面的局限性。经验总是某一实践主体或某些实践主体的经验。作为实践主体的人，只能在客观环境已经提供的实践条件下从事实践活动，因而也只能形成某一条件下所允许的经验。不管一个人的经验多么丰富，实际上也是十分有限的，他所没有经历过的事情则是无穷无尽的。经验的局限性告诉我们，突破经验的限制而提出问题完全是应该而且可能的。

（三）消除书本定势的负面作用

书本是人类世代积累知识的载体，也是人类传授和交流知识的工具。书本有利于开发人类的智慧和促进社会不断向前发展。但是，如果过于迷信书本，就形成了书本定势的负面作用。一事当前，先查一查书本上是怎么说的，书本上说不能做的就决不去做，书本上没说的也不敢去做。在这种情况下，就不可能有任何新问题的发现和提出。

教师中的书本定势常常表现为对学术著作、教材、教学参考书等书本的迷信。其实，教材时常会出现各种知识问题或印刷问题，参考书更不可能万无一失，更何况世界上不可能存在永恒的知识。尤其需要指出的是，在加快新课程推进步伐的今天，许多地方使用的教材、教学参考书大都是实验性的，教师本身既是教材的实践者、使用者，更是教材的探索者、开发者和修订者，迷信书本显然是落后于时

---

① 参见梁良良等：《走进思维的新区》，57～129 页。

代的。

学生中的书本定势主要体现在对学科教材、教学参考资料、名校名师教辅资料等的全盘接受上。学生或者为应试所迫，扎进书山题海，无暇质疑；或者一味信奉书本知识，盲目崇拜。青少年虽然尚处于人生的初始阶段，思维最少束缚，但随着知识的不断增加和阅历的日益丰富，存在于头脑中的认知框架将逐步模式化、固定化，进而弱化青少年的创新意识，影响青少年创新能力的发展。

消除书本定势的负面作用是创新教学最直接的切入点。为了有利于发现和提出问题，我们可以采取如下办法来消除书本定势的负面作用：第一，要指出书本上的东西与客观现实总是有一定差距的。现实要比书本丰富得多、复杂得多，书本永远不可能完全反映现实。第二，要指出书本上的东西终究是对以往出现过的事物现象进行总结概括而形成的，但是，对人们而言更重要的是要前进，要发展，要完善，要面向未来、开创未来，这恰恰是书本中所欠缺的。第三，要指出书本是人写出来的，而人总会受到各种限制而出现一些不足或失误，因而书本知识也就不可避免地会出现不完善的地方甚至错误，我们要敢于挑战书本的不足和失误。第四，要指出由于客观事物现象的多样性，书本上所反映的情况或所给的答案并非唯一的。运用这些方法，就可以使我们逐步摆脱书本定势的负面影响，新的问题就能不断涌现出来。①

（四）消除从众定势的负面作用

古训有"木秀于林，风必摧之"，民谚有"枪打出头鸟"之说。几千年代代相传，形成我们民族中一部分人过于求稳趋同、不敢求异冒险的心理积淀，虽经"五四"新文化运动和思想启蒙运动的有力冲击，但仍根深蒂固。这一思维特征从一些教师和学生从不提出新观点、长期习惯人云亦云，做事"随大溜"、"跟风"等行为上也能明显看出。同时，个人服从群体、少数服从多数的行为准则，在维护集体的有序运行和形成集中统一的意志方面是十分必要的，但是，如果将它简单化和泛化，也会形成人们思维中的"从众定势"。这种思维定

---

① 参见梁良良等：《走进思维的新区》，57～129 页。

势在教育教学中经常存在，例如，为了提高教学质量，各级教育部门往往会通过典型示范的形式开展继续教育、课程培训或各种教学观摩研究活动。对于组织者来说，确实是用心良苦，然而，有相当一部分受从众定势影响的教师却将这类示范课、观摩课作为自己教学的一个框子，别人这么讲，我也这么讲，很难打破。学生的从众定势则在课堂发言、讨论学习、协作学习中最为常见，总有相当一部分学生在各种学习活动中缺乏独立思考意识和钻研探索能力。

为了有利于发现和提出问题，我们可以采取如下办法来消除从众定势的负面作用——第一，要从理论上和事实上坚信：真理一开始往往在少数人一边；第二，要树立这样一个观念："一项新事业，在十个人当中，有一两个人赞成就可以开始实施了；等到有五六个人赞成时才开始，就已经迟了一步；如果要等到七八个人赞成才开始，那就太晚了"[①]；第三，不要迷信"一致通过"，而要提倡大家多争论一番，鼓励大家从不同角度考虑问题，提出不同看法；第四，要有意识地形成一些对立面。

二、克服缺乏自信、害怕出错的心理

学习过程是对一个人心理品质的考验。许多学生不敢提问题的原因往往在于缺乏自信，心理负担太重，十分在意他人的意见和评价，生活和学习中特别害怕出错而引人耻笑。具体表现在学习活动中，有这种心理的学生常常恐惧提问，从不主动发言，一旦遇到问题则内心充满焦灼感，被迫发言时战战兢兢、词不达意，精神压力巨大。表现在合作性学习活动中则从不主动承担任务，不善于与同学交流，不愿意展示学习成果。"失败是成功之母"，这是人们常说的一句格言，但要人人明白，却因时因人很难超脱。失败者周围多见的是嘲讽或同情，失败者自己最多的是自卑和气馁。"一朝被蛇咬，十年怕井绳"，形成抑制心态的条件反射。因为害怕，不愿尝试任何创新，甚至因为失败，即使有新的创意也不愿再说，免遭耻笑。胆怯对学生创新意识有强烈的抑制作用，是其创新最常见、最普遍的心理障碍。

为了有利于发现和提出问题，我们可以采取如下办法来克服缺乏

---

① 转引自林赞，吴少武：《脱掉你的外套》，54、55 页，北京，清华大学出版社，2006。

自信、害怕出错的心理：第一，可以采用"喜悦回忆法"。在一个人的一生中，总有一些事情是做得比较好的、比较有价值的，不可能真的一无是处。通过经常有意识地努力回忆这些曾经拥有的成功，看到自己还是有能力、有办法做好一些事情，可以不断增强自己的自信心。第二，可以采用"对比激励法"。比如，"某人办成了这件事，我和他的学历一样，年龄差不多，工作时间也大体相同，他能办成，我有什么理由不能办成？""某人的年龄比我小，学历比我低，工作经历比我少，他都能办成，我为什么就不能办成？""某人比我年龄大，体力精力都不如我好，他能办成，我更应该能办成！"当一个人缺乏自信的时候，可以有意识地引导他去进行各种对比，以此加以激励、增强信心。第三，可以采用"强化危机法"。当一个人缺乏自信的时候，可以有意识地去强化存在的危机，要使其强烈地意识到自己已没有退路，只能背水一战。这样，就可以使他从精神上振奋起来。第四，可以采用"典型示范法"。当一个人缺乏自信的时候，可以运用许多在多次失败后仍然不气馁，继续奋战直到取得成功的典型事例；运用许多在开始时也缺乏自信，但是在调整心理状态后却取得成功的事例，以此进行鼓励引导。

三、卸掉自我满足的包袱

有些人和前面说的缺乏自信正好相反，他们的自我感觉永远良好，整天沉浸在自我满足之中。创新是一个从发现和提出问题到解决问题的过程，创新所要解决的问题，就是创新的需求和需求暂时不能实现之间的矛盾。如果一个人总是处于自我感觉良好的状态，背着自我满足的沉重包袱，那么他对当前的新需求就缺乏敏感性，就会视而不见、听而不闻，就会对当前需求与当前现实之间所存在的问题缺乏应有的认识，就会对危机缺乏应有的警觉，自然也就缺乏发现问题和解决问题的动力。要这种人去发现和提出问题，将是十分困难的。

为了有利于发现和提出问题，我们可以采取如下办法来卸掉自我满足的包袱：第一，可以采用"横向比较法"。自我感觉永远良好的人往往喜欢纵向比较。他们总是拿自己的去年跟前年比，觉得有进步、有发展；拿今年跟去年比，又觉得有进步、有发展，陶醉在自我满足之中。但是，如果多进行横向比较，那就会发现山外有山、天外有天，自己还差得远呢！这样，头脑就会清醒起来，存在的问题就容易发现了。第二，可以采用"缺点列举法"。自我感觉永远良好的人往往看不到自己生活、学习、工作中存在的缺点。为了使自己"警醒"，就可以经常请一些人指出自己存在的缺点与不足，特别要指出当前面临的危机。这样，就可以起到警钟长鸣的作用。第三，可以采用"零起点思考法"。自我感觉永远良好的人往往特别喜欢回顾和欣赏自己过去的成绩。为了卸掉这个包袱，就要树立这样一种认识：成绩只能说明过去，过去不代表现在，更不代表未来。现在和未来充满了许多未知的因素。因此，一切都应从头开始。这样，就可以使人消除躺在过去成绩上扬扬得意的感觉，重新振奋起来，积极进取和创新。

四、摆脱安于现状的枷锁

提高人们提出问题的能力，还必须克服不思进取、安于现状的思维惰性。"饭来张口，衣来伸手"是生活惰性，"下笔不动脑，遇事不思考"则是一种思维惰性。一个人一旦形成思维惰性，往往不动脑筋、不想问题，只看到事物的表象，不能把握事物发展的实质和方向，因此什么也不干，什么也干不了。这样的人往往会安于现状，遇事推诿，特别是在合作式学习中表现出明显的"等、靠、要"思想倾向。所以学习过程中既没有新思路，也没有新方法，出了问题干瞪眼，无意识地排斥新思想、新理念、新知识、新事物，自动放弃发展自我创新能力的种种机会。这就相当于心安理得地把自己封闭在现状的牢笼之中，哪里还会想到要去发现和提出新问题呢？

为了有利于发现和提出问题，我们可以采取如下办法来摆脱安于现状的枷锁：第一，保持旺盛的求知欲。求知欲是对学习、了解、掌握新知识的渴望，也包含探索未知的欲望。在心理学上，也可称为求知动机。广大教师要多读书、常进修、勤充电，保持知识与思想的时代性与先进性。在新事物、新理念、新方式面前，不为懒惰找借口，不为僵化找理由，以新的目标、新的要求、新的精神面貌投入教学改革与创新当中，从源头上克服思维定势和思维惰性。第二，保持长久的好奇心。好奇心是人们出于要弥补已有知识与未知领域的差距而产生的一种心理，是对不了解的事物所产生的一种新奇感和兴奋感。好奇心是求知欲的具体表现，又是潜在的创造性因素。一般来说，好奇心的强烈程度与求知欲的强烈程度成正比，好奇心愈强，渴求获得知识的心情就愈迫切，就愈不会安于现状。第三，激发旺盛的创新欲。创新欲源于创新的需要。这是一种不满足于现状、不墨守成规的思想和精神状态，总想在原有基础上出点新思路、搞点新成果，总想尝试一下与别人、与书本不同的做法。这样，问题就会源源不断地显现出来。

第三章

让概念明晰起来

一 概念的模糊是教学中的大忌

教学案例

【案例一】

针对人教版义务教育教科书《化学》九年级下册中"溶液的形成"一节，有如下教学设计：

表 3—1   "溶液的形成"教学设计

教师为主的活动		学生为主的活动	设计意图
情景引入	[创设情境] 固体饮料引入	[感知体验] 观察生活，有意识地将化学与生活建立联系	创设情境，激发兴趣，引导学生认识化学的学科价值
宏观上认识溶液的形成	[视频演示] 葡萄糖溶解	[感知体验] 静静地观察溶液形成的宏观过程，在头脑中想"葡萄糖消失了吗?"	在宏观层面认识溶液的形成
分析溶解过程中物质有没有消失	[指导学生] 通过实验验证溶液混合物，溶液中的溶质和溶剂保持原有的化学性质	[学生分组实验] 对比水、碳酸氢钠、碳酸氢钠溶液的性质；品红的溶解观察实验现象、记录实验表、分析实验结果，得出结论 [交流汇总] 学生将自己的结论与同学们共享	让学生通过自己的总结发现问题，希望能擦出更多的思维的火花，让学生更全面地认识物质
微观上认识溶液的形成	[引导] 从微观上想象葡萄糖溶解过程	[学生相互评价] 排除一些错误微观想象	在学生猜想、相互评价的基础上教师进行指导评价，能帮助学生理解

续前表

教师为主的活动		学生为主的活动	设计意图
抓住溶液的特征，认识溶液与溶质、溶剂，并明确三者的关系	[指导学生] 在学生理解溶解现象和微观本质的基础上帮助学生理解溶液的特征，知道溶液、溶质、溶剂，以及三者之间的关系	[学生讨论] 溶液具有什么特征? 最终明确溶液是均一的、稳定的混合物 [学生理解] 在会判断溶液的基础上知道溶液、溶质、溶剂，以及三者之间的关系，并能指出典型溶液的溶质、溶剂	明确知识，运用知识，认识溶液的组成
解释生活中常见的溶液的应用	[提示] 教师展示一些有关溶液在生活中应用的图片	[学生回答] 学生能根据教师提供的图片，从微观角度分析其应用	希望学生将学到的知识与实际生活建立起联系

【案例二】

关于人教版普通高中课程标准实验教科书《历史》（必修）第一册中"辛亥革命"一课，有这样一道选择题：

> 辛亥革命是中国近代史上一次伟大的资产阶级民主革命。下列选项对辛亥革命评述不正确的是：
>
> A. 结束了封建制度，建立了民主共和国
>
> B. 使民主共和观念深入人心
>
> C. 推动了资本主义经济的发展
>
> D. 促进了新文化运动的兴起

这个题目考查的是有关辛亥革命这一历史史实的评价，本应选A。但不少学生却没有选A，而认为A是正确的评价。[①]

逻辑辨析

在逻辑学中，概念是反映对象本质属性的思维形式。所谓属性，

---

① 参见翟锦银. 历史概念教学的几点思考. 见豆丁网，2011 - 11 - 28。

就是指对象的性质或对象间的关系。对象的属性有本质的，也有非本质的。对象的本质属性，就是指决定一个或一类对象所以成为这一个或一类对象而不是其他对象，并且能够与其他对象区别开来的根本性质或关系。例如，"人"是一个概念。对于"人"这个概念所反映的一类对象来说，具有有脑袋、有各种器官、有皮肤、能行走、能思维、有言语、能制造和使用生产工具等许多性质。但是，其中有脑袋、有各种器官、有皮肤、能行走等性质并不是人类所特有的，其他动物也具有。只有能思维、有言语、能制造和使用生产工具等性质，特别是能制造和使用生产工具这一性质，才是把人类与其他动物区别开来的最根本的性质。人是能思维、有言语、能制造和使用生产工具的动物。正是根据这一点，我们才形成了人的概念。

概念要通过一定的语词来表达，语词是概念的语言形式，而概念则是语词的思想内容。它们之间既紧密联系，又相互区别。不同的语词可以表达同一个概念，例如，"母亲"、"娘"、"妈妈"三个词表达了同一个概念，都是指通过十月怀胎生育了子女的妇女。不同的概念往往可以用同一个语词表达，例如，在汉语里，"白头翁"这个词既可以表达"白发老人"这个概念，也可以表达一种鸟的概念。

概念是人们进行思维的最基本单位，是思维的细胞。所以，人们在进行思维活动时，首先需要把思维活动中使用的概念搞清楚。从本质上说，教学活动就是一种积极的思维活动。因此，无论是从教的角度说，还是从学的角度说，明确概念都是第一要紧的事。

在上述案例一中，老师就是希望通过将不同的物质溶解在水中得到溶液的实验，用生动的经验事实，首先引导学生发现溶液的本质特性，了解到溶液是由至少两种物质组成的均一、稳定的混合物，从而形成准确的"溶液"概念。在此基础上，再进一步形成准确的"溶质"和"溶剂"两个概念。如果对这些概念没有准确掌握，而是模模糊糊，那么在答题时就会出现错误。

例如，一个学生在学习后提出了如下问题："溶质是指溶进溶剂的物质还是指未溶进（包括溶不进）溶剂的物质，或是两种都包含在内？溶液都是无色透明的吗？"从其所提问题就可以看出，溶液、溶质、溶剂这些概念在他的思维中还是比较模糊的。如果他准确理解了这些概念，就不会提出此类问题了。

在上述案例二中，有学生没有把"结束了封建制度，建立了民主共和国"看成是不正确的评价。这是为什么？究其原因，是学生对"封建制度"和"君主专制制度"两个概念的理解比较模糊。其实，学生只要准确理解了这两个概念，也就知道为什么要把"结束了封建制度，建立了民主共和国"作为不正确的评价了。我们知道，"君主专制制度"是以君主专制、独裁为主要特征的一种政治制度，它被包含在"封建制度"这个概念之中。"封建制度"则是一个外延比较广的概念。在"封建制度"这个属概念中，不仅包括了"封建的政治制度（君主专制制度）"这个种概念，还包括"封建的经济制度"、"封建的土地制度"以及"封建的思想、文化制度"等种概念。辛亥革命只是结束了延续两千多年的中国封建君主专制制度，建立了共和国，但是却没有能够结束整个封建制度。中国还是半殖民地半封建社会。封建的经济制度、封建的土地制度以及封建的思想、文化制度等依然存在。中华人民共和国成立，实施了土地改革，这才最终结束了中国的封建制度。[①]

从这两个教学案例可以看出，无论是教师的教，还是学生的学，最重要的基本功就是明确概念。切忌在概念的理解上含含糊糊。

值得注意的是，轻视概念教学的现象还在一些教师中存在。不少教师为追求课堂效率而对概念一笔带过，误以为在讲解概念上下功夫是浪费时间，不如用习题解决来得快。因此在学生对新概念不甚理解的情况下，教师就带领学生进入课堂练习这一环节，使用一些所谓的配套练习让学生当堂练。希望能高起点得到高效率，结果却严重违背了学生的认知规律。"现在许多教师仍然有'重解题技巧的教学，轻讲解概念的教学'的倾向，有的教师还是刻意地追求概念教学的最小化和习题教学的最大化，并称其为'快节奏、大容量'。实际上这是应试教育下典型的舍本逐末的错误做法，致使学生中出现了两种错误的倾向：其一是认为概念的学习单调乏味，不去重视它，不求甚解，导致对概念认识的模糊；其二是对基本概念只是死记硬背，没有透彻理解，只是机械、零碎的认识。结果导致学生在没能正确理解数学概

---

① 参见翟锦银．历史概念教学的几点思考．

念、无法形成能力的情况下匆忙去解题，使得学生只会模仿老师解决某些典型的题和掌握某类特定的解法，一旦遇到新的背景、新的题目就束手无策，进一步导致教师和学生为了提高成绩陷入无边的题海之中。"[1]

知识链接

如何防止概念模糊，达到概念明确？逻辑学里介绍了一些最常用的逻辑方法。

一、通过给概念下定义来明确概念

所谓定义，就是揭示概念内涵的逻辑方法。概念的内涵就是指反映在概念中的对象的本质属性。例如，"压强"就是表示物体单位面积上所受压力大小的物理量。这就是压强这个物理概念的定义。通过这个定义，人们就可以了解到压强是表示压力的作用效果的因素，从而把握压强概念所反映对象的本质属性，并且和其他的物理概念区别开来。

定义由三个部分组成，即被定义项、定义项和定义联项。以上述压强概念的定义为例：

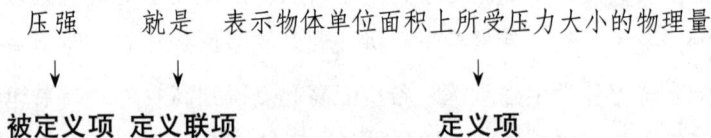

$$压强 \quad 就是 \quad 表示物体单位面积上所受压力大小的物理量$$

$$\downarrow \qquad \downarrow \qquad\qquad\qquad \downarrow$$

被定义项 定义联项　　　　　定义项

给概念下定义最常用的方法是"属＋种差"的方法。仍以压强概念为例，为了给其下定义，我们首先要把压强归入一个最邻近的属概念，即比压强概念外延稍大些的概念，在此例中，就是指"物理量"这个概念。压强被包含于物理量这个属概念中，是物理量这个属概念所包含的种概念。在物理量这个属概念中，不仅包含了压强的概念，还包含了其他的概念。于是，我们就要找出在物理量这个属概念中，

---

① 张海平．数学概念教学的几点反思．见人教网，2012－02－21。

压强这个种概念与其他种概念的区别点。我们把这种区别点称作"种差"。在这个例子中，"表示物体单位面积上所受压力大小"就是种差。把包含压强的属概念和此属概念中压强与其他种概念的区别结合在一起，就构成了压强的定义。

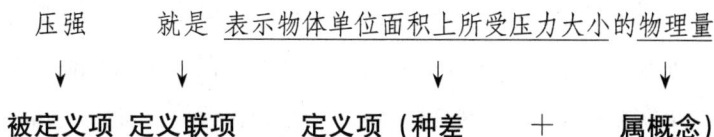

> 压强　　就是 表示物体单位面积上所受压力大小的物理量
> ↓　　　 ↓　　　　　　　　 ↓　　　　　　 ↓
> **被定义项 定义联项　　定义项（种差　 ＋ 　属概念）**

为了保证下定义能够准确，需要遵守如下一些规则：定义项与被定义项的外延必须相等；定义项不得直接或间接地包含被定义项；定义是肯定式的；定义必须确切清楚等。

二、通过给概念做划分来明确概念

所谓划分，就是揭示概念外延的逻辑方法。划分也可以称作分类。概念的外延就是概念所指称的对象范围，也就是概念所反映对象的总和。例如，"《呐喊》的作者"这个概念，它指称的对象就是鲁迅这个人。"地球上的大洋"这个概念，它指称的对象有"太平洋、大西洋、北冰洋、印度洋"。有些概念的外延是有限的，比如"《呐喊》的作者"和"地球上的大洋"。我们从外延角度明确这些概念时，只要把其反映的对象一一列举出来就行。但是，更多概念的外延是很多甚至无限的，我们无法把它所反映的对象一一列举出来。此时，为了明确这些概念的外延，我们就要使用划分的逻辑方法。例如，"平面图形"这个概念，其指称的对象很多，外延很广。为了明确其外延，我们就可以以"四边形"为标准，把"平面图形"分为"四边形"和"非四边形"两大类。这是对平面图形概念的划分，也可说是对平面图形概念的分类。

划分由划分母项、划分子项和划分标准三个要素组成。从形式上看，直接表现出来的只有母项和子项两个要素，而划分的标准并没有表现出来，以上述平面图形这个概念的划分来说：

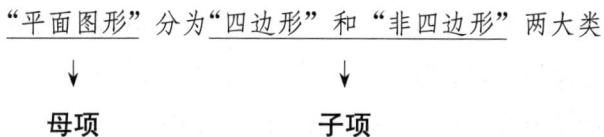

> "平面图形"分为"四边形"和"非四边形"两大类
> ↓　　　　　　　　 ↓
> **母项　　　　　　 子项**

为了保证划分能够准确，需要遵守如下一些规则：划分后子项的外延总和应与母项外延相等；每次划分的标准必须同一；划分的子项必须相互排斥等。

三、通过概念的限制和概括来明确概念

所谓概念的限制，就是由外延较广的概念，通过增加其内涵缩小其外延，过渡到外延较窄的概念。例如，在一幼儿面前摆着一些可吃的果实，孩子问："这是什么？"父母会告诉他："这是水果。"幼儿还会追问："什么水果？"父母又会进一步告诉他："这是苹果。"在此，由"水果"这个外延较广的概念过渡到"苹果"这个外延较窄的概念，就是进行了概念的限制。因为，苹果这个概念不仅具有水果概念的一般性质，还具有其他水果不具有而仅为苹果所具有的特性。

所谓概念的概括，就是由外延较窄的概念，通过减少其内涵扩大其外延，过渡到外延较广的概念。例如，由"中学生"概念过渡到"学生"概念，这就是在进行概括。因为学生的概念比中学生的概念外延要广，但内涵却要少。

扩展延伸

【物理】

以"功"的相关概念为例：

> 功：一个力作用在物体上，使这个物体在力的方向上移动了一段距离，就说这个力对物体做了功。
>
> 用 W 表示功，F 表示力，s 表示物体在力的方向上通过的距离，则功的公式为 $W=Fs$。

其中的两个必要因素是：作用在物体上的力；物体在力的方向上通过的距离。如果学生没有抓住这两个关键点，那么很容易出现用拉力与水平移动相乘，得到拉力对于物体水平移动的功。出错的原因在于，拉力是使物体向上提升的力，因此力的方向是向上，而不是水平方向，因此拉力对于水平移动没有作用。这说明学生对于功的概念的

关键点没有分析清楚，概念不清晰。

【数学】

以"相反数"等相关概念为例：

> 相反数：只有符号不同的两个数，我们就说其中一个是另一个的相反数，但0的相反数是0。一般说来，任意的一个有理数 a，它的相反数是 $-a$。a 本身既可以是正数，也可以是负数，还可以是0。（具体取法：正数的相反数是数前加负号，负数的相反数是将原数的负号去掉，0的相反数是0。）

> 互为相反数的两个数在数轴上表示出来后，表示这两个数的点，分别在原点的两旁，与原点的距离相等，并且互为相反数的两个数的和为0。

> 倒数：两个乘积是1的数互为倒数，0没有倒数。

如果学生对相反数、互为相反数和倒数这三个概念没有弄清楚，概念模糊，那么他们在做下列题目时，就会感到困难：（1）你能找到两个数，它们互为相反数，它们的倒数也互为相反数吗？（2）你能找到两个有理数，它们既互为相反数，又互为倒数吗？（3）两个数之和的相反数与这两个数的相反数之和一定相等吗？为什么？

勤思多练

【历史】

请解释一些概念：原始社会、奴隶制、封建、资本主义。

（参考提示："原始社会"，指一种社会组织类型，以亲族关系为基础，经济生活采取平均分配方式，对社会的控制则靠传统和家长来维系。"奴隶制"，是指奴隶主拥有奴隶的制度，奴隶无人身自由。"封建"，有广义和狭义之分。狭义的封建就是指类似西欧分封制的社会制度。广义的封建是指地主阶级对农民阶级实行专制统治的社会制度。"资本主义"，指资本主导社会经济和政治的制度。）

【语文】

请说明"爱人"与"亲人"的区别。

（参考提示：在中国，常用"爱人"来称呼自己的配偶，而"亲人"则指有血统关系的人或配偶。因此，"爱人"与"亲人"两个概念是包含关系，"爱人"真包含于"亲人"。）

【物理】

请说明"路程"与"位移"、"速率"与"速度"。

（参考提示："路程"与"位移"是两个不同的但却经常混淆的物理量。"路程"是指质点运动时所经过的实际路径的长度，它只有大小，没有方向，是个标量；"位移"则是指质点的位置的改变，它不仅有大小，而且还有方向，是个矢量。"速率"与"速度"也是两个不同的但却经常混淆的物理量。所谓"速度"就是描述物体位置变化的快慢程度和方向的物理量，是一个矢量；"速率"则是指物体运动通过的实际路程与通过该路程所用的时间之比，可见，与"速度"相比，"速率"少了一层"描述物体位置变化的方向"的意思，"速率"是标量，它不能反映物体的运动方向。）

【生物】

请说明"DNA"与"基因"。

（参考提示："DNA"中文称为脱氧核糖核酸。DNA是一种分子，其中带有遗传讯息的DNA片段称为"基因"，其他的DNA序列，有些直接以自身构造发挥作用，有些则参与调控遗传讯息的表现。基因作为具有遗传效应的DNA片段，是控制生物性状的遗传物质的基本单位。一个DNA有多个基因。）

【化学】

请说明"物质"与"物体"。

（参考提示："物体"是有始有终有限发展变化的客观实在，并且具有一定的形态。"物质"是无始无终无限发展变化的客观实在，并且不具有一定的形态。物体是由物质组成的，物体所含物质的多少就是物体的质量，物体是物质的具体表现，物质是形成物体的基础。）

二　揭示概念的内涵与外延

【案例一】

　　某地发生特大地震后，各地向受灾地区捐赠了大量的饮用水、方便面等生活用品。这些已经发放到灾区群众手中的"生活用品"，现在（　　）。

　　A. 是商品，因为它是劳动产品

　　B. 不是商品，因为它不具有使用价值

　　C. 是商品，因为它具有使用价值和价值

　　D. 不是商品，因为它没有用于交换

【案例二】

　　关于力的概念，下列表述错误的是（　　）。

　　A. 没有物体就没有力

　　B. 有受力物体时，一定有施力物体

　　C. 有施力物体时，却不一定有受力物体

　　D. 只有一个物体时，不会有力①

　　在各科教学中，概念的教学是非常基本的一环。准确把握概念的内涵和外延，是概念教学中最重要的方法之一。如果学生学习时不能

---

① 百度文库. 力的概念. 见百度网，2011-02-07。

真正把握概念的内涵和外延，在运用概念进行思维时，往往会出现各种各样的错误，如张冠李戴、思维混乱等。例如，化学中"化合物"这个概念的内涵是"由两种或两种以上的元素组成的纯净物"。把握这个概念的内涵，必须注意两个关键点：一是一定要强调概念内涵中的"纯净物"三个字。因为化合物首先应是一种纯净物，即它是由一种物质组成的。纯净物是化合物的属概念。二是必须强调"两种或两种以上元素组成"，以此可以与同样是纯净物的单质相区别。这两个关键点缺一不可。否则，学生就可能产生将食盐水、碘酒等混合物看成是化合物的错误。又如，数学中的"互为相反数"这个概念的内涵是"除 0 外仅有符号不同的两数"，其特征是：两数相加得 0，两数绝对值相等。从几何意义上说："在数轴上原点的两旁，与原点距离相等的两个点表示的两个数互为相反数"。把握这个概念的内涵必须注意几个关键点：一是指两个数；二是两个数不包含 0；三是两个数仅仅是符号不同；四是两个数相加得 0，绝对值相等；五是在几何上可表示为在数轴上原点的两旁，与原点距离相等的两个点所表示的两个数。

案例一中问题的解决，取决于对"商品"概念内涵的准确理解。所谓商品，就是能满足人们某种需要的并且用来交换的劳动产品。把握商品概念的内涵，必须注意三个关键点：一是它必须有某种用途，能满足人的某种需要；二是它必须是劳动产品，凡不是劳动产品的都不是商品，例如空气、阳光等都不是商品；三是这种劳动产品必须用于交换，比如，农民生产的农副产品如果仅自己消费而不用于交换，就不是商品，如用于销售就是商品。所以，从本质上看，商品体现了一种社会关系。也就是说，只有在特定的社会关系中，一种劳动产品才成为商品。据此来进行判断，题目中的"饮用水、方便面等生活用品"具有捐赠性质，没有用于交换，到了灾区群众手中就直接使用了，也没有用于交换，所以尽管它们可能曾经是商品，但在当前这个特定的背景下，它们已不是商品。

上述案例二中问题的解决，取决于对"力"这个物理概念的准确理解。所谓力，就是物体对物体的作用，或者说就是物体间的相互作用。把握这一概念的内涵，必须注意三个关键点：一是力不能脱离物体而存在。二是力是相互的，一个物体既为施力物体，同时也是受力物体。三是力的作用效果，可以表现为改变物体的形状，也可以表现为改变物体的运动状态。据此来进行判断，题目的四个选项中，选项C显然不符合力这一概念的内涵，因而是错误的。

知识链接

概念既有内涵，又有外延，这是概念的两个逻辑特征。

所谓概念的内涵，就是指概念所反映的对象的本质属性的总和。例如，力学里所说的"功"这个概念，就是指力与在力的方向上移动的距离的乘积。对于这个概念来说，必须把握两个重要因素：一个是作用在物体上的力，另一个是物体在这个力的方向上移动的距离。这就是"功"这个物理概念区别于其他物理概念的本质属性，因而也就是这个概念的内涵。又如，在物理学中，"能量"这个概念，被视为某一个物理系统对其他的物理系统做功的能力。能量概念也可简称"能"。一物体做多少功，就说它具有多少能。这就是"能"或"能量"概念区别于其他物理概念的本质属性，因而也就是"能"或"能量"概念的内涵。

所谓概念的外延，就是指概念所反映的对象的总和。例如，"功"这个物理概念，其外延就包括各种力做的功，可以分为正功与负功。又如，"能"或"能量"这个物理概念的外延就包括各种形式的能：动能、势能、电场能、磁场能等。

概念的内涵和外延具有反变关系。当逐渐增加一个概念的内涵时，其外延就要相应逐渐缩小，例如，四边形→平行四边形→菱形→正方形。而当逐渐减少一个概念的内涵时，其外延就要相应扩大，例如，自然数→整数→有理数→实数→复数→数。

把握概念的内涵与外延，是明确概念的重要方法。

扩展延伸

【物理】

任何一个物理概念都是内涵和外延的统一，学生掌握物理概念，一方面是要理解物理概念的内涵，另一方面也要明确其外延。所谓外延，即概念所涉及的范围、公式的适用范围和成立条件。弄清概念的外延是深化对概念的理解、正确运用物理概念解决实际问题的前提条件。学生在理解或实际运用概念时，有时会不自觉地缩小或扩大概念的外延，因而产生错误。

如下面这道高考题（见图3—1）：

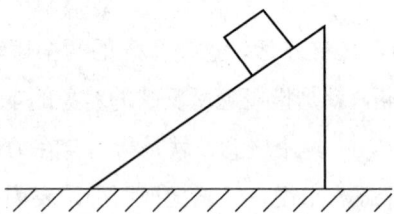

图3—1　小物块与斜面

小物块位于光滑斜面上，斜面位于光滑水平地面上，从地面上看，在小物块沿斜面下滑的过程中，斜面对小物块的作用力（　　）。

A. 垂直于接触面，做功为零

B. 垂直于接触面，做功不为零

C. 不垂直于接触面，做功为零

D. 不垂直于接触面，做功不为零

当时许多学生被表面现象所迷惑，分析出斜面对小物块无摩擦力，斜面对小物块的作用力只有斜面对小物块的弹力，而弹力始终与接触面垂直，也与位移垂直，根据 $W = Fs\cos\alpha$，$\alpha = 90°$，得 $W = 0$，故选 A。这种做法说明学生没有深刻地理解"功"这一概念的内涵。

本题重在考查学生对功的概念的理解、运用能力。应先确定作用力的性质和方向，再确定物体对地位移的方向，然后根据功的定义和公式，来判断作用力是否做功。

再来看本题，如图3—2所示，由于斜面是光滑的，斜面对小物块 A 的作用力就是支持力 F_N，其本质属于弹力，无论斜面体是否运动，弹力在任何情况下总是垂直于接触面（斜面）的，若斜面固定不动（一般情况下），物块 A 沿斜面下滑时，支持力 F_N 总与物块的位移方向垂直，不对物块做功。现在斜面体不固定，位于光滑的水平面上，则在小物块 A 沿斜面下滑的过程中，在 F_N 的反作用力 F_N' 的作用下，斜面体必沿水平面运动（向右），这样 A 同时参与了两个运动：沿斜面下滑的运动和随斜面体向右的运动，其对地的位移 s（从 O 指向 O'），并不与 F_N 垂直，所成角 θ 为一钝角，故 F_N 对小物块做负功，本题只有选项 B 正确。

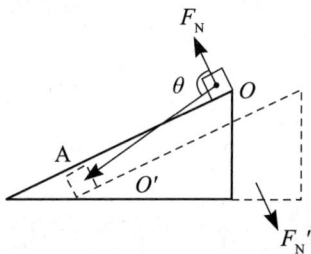

图 3—2　小物块与斜面

从上面这个具体例子可以看出，教师在进行概念教学时，应引导学生多角度、全方位思考，理解其内涵与外延，如果只使学生了解概念的内涵，则学生往往觉得过于原则化和抽象，在具体解题时，生搬硬套，张冠李戴。反之，若学生只了解概念的外延，记住不少事例，却又难以抓住实质，在碰到具体问题时也会束手无策，不能灵活应用。

勤思多练

【化学】

1. 下列说法中正确的是（　　）。

A. 纯净物一定是由分子构成的

B. 由同种分子构成的物质一定是纯净物

C. 混合物肯定是由两种以上元素组成的

D. 市售纯净水绝对纯净，不含化学物质

（参考提示：选 B。）

2. 下列说法错误的是（　　）。

A. 混合物是由多种分子或多种原子混合而成的

B. 纯净物由一种分子或一种原子组成

C. 混合物由多种纯净物混合而成

D. 中成药是纯净物

（参考提示：选 D。）

3. 下列家庭常用物质中，属于纯净物的是（　　）。

A. 牛奶　　　　B. 酱油　　　　C. 蒸馏水　　　　D. 葡萄酒

（参考提示：选 C。）

三　辨析概念间的关系

教学案例

在学习自然数、整数、有理数等概念时，教师给出如下习题：

1. 指出下列判断的对错。

（1）正整数都是自然数。

（2）整数分为正整数和负整数。

（3）非负数就是正数。

（4）正数与负数统称有理数。

2. 如图 3—3 所示，a、b 两个圈分别表示所有正数组成的正数集合和所有整数组成的整数集合，请写出 3 个分别满足下列条件的数：

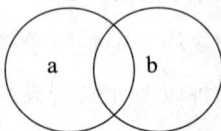

图 3—3　正数集合与整数集合

（1）属于正数集合，但不属于整数集合的数。

（2）属于整数集合，但不属于正数集合的数。

（3）既属于正数集合，又属于整数集合的数。

将它们分别填入图中恰当的位置，你能说出这两个圈的重合部分表示什么数的集合吗？

逻辑辨析

辨析概念之间的关系，如同准确理解概念的内涵和外延一样，也是明确概念的一个重要方面。如果教师能够引导学生结合内涵着重从外延角度了解这些概念之间的关系并准确理解，学生在做题时就不会出现思维混乱了。如上述案例，涉及自然数、整数、正整数、负整数、有理数等几个概念，如果教师启发学生把这些概念间的关系做一个整理，就能够发现它们存在如下关系：

我们首先看正整数和自然数两个概念。由于目前人们对自然数的起点认识不统一，因而，对这两个概念间的关系存在两种见解：从数论上来讲，自然数从 1 开始，而在集合论中，自然数从 0 开始。我国中小学教材中自然数是从 0 开始，《新华字典》中自然数是从 1 开始。[1] 因此，如果自然数以 1 为起点，则自然数就是正整数，两者应为同一关系。如果自然数以 0 为起点，则自然数真包含正整数，正整数真包含于自然数，也可以说正整数集是自然数集的子集。在自然数集中，正整数和 0 两个概念外延间为矛盾关系。

我们再看整数和自然数两个概念外延间的关系。由于整数是正整数、零、负整数的统称，因此整数真包含自然数，而正整数和负整数为反对关系。

我们可以继续进行此类分析，得到概念间关系图（在自然数以 0 为起点的前提下，见图 3—4、图 3—5）。

------

① 参见百度百科. 自然数. 见百度网，2013 - 08 - 07。

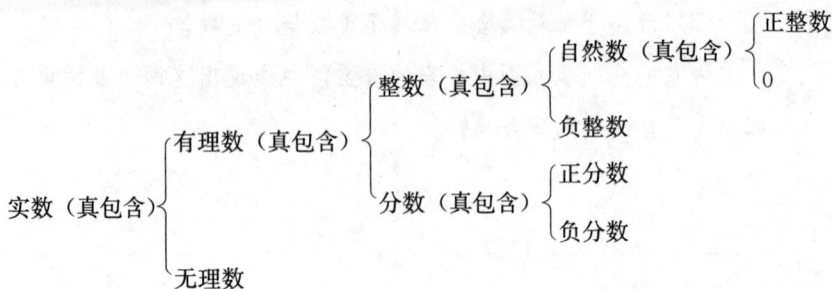

图 3—4　数的概念间关系

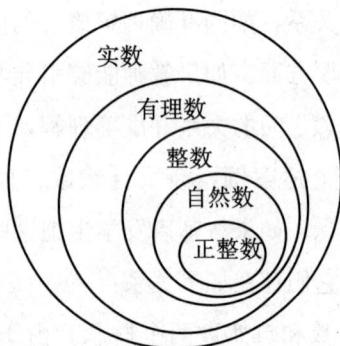

图 3—5　数的概念间关系

如果教师能够引导学生辨析清楚概念间的这些关系，学生在做题时思维就会比较清晰了。

📖 知识链接

在一个知识系统中存在许多概念。知识系统可以说就是由许多概念组成的系统。因此，了解概念间的关系对于理解和把握知识系统至关重要。

在一个知识系统中，如果两个概念的外延完全重合，但内涵有区别，则这两个概念具有全同关系。例如"平行四边形"和"在同一平面内有两组对边分别平行的四边形"等。

如果用 a、b 表示两个不同的概念，那么全同关系可以用欧拉图表示，如图 3—6。

全同关系表明：所有的 a 都是 b，并且所有的 b 都是 a。

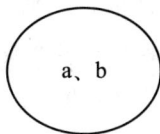

图 3—6　全同关系

例如，"对角相等的四边形"与"对边相等的四边形"，其外延完全重合，反映的是"平行四边形"这同一个思维对象，但是内涵并不完全相同。前者侧重从角的方面揭示其内涵，而后者侧重从边的方面揭示其内涵。又如，"北京"与"中华人民共和国首都"外延完全重合，反映的是同一个思维对象，但是内涵并不完全相同。"北京"是从地理位置、自然条件、历史因素等方面来反映其本质属性的，而"中华人民共和国首都"是从中国政治、经济、文化中心和中央政府所在地等方面来反映其本质属性的。

如果两个概念外延完全重合，内涵也完全相同，那么它们就是不同语词表达的同一个概念，而不是具有全同关系的两个不同概念。例如"西红柿"和"番茄"、"扫帚星"和"彗星"，它们不仅外延相同，内涵也相同，所以，它们是不同语词表达了同一个概念。

由此看来，判定全同关系有两个要点：一是外延完全重合；二是内涵不完全相同。

在说话或写文章时，交替使用具有全同关系的概念，可以从不同角度、不同方面反映同一思维对象，从而加深对思维对象的认识，而且可以避免语言重复、啰唆的缺点。

例如，恩格斯在马克思墓前的讲话中有这样一段话："3 月 14 日下午两点三刻，当代最伟大的思想家停止思想了。……这位巨人逝世以后所形成的空白，不久就会使人感觉到。正像达尔文发现有机界的发展规律一样，马克思发现了人类历史的发展规律……协会的这位创始人……"① 文中用"当代最伟大的思想家"、"这位巨人"、"马克思"、"协会的这位创始人"等具有全同关系的概念，从不同方面对马克思做出了恰当的评价，而且避免了语言上的重复，从而加深了人们对革命导师马克思伟大一生的认识。

在一个知识系统中，如果一个概念的外延处于另一概念的外延之

---

① 《马克思恩格斯选集》，第 3 卷，776、777 页。

内，与另一概念外延的一部分重合，则两个概念之间存在着属种关系。例如，在"水果"和"苹果"两个概念之间，"苹果"概念的外延处于"水果"概念的外延之内，并与"水果"概念外延的一部分重合，我们可以说"水果"与"苹果"具有属种关系。外延较大的"水果"为属概念，外延较小的"苹果"则为种概念。

如果对属种关系做进一步分析，其中还有真包含关系和真包含于关系的区分。

对于种概念而言，如果它的外延处于属概念的外延之内，并与属概念外延的一部分重合，那么种概念和属概念之间就具有真包含于关系。例如，"发展中国家"真包含于"国家"，"婚姻法"真包含于"法律"。

设 a 为种概念，b 为属概念，如果所有 a 都是 b，但是有的 b 是 a，有的 b 不是 a，那么 a 真包含于 b。可用欧拉图表示，如图 3—7。

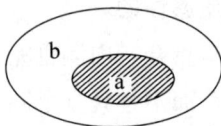

图 3—7　真包含于关系

判定真包含于关系有三个要点：一是两个概念有重合的外延；二是重合部分是其中一个概念的全部外延，同时是另一个概念的部分外延；三是种概念对属概念而言。

对于属概念而言，如果它的外延较大，除了包含某个种概念的外延，还包含其他种概念的外延，并且某个种概念的外延仅仅成为属概念外延的一部分，那么属概念和种概念之间就具有真包含关系。例如，"物质"真包含"纯净物"，"纯净物"真包含"化合物"。

设 a 为属概念，b 为种概念，如果有的 a 是 b，有的 a 不是 b，同时所有 b 都是 a，那么 a 真包含 b。可用欧拉图表示，如图 3—8。

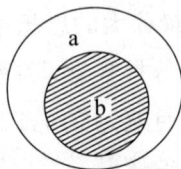

图 3—8　真包含关系

判定真包含关系有三个要点：一是两个概念有重合的外延；二是重合部分是其中一个概念的全部外延，同时是另一个概念的部分外延；三是属概念对种概念而言。

在一个知识系统中，如果同一属概念下有两个种概念，这两个种概念的外延不重合并且其外延相加之和等于属概念的外延，那么这两个种概念之间具有矛盾关系。例如，前述把"平面图形"划分为"四边形"和"非四边形"的例子，其中"平面图形"就是属概念，而"四边形"和"非四边形"就是划分出来的种概念。"四边形"和"非四边形"两概念的外延无重合且其外延相加之和等于"平面图形"的外延，因此，"四边形"和"非四边形"两概念就具有矛盾关系。

设 a、b 为两个种概念，设 c 为 a、b 共同的属概念，如果 a、b 两个种概念的外延一点也不重合，并且外延之和等于其共同属概念 c 的外延，即在 a、b、c 之间，所有 a 不是 b，所有 b 不是 a，所有 a 是 c，所有 b 是 c，并且所有 a 加所有 b 等于 c，那么 a、b 间具有矛盾关系。可用欧拉图表示，如图 3—9。

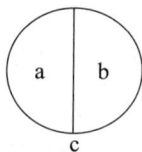

图 3—9　矛盾关系

判定矛盾关系有三个要点：一是两个种概念有共同的属概念；二是两个种概念没有重合的外延；三是两个种概念外延之和等于其共同属概念的外延。

在一个知识系统中，如果同一属概念下有两个种概念，这两个种概念的外延不重合并且其外延相加之和小于属概念的外延，那么这两个概念之间就具有反对关系。例如，前述在"水果"下面划分出"苹果"、"梨"等概念的例子，其中"水果"是属概念，而"苹果"、"梨"则是种概念。"苹果"、"梨"两概念的外延不重合且其外延相加之和小于"水果"概念的外延，因此，"苹果"、"梨"两个概念就具有反对关系。

设 a、b 为两个种概念，设 c 为 a、b 共同的属概念，如果 a、b 两个种概念处于属概念 c 之中，它们的外延一点也不重合，并且其外延之和小于其共同属概念 c 的外延，即在 a、b、c 之间，所有 a 不是 b，所有 b 不是 a，所有 a 是 c，所有 b 是 c，并且所有 a 加所有 b 小于 c，那么 a、b 间具有反对关系。可用欧拉图表示，如图 3—10。

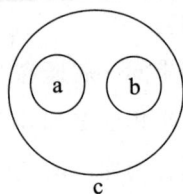

图 3—10　反对关系

判定反对关系有三个要点：一是两个种概念有共同的属概念；二是两个种概念没有重合的外延；三是两个种概念外延之和小于其共同属概念的外延。

在一个知识系统中，如果两个概念的外延有一部分重合，而另一部分则不重合，那么这两个概念之间就具有交叉关系。例如，"中共党员"和"教师"就是交叉关系的概念。因为，中共党员中有一部分是教师，而另一部分则不是教师。教师中有一部分是中共党员，而另一部分则不是中共党员。

设 a 为一个概念，设 b 为另一个概念，如果 a、b 之间，有的 a 是 b，有的 b 是 a，并且有的 a 不是 b，有的 b 不是 a，那么 a、b 间具有交叉关系。可用欧拉图表示，如图 3—11。

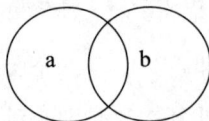

图 3—11　交叉关系

判定交叉关系有两个要点：一是两个概念有重合的外延；二是重合部分分别只是两个概念的部分外延。

扩展延伸

【综合】

下面列出 A、B、C、D 四种概念间关系，运用区分概念间关系的方法来判断，其中说法正确的是（　　）。

A. 功与功率属于包含关系

B. 特异性免疫与非特异性免疫属于矛盾关系

C. 纯净物和混合物属于交叉关系

D. 单质和氧化物属于包含关系

（参考提示：选 B。）

勤思多练

【化学】

1. 将下列概念填入图 3—12 中，运用区分概念间关系的方法来判断，其中存在错误的是（　　）。

	X	Y	Z
A.	碘酒	溶液	混合物
B.	中和反应	复分解反应	化学反应
C.	有机玻璃	无机非金属材料	化学材料
D.	氧化物	化合物	纯净物

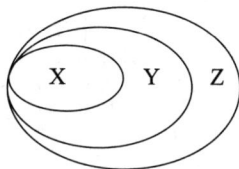

图 3—12　概念间关系

（参考提示：选 C。）

2. 有以下概念：（1）氧化物；（2）含氧化合物；（3）化合物；（4）单质；（5）化合反应；（6）氧化反应；（7）燃烧；（8）爆炸；（9）缓慢氧化。请运用区分概念间关系的方法，指出其中具有真包含关系的概念和具有交叉关系的概念。

（参考提示：含氧化合物真包含氧化物；化合反应与氧化反应具有交叉关系。）

四 区分知识系统中不同层次的概念

教学案例

师："我们经过一年的化学学习已经认识了很多的物质，今天我们就来总结一下。首先请大家回忆我们物质分类的图形，写在学案上，并将老师指出的物质按照物质分类填空。"

学生画物质的分类图（见图3—13）。

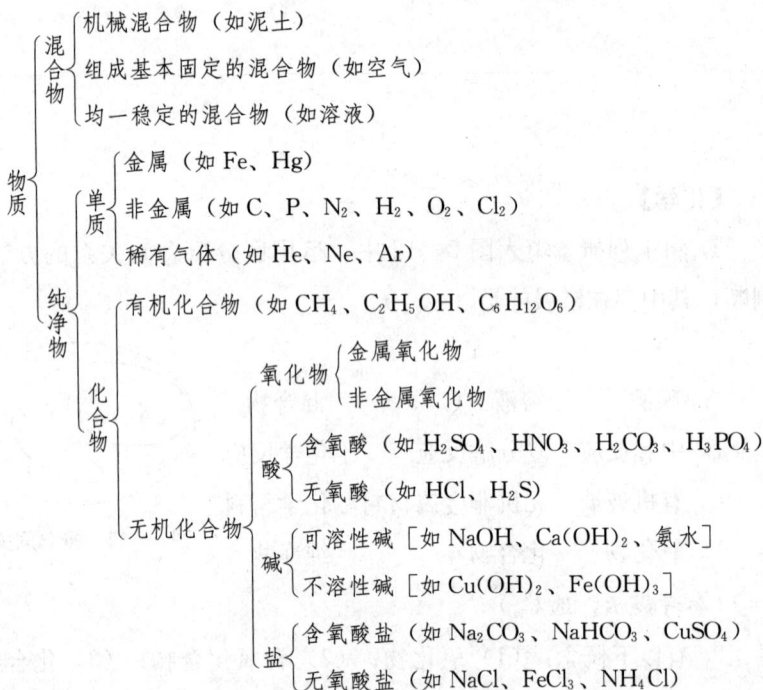

图3—13　物质的分类

师："二氧化碳是不是化合物？"

一部分学生认为属于，一部分认为不属于。

逻辑辨析

从案例可以看出，每一学科的知识都是前后衔接、环环相扣的知识系统。学科知识系统中的不同概念都有自己所在的确切位置，并与其他概念发生联系。这样，学科知识系统中的不同概念就被区分出不同的层次。

上述教学案例中学生答题所以出现错误，一个重要原因就是没有把一个知识系统中不同层次概念之间的关系弄清楚。其实，学生只要知道化合物包括无机化合物，无机化合物又包括氧化物，氧化物则包括金属氧化物与非金属氧化物，而 CO_2 属于非金属氧化物，那么由此就可以推知 CO_2 一定属于无机化合物，进而得知它一定属于化合物，再进一步还可得知它属于纯净物。

知识链接

根据概念外延的大小，可把知识系统中的概念分为一级概念和二级概念等。一级概念为上位概念，亦称属概念，二级概念为下位概念，亦称种概念。属概念包含种概念，同一属概念下的种概念互相不交叉。例如，我们在研究植物的果实时，可以专门研究"水果"。为了研究，我们把"水果"作为一级概念，在其下面可划分出"苹果"、"梨"、"桃"等二级概念。在此，"水果"为属概念，而"苹果"、"梨"、"桃"等为种概念，各种概念之间互不交叉。但是，属概念与种概念只具有相对意义。比如，我们可以其成熟期为标准把"苹果"进一步分为"早熟苹果"、"中熟苹果"、"晚熟苹果"三类。在此，"苹果"为属概念，而"早熟苹果"、"中熟苹果"、"晚熟苹果"则为种概念。但是，在"水果"这个知识系统中，"早熟苹果"、"中熟苹果"、"晚熟苹果"则成为三级概念。当然，我们还可以对"早熟苹果"、"中熟苹果"、"晚熟苹果"等分别做进一步的划分，这就形成了四级概念。以此类推，还可以分出五级概念、六级概念等不同层次的概念。

扩展延伸

【数学】

1. 能确定四边形是平行四边形的条件是（ ）。

A. 一组对边平行，另一组对边相等

B. 一组对边平行，一组对角相等

C. 一组对边平行，一组邻角相等

D. 一组对边平行，两条对角线相等

（参考提示：选 B。）

2. 已知：四边形 $ABCD$ 中，$AB/\!/CD$，要使四边形 $ABCD$ 为平行四边形，需添加一个条件，此条件是：_____（只需填一个你认为正确的条件即可）。

（参考提示：使另一组对边也平行，即 $AD/\!/BC$。）

勤思多练

【化学】

1. 硫酸与氢氧化钠发生反应：$H_2SO_4 + 2NaOH =\!= Na_2SO_4 + 2H_2O$，此反应属于（   ）。

A. 化合反应　　B. 分解反应　　C. 置换反应　　D. 复分解反应

（参考提示：选 D，应属于复分解反应。）

2. 下列物质中，属于氧化物的是（   ）。

A. O_2 　　　　B. H_2O 　　　　C. KCl 　　　　D. H_2SO_4

（参考提示：选 B，氧化物是由两种元素组成的化合物，其中一种为氧元素。）

【物理】

1. 如图 3—14 所示的实验中，碘吸热后我们将看到杯中有 _____ 出现，这是 _____ 现象（填物态变化名称）；盖烧杯的玻璃片上将看到 _____ 出现，这是 _____ 现象（填物态变化名称）。

（参考提示：紫色气体、碘升华、固体碘、碘凝华。）

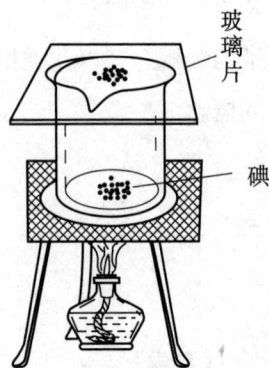

图 3—14　碘升华实验

2. 请画出三种物态变化的图形，并说明两种物态转化的名称以及吸放热的情况。

（参考提示：如图3—15。）

图3—15　物态变化

五　在比较中把握概念

教学案例

【案例一】

[温习旧知，导入新课]

播放多媒体，显示内容：演示矩形、菱形两个知识点的生成过程，复习相关的"性质和判定"。引出本节内容——正方形。

[活动方略]

教师活动：操作多媒体，边用几何画板展示（见图3—16），边引导学生思考下面的问题——

正方形和矩形、菱形有什么关系？

正方形是矩形吗？是菱形吗？为什么？

正方形具有哪些性质？

学生活动：观察屏幕上所展示的图形变化过程，进行分析、联想和概括。

已知：正方形四条边都相等，正方形四个角都是直角（小学已学过）。

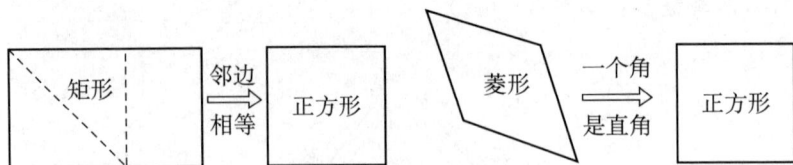

图3—16　矩形、菱形与正方形

教师活动：组织学生联想正方形还具有哪些性质，用几何画板画出一个正方形（见图3—17）。

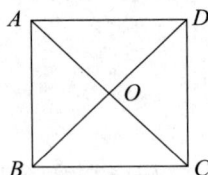

图3—17　正方形

学生活动：观察、联想到它是矩形，所以具有矩形的性质，它又是菱形，所以又具有菱形的一切性质，归纳如下——

正方形定义：有一组邻边相等，并且有一个角是直角的平行四边形。

正方形性质：（1）边和角的性质：对边平行，四条边都相等，四个角都是直角；（2）对角线的性质：两条对角线互相垂直平分且相等，每条对角线平分一组对角；（3）对称性：是轴对称图形，有四个对称轴。

正方形的判定：既是矩形又是菱形的四边形是正方形。

[设计意图]

利用几何画板的优势，采用合作交流、发现、归纳的方式来探究新知，解决重点问题，突破难点。

【案例二】

师："我们已经学习完了分子、原子的特征和定义，那么今天我们来梳理一下分子、原子的相同点与不同点。请大家完成学案上的填空，看一看谁总结得最全面。"

学生梳理、交流、讨论，最后教师总结（见表3—2）。

表 3—2　　　　　　　　　　　分子、原子总结

	分子	原子
相同点	质量体积都很小 在不断运动 有间隔 同种分子（原子）化学性质相同，不同种分子（原子）化学性质不相同 都可以构成物质	
不同点	在化学变化中可分解成原子，而且可以重新组合成新的分子	在化学变化中不可再分，是化学变化中的最小粒子
相关性	分子可以分解成原子	原子是构成分子的粒子

逻辑辨析

　　比较是一种重要的逻辑方法。运用比较方法，可以帮助我们认识不同概念之间的相同点和不同点，从而有利于我们准确把握概念。

　　上述案例一是关于正方形教学的片段。学生通过观察教师的演示，并且结合自己已经知道的知识，把矩形、菱形转变成正方形，再通过正方形与矩形、菱形的对比，找出相同点和不同点，在比较中建立起正方形的概念。

　　上述案例二是关于分子、原子的教学片段。分子、原子是化学中两个让学生比较难理解的概念，因为学生很难看到分子和原子，对于它们的概念没有直观的认识，尤其是学习了它们都可以构成物质之后，对于保持物质化学性质的这个意思总是不清楚。教师可以通过两个概念的比较，引导学生了解它们之间的相同点、不同点以及它们的相关性，特别是了解它们之间的如下不同点：分子在化学变化中可以分解成原子，而且还可以重新组合成新的分子，而原子在化学变化中不可再分，是化学变化中的最小粒子。在这样的比较中，学生就较为容易掌握分子、原子的概念了。

📖 **知识链接**

　　所谓比较，就是在一客观对象与另一客观对象的对照中，辨别其相同点和相异点，从而获得对客观对象的某种认识的逻辑方法。俗话说："不怕不识货，就怕货比货。"这正表明比较是认识客观对象最基本的也是最重要的方法之一，被广泛运用于不同的理论研究与实践研究领域。客观对象之间既相互联系又相互区别，存在于客观对象间的同一性和差异性是人们能够进行比较研究的客观基础。

　　人们可以按不同标准把比较方法划分为不同类型。其中常用的比较方法有：

　　以比较时涉及的时空性为标准，可以把比较方法划分为横向比较方法和纵向比较方法。所谓横向比较，就是对空间上同时并存的不同对象进行比较，这是一种同时性的比较。例如，科学实验中的实验组与对照组的比较、一个班级中一个学生组做出的实验结果与另一个学生组做出的实验结果的比较。所谓纵向比较，就是对同一对象在不同时间上的情况进行比较，这是一种历时性的比较。例如，把某学生在学期初的学习成绩与该学生在学期末的学习成绩相比较。

　　以比较时涉及的客观对象的特征为标准，可以把比较方法分为定性比较方法与定量比较方法。所谓定性比较，就是对客观对象的特点、特征等进行比较。例如，对氧气和氢气进行比较，以了解它们各自的物理性质和化学性质。所谓定量比较，就是对客观对象的量进行比较。例如，对氧的原子量和氢的原子量进行比较，以了解它们之间的关系。

　　以比较时涉及的客观对象数量为标准，可以把比较方法划分为单项比较方法和综合比较方法。所谓单项比较，就是在一次比较中仅涉及对象的一个性质的比较。例如，仅对两个物体所表现出的摩擦力这一个性质进行比较。所谓综合比较，就是在一次比较中涉及对象的多个性质的比较。例如，对两个物体所表现出的重力、摩擦力、弹力等同时进行比较，在比较中综合地认识物体。

扩展延伸

运用比较方法时，要遵循一些基本原则：

第一，相互比较的对象必须具有可比性。也就是说，相互比较的对象应该具有某种内在的联系。

第二，比较时必须有明确的目的和标准，即要明确为什么进行比较以及根据什么标准进行比较。在同一次比较中，目的和标准必须保持同一。

第三，比较存在一定的局限性，不要把比较的结果绝对化。实际上，任何比较都不会十全十美，任何比较都只是拿所比较的事物或概念的一个方面或几个方面来相比，而暂时地和有条件地撇开其他方面。

勤思多练

【物理】

通过比较，认识二力平衡和作用力与反作用力的区别。

（参考提示：二力平衡是指作用在同一个物体上的两个力，即两个大小相等方向相反的力作用在同一物体上，两个力的合力为零。而作用力与反作用力则是作用在两个物体上的力。作用力的施力物体是反作用力的受力物体，作用力的受力物体是反作用力的施力物体。）

【政治】

通过比较认识生产力与生产关系、经济基础与上层建筑、经济制度与经济体制。

（参考提示："生产力"是指人们在生产过程中把自然物改造成适合自己需要的物质资料的力量；"生产关系"是指人们在物质资料生产过程中形成的社会关系。生产力决定生产关系；生产关系促进或制约生产力的发展。

"经济基础"是指由社会一定发展阶段的生产力所决定的生产关系的总和;"上层建筑"则是指建立在一定经济基础之上的意识形态以及相应的制度、组织和设施的总和。经济基础决定上层建筑,上层建筑对经济基础具有反作用,上层建筑一定要适合经济基础状况。

"经济制度"是指人类社会发展一定阶段上的生产关系的总和,其中生产资料归谁所有是最基本的、决定性的方面,是社会经济制度的基础,是区分经济制度的根本标志。"经济体制"就是资源配置的具体方式或制度模式。经济制度是经济体制的基础和本质内容,经济体制是经济制度的具体表现形式,受经济制度的制约和影响。)

【生物】

通过比较认识生物群落与生态系统。

(参考提示:"生物群落"是指同一时间内聚集在一定区域中各种生物种群的集合,"生态系统"则是指由生物群落与它的无机环境相互作用而形成的统一整体,生态系统的空间范围有大有小,地球上最大的生态系统是生物圈。)

第四章

辨别命题（判断）
的恰当性

一 辨别命题（判断）的恰当性 准确掌握知识

教学案例

在人教版义务教育课程标准实验教科书《数学》七年级下册的"相交线与平行线"一章的"相交线"一节中，给出了"对顶角"、"邻补角"、"垂线"、"垂线段"、"点到直线的距离"等概念，这些属于逻辑中的概念范畴。这一节中也得出了"对顶角相等"、"过一点有且只有一条直线与已知直线垂直"、"垂线段最短"等判断，这些属于逻辑中的命题范畴。

某教师在这一节的最后一堂课上设计了一些习题，在此摘录两个与命题相关的题目：

1. 如图 4—1，$\angle BAC=90°$，$AD\perp BC$，垂足为 D，下列结论正确的有（　　）。

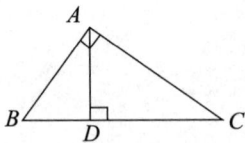

图 4—1 △ABC

（1）AB 与 AC 互相垂直

（2）AD 与 AC 互相垂直

（3）点 C 到 AB 的垂线段是线段 AB

（4）点 A 到 BC 的距离是线段 AD

（5）线段 AB 的长度是点 B 到 AC 的距离

（6）线段 AB 是点 B 到 AC 的距离

2. 下列语句正确的是（　　）。

A. 相等的两个角是对顶角

B. 一条射线是一个周角

C. 点 A、B、C、D、E 是直线 L 上的点，点 P 是直线 L 外一点，$PA>PB>PC>PD>PE$，则 PE 的长是点 P 到 L 的距离

D. 两条直线相交所成的四个角相等，则这两条直线互相垂直

逻辑辨析

上面这两个题目除了能很好地检验学生对数学概念、性质的掌握情况外，更重要的是能在一定程度上考查学生对于逻辑命题、推理的理解程度。

上述案例题目 1，根据一些作为前提的命题推出了一些作为结论的命题，要求学生判断作为结论的命题是否正确。回答题目中的（1）和（2）时，学生首先需要准确确立一个假言前提，即"两条直线相交所成的四个角中，如果有一个是 90°，就说这两条直线互相垂直"；然后确定题中的两条直线 AB 与 AC 所成的角为 90°，而直线 AD 与 AC 所成的角不等于 90°；进而推理得出"AB 与 AC 互相垂直"这一命题正确，"AD 与 AC 互相垂直"这一命题错误。

题目 1 中的（3）～（6）是以性质命题的形式呈现的。这些题目可以检验学生对"垂线段"、"点到直线的距离"等概念的掌握情况。解题思维过程同上。在对后三个命题进行分析判断时，特别要注意："线段 AB"真包含于"图形"这一词项中，"线段 AB 的长度"真包含于"数值"这一词项中，它们两个不能等同。比如"点 A 到 BC 的距离是线段 AD"表达的是"某一个数值是某一个图形"，显然不正确。

题目 2 中给出了许多命题，要求学生根据自己已有的知识判断这些命题正确与否。选项 A 颠倒了"对顶角相等"中的主项和谓项，但是由于"对顶角"与"相等的两个角"是真包含于关系而非全同关

系，所以此命题为假；选项 B 的问题与题目 1 中（4）的问题一样；选项 C 主要考查"垂线段最短"的条件，应在"连接直线外一点与直线上各点的所有线段中"考虑，最短的才有可能为垂线段；选项 D 需先把"两条直线相交所成的四个角相等"转化为"两条直线相交所成的四个角都是 90°"，再根据所学知识判断其正确性。

从这个教学案例可以看出，学生能否辨别一个命题的恰当性，直接影响其对知识的理解和掌握。

知识链接

命题是运用语句反映客观对象情况的思维形式。命题的特征在于它有真假。如命题反映的内容与客观对象情况符合，则命题是真的；如命题反映的内容与客观对象情况不符合，则命题是假的。

命题具有不同类型。按照一命题中是否还包含其他命题，我们可以首先将所有命题区分为两大类：简单命题和复合命题。

所谓简单命题，就是指一命题中不再包含其他命题的命题。对于简单命题，根据其反映的是对象的性质还是关系，又可以将其分为性质命题和关系命题两类。

从其形式上看，性质命题是主谓式命题，它断定了某个（类）对象具有或者不具有某种性质，性质命题也叫直言命题或者直言判断，是断定思维对象具有或者不具有某种性质的简单判断。性质命题由主项、谓项、量项和联项四部分组成。例如下述性质命题：

所有的	商品	都是	具有使用价值的
↓	↓	↓	↓
量项	主项	联项	谓项

如果量项涉及的是某一个体对象，则称该命题为"单称命题"；如果量项涉及的是一部分对象，则称该命题为"特称命题"；如果量项涉及的是全部对象，则称该命题为"全称命题"。

如果联项表示的是一种肯定，则称该命题为"肯定命题"；如果联项表示的是一种否定，则称该命题为"否定命题"。

如果把所含联项和量项结合起来考虑，并且以 S 表示主项，以 P 表示谓项，就可以把性质命题细分为六种类型：

（1）全称肯定命题：所有 S 都是 P，记为 SAP，缩写为 A。

（2）全称否定命题：所有 S 都不是 P，记为 SEP，缩写为 E。

（3）特称肯定命题：有的 S 是 P，记为 SIP，缩写为 I。

（4）特称否定命题：有的 S 不是 P，记为 SOP，缩写为 O。

（5）单称肯定命题：某个 S 是 P。

（6）单称否定命题：某个 S 不是 P。

性质命题的主项和谓项在语言学上都是语词，都表达着概念，而概念都有内涵和外延。性质命题之间的对当关系是指有相同素材（即有相同主项和谓项）的性质命题间的真假关系。也就是从给定的一个性质命题的真或假去推断另一具有相同素材的性质命题的真或假。如果没有相同的主谓项，则无法比较它们的真假。可以把 A、E、I、O 之间的真假关系概括为四类，即矛盾关系、差等关系、反对关系和下反对关系。

一、反对关系

指 A 与 E 的关系，它们之间不能同真，但可以同假。于是，若一个为真，则另一个必为假；若一个为假，则另一个真假不定。例如，已知"所有的动物都能运动"为真，可以推出"所有的动物都不能运动"为假；但是，我们从"我班所有同学都是学校一等奖学金获得者"为假，却不能推出"我班所有同学都不是学校一等奖学金获得者"的真假。

二、差等关系

亦称"从属关系"。指 A 与 I、E 与 O 之间的关系。这种关系存在于同质（同为肯定或否定）的全称命题和特称命题之间，我们可以把它概括为：如果全称命题为真，则相应的特称命题为真；如果特称命题为假，则相应的全称命题为假；如果全称命题为假，则相应的特称命题真假不定；如果特称命题为真，则相应的全称命题真假不定。例如，如果"有的书没有价值"为真，那么从逻辑上不能知道"所有的书都没有价值"的真假；但是如果前一个命题为假，那么后一个命题必为假。

三、矛盾关系

指 A 与 O、E 与 I 的关系。它们之间既不能同真，也不能同假，因而必有一真，也必有一假。于是，由一个为真，就可以推出另一个为假；由一个为假，就可以推出另一个为真。例如，由"所有金子都是闪光的"为真，可以逻辑地推出"有些金子不闪光"为假；由"有的哺乳动物是卵生的"为真，可以逻辑地推出"所有哺乳动物都不是卵生的"为假。

有时我们也撇开真假概念，用否定词汇、等值把矛盾关系表述如下：

（1）"SAP"等值于"并非 SOP"；

（2）"SEP"等值于"并非 SIP"；

（3）"SIP"等值于"并非 SEP"；

（4）"SOP"等值于"并非 SAP"。

这里所说的两个命题等值是指：两个命题的形式可能不同，但表达的逻辑内容是相同的，即它们恒取相同的真假值。

四、下反对关系

指 I 与 O 的关系，它们之间可以同真，但不能同假。于是，由一个为假，可以逻辑地推出另一个为真；但从一个为真，不能确切地知道另一个的真假。例如，已知"有些书架上的书是英文书"为假，则可以推出"有些书架上的书不是英文书"为真；但是从"有些花朵是有毒的"为真，却不能推出"有些花朵不是有毒的"的真假。

可以用图来刻画对当关系，这种图被称为"逻辑方阵"或者"对当方阵"（见图4—2）。

图4—2　逻辑方阵

扩展延伸 🔭

有的逻辑书只讲命题，而不提判断；有的逻辑书则只讲判断，而不提命题。命题和判断是两个相互关联的逻辑术语。目前，对于命题和判断的关系，尚存在不同看法：有的认为，命题就是判断，判断就是命题；有的认为，表达判断的语句是命题，不表达判断的语句就不是命题；有的认为，所有判断都是命题，但有些命题不是判断；等等。我们不在此做比较严格的划分。我们认为，判断是被断定了的命题，是断定者在一定时空条件下对命题的认识，它断言一命题或是真，或是假。

在本书中，我们一般采用"命题"一词，但在不严格的意义上，它与"判断"一词是等价的。

勤思多练 📝

【综合】

举出学科中辨别命题恰当性的例子，并分析其中的思维过程和考查的学科知识。

（参考提示：在物理学中，"一切物体都具有动能"这一命题就是一个不恰当的命题。从逻辑思维角度看，上述命题之所以不恰当，就在于把一个本应以特称形式呈现的命题"有些物体具有动能"，扩大为以全称形式呈现的命题"一切物体都具有动能"。从学科知识角度看，上述命题之所以不恰当，就在于没有准确理解"动能"概念。"动能"是物体由于运动而具有的能，所以，如果一个物体相对于参照系处于静止状态，则该物体就不具有动能。）

【物理】

对于物理学史上的四个重大发现，下列四个命题中说法不正确的是（ ）。

A. 卡文迪许通过扭秤实验，测定出了万有引力恒量

B. 奥斯特通过实验研究，发现了电流周围存在磁场

C. 法拉第通过实验研究，总结出法拉第电磁感应定律

D. 牛顿根据理想斜面实验，提出力不是维持物体运动的原因

（参考提示：选 D。）

【数学】

下列命题不正确的是（　　）。

A. 任何一个成中心对称的四边形是平行四边形

B. 平行四边形既是轴对称图形又是中心对称图形

C. 线段、平行四边形、矩形、菱形、正方形都是中心对称图形

D. 等边三角形、矩形、菱形、正方形都是轴对称图形

（参考提示：选 B。）

二　辨别量词：全称量词

教学案例

在人教版义务教育课程标准实验教科书《数学》七年级上册的"绝对值"一课中，老师设计了如下环节，得出绝对值的非负性：

教师提出问题：请把 1.5，0，−2.3 分别标在数轴上，并求出它们到原点的距离。

教师给出绝对值的几何意义：数轴上表示数 a 的点到原点的距离，叫作 a 的绝对值，记作 $|a|$。

教师请学生把下列各数标在数轴上，并求出它们的绝对值：

$$-3, 0, 2\frac{1}{2}, -4, 3.1$$

由学生观察结果并得到绝对值的代数定义：

一个正数的绝对值是它本身，负数的绝对值是它的相反数，0 的绝对值是 0。可表示为：

$$|a| = \begin{cases} a & (a > 0) \\ 0 & (a = 0) \\ -a & (a < 0) \end{cases}$$

教师请学生观察例题中各数求绝对值后的结果，猜想任何一个有理数的绝对值是什么数，并利用绝对值的几何或代数定义说明自己的猜想。

绝对值的性质：一个数的绝对值是非负数，即 $|a| \geqslant 0$。

可从两个角度说明此性质的正确性。（1）几何定义：由于绝对值是一个距离，而距离是非负的，所以 $|a| \geqslant 0$；（2）代数定义：有理数分为正有理数、负有理数、零，正数的绝对值是它本身，是正的；负数的绝对值是它的相反数，是正的；零的绝对值是零。所以，一个数的绝对值是非负数。

逻辑辨析 💡

在这个教学片段中，绝对值的几何意义给出后，由学生观察求正负数及零的绝对值的结果，并猜想得出绝对值的非负性，运用了完全归纳推理。这就是说，对于某个特定的集合，如果其中的所有元素都满足某一性质，那就说明了某个全称命题（肯定或否定）的正确性。

常见的全称量词有"所有"、"凡"、"一切"、"任意一个"、"全体"、"每一个"、"任给"等，用符号"$\forall$"表示。含有全称量词的命题叫作全称命题。

全称命题"对 M 中的任意一个 x，有 $p(x)$ 成立"可用符号"$\forall x \in M, p(x)$"表示，读作"对任意 x 属于 M，有 $p(x)$ 成立"。

在利用几何定义说明性质的正确性时，用到了三段论，即直言三段论或性质命题三段论，它是由两个包含着一个共同项的性质命题为前提，从而推出一个新的性质命题为结论的间接推理。这里具体为：

距离是非负的；

绝对值是距离；

所以绝对值是非负的，即 $|a| \geqslant 0$。

这是由两个包含着一个共同项"距离"的性质命题为前提，从而推出一个新性质命题"绝对值是非负的"为结论的性质命题推理，因而是三段论。

在这个最基本的三段论中，有且仅有"距离"、"非负的"、"绝对值"三个变项，而且每个变项都重复出现一次。在结论中做主项的"绝对值"叫小项，一般用"S"表示；在结论中做谓项的"非负的"叫大项，一般用"P"表示；只在两个前提中出现的那个共同的词项"距离"叫中项，用"M"表示。其结构可表示为如图4—3的形式：

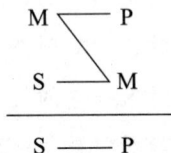

$$
\begin{array}{c}
M \diagdown P \\
S \diagup M \\
\hline
S \underline{\quad\quad} P
\end{array}
$$

图4—3 三段论结构

知识链接

在逻辑学中，性质命题实际上可归为对主项与谓项外延间关系的反映。A、E、I、O命题的真假，就取决于它们所反映的主项与谓项外延间的关系是否符合实际。主项与谓项外延间的关系不外乎以下五种（见图4—4、图4—5、图4—6、图4—7、图4—8）：

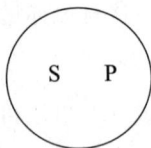

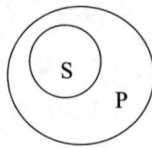

图4—4 全同关系　图4—5 真包含于关系　图4—6 真包含关系

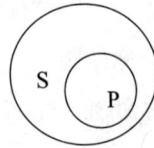

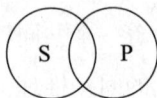

图4—7 交叉关系　　图4—8 全异关系

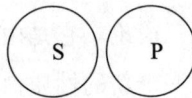

按照这五个图形所示的主、谓项外延间的各种关系，就可确定 A、E、I、O 四种命题的真假情况。

A 命题也就是具有全称量词的肯定命题，反映了主项与谓项具有包含于关系，当且仅当 S 类与 P 类实际上具有图 4—4 或图 4—5 所示的关系之一时，它是真的，否则是假的。例如：（1）所有商品都是用来交换的劳动产品。（2）所有大学生都是共青团员。

例（1）中的"商品"与"用来交换的劳动产品"的外延之间，具有图 4—4 所示的关系，因而这个 A 命题是真的。而例（2）中的"大学生"与"共青团员"的外延之间不具有图 4—4、图 4—5 所示关系，而是图 4—7 所示关系，因而这个 A 命题是假的。

E 命题也就是具有全称量词的否定命题，反映了主项与谓项具有全异关系（或不相容关系），当且仅当 S 类与 P 类实际上具有图 4—8 所示关系时，它是真的，否则是假的。例如：（1）所有马克思主义者都不是有神论者。（2）所有工具都不是天然的。

例（1）中的"马克思主义者"与"有神论者"的外延之间具有图 4—8 所示的关系，因而这个 E 命题是真的，而例（2）中的"工具"与"天然的"的外延之间不具有图 4—8 所示关系，而是图 4—7 所示关系，因而这个 E 命题是假的。

数学命题、定理大多是具有全称量词的命题，说明其正确性时需要推理证明，说明其错误性时则只需要举出一个反例。美国数学家 B. R. 盖尔鲍姆和 J. M. H. 奥姆斯特德指出："数学由两大类——证明和反例组成。而数学发现也是朝着两个主要目标——提出证明和构造反例。从科学性来讲，反例就是推翻错误命题的有效手段。从教学上而言，反例能够加深对正确结论的全面理解。"①

---

① 转引自夏蔚：《如何选择有效反例——〈什么样的反例可以成为典范〉一文分析》，载《数学教学》，2009（5）。

扩展延伸

【物理】

物理学中有很多定律，都反映了物体运动的一般规律，其中就包含或隐含着全称量词。

如下面针对人教版普通高中课程标准实验教科书《物理》（必修）第二册中"万有引力定律"一节的教学设计：

通过上节的分析，我们已经知道了太阳与行星间的引力规律，那么行星为什么能够绕太阳运转而不会飞离太阳？因为行星与太阳间的引力提供行星绕太阳近似圆周运动的向心力，从而使得行星不会飞离太阳。

行星与太阳间的引力与什么因素有关？行星与太阳间的引力 F 与太阳和行星之间的距离 r、行星质量 m 和太阳质量 M 有关。

可以根据哪些已知定律推导出太阳与行星间的引力遵从什么样的规律？根据开普勒行星运动第一、第二定律和牛顿第三定律推出太阳与行星间的引力遵从的规律：$F=G\dfrac{Mm}{r^2}$。公式中的 G 是比例系数，F 是太阳和行星之间的引力，正是这一引力使得行星不能飞离太阳。

那么大家是否想过，又是什么力使得地面的物体不能离开地球，总要落回地面呢？为了研究这个问题，下面我们继续来体验一下牛顿发现万有引力定律的思维过程。

教师演示：将塑料制成的且内部空心的苹果置于某位学生头顶上方不远处，静止释放。

教师引导学生思考：

（1）苹果为什么只砸向这位同学，而不砸向其他同学呢？

这是由于重力方向竖直向下，苹果在其重力作用下，在这位同学头顶正上方做竖直向下的自由落体运动。

（2）那么苹果受到的重力又是怎么产生的呢？

这一重力是由于地球对苹果的吸引而产生的。

（3）地球对苹果的引力和太阳对行星的引力是否根本就是同一种力？若是这样，物体离地面越远，其受到地球的引力就应该越小，比如我们爬到高山上时，是否察觉到重力减小了？为什么？

上述两种引力可能是同一种力。我们在山上并没有感到重力明显减弱，可能是因为还不够远。

（4）这样的高度比起天体之间的距离来说，简直太小了。如果我们再往远处设想，物体延伸到月球那么远，将会怎样运动？

可能这个物体会像月球那样绕着地球运动。

于是我们可以提出这样的猜想：太阳与行星、地球与月球、地球与地面上物体之间的作用力，也许真是同一种力，遵循相同的规律。假定上述猜想成立，月球和苹果的地位相当，则地球对月球的力与地球对苹果的力应该同样遵从"平方反比"律，即 $F = G\dfrac{Mm}{r^2}$，那么月球轨道上的物体受到的引力比它在地面附近受到的引力要小。

在牛顿时代，重力加速度 g、月—地的距离 r、月球的公转周期 T 都能精确地测定，已知 $r = 3.8 \times 10^8$ m，$T = 27.3$ 天，$g = 9.8 \mathrm{m/s^2}$，月球轨道半径即月—地的距离 r 为地球半径 R 的 60 倍，那么——

（1）在月球轨道上的物体受到的引力 F_1 是它在地面附近受到的引力 F_2 的几分之一？

设物体的质量为 m，在月球轨道上的物体受到的引力 $F_1 = G\dfrac{M_{地}m}{r^2}$，物体在地面附近受到的引力 $F_2 = G\dfrac{M_{地}m}{R^2}$，则有 $\dfrac{F_1}{F_2} = \dfrac{R^2}{r^2} = \dfrac{1}{60^2}$。

（2）物体在月球轨道上的加速度 a（月球公转的向心加速度）是它在地面附近下落的加速度 g（重力加速度）的几分之一？

设质量为 m 的物体在月球的轨道上运动的加速度为 a，则 $a = r \cdot \omega^2$，$\omega = \dfrac{2\pi}{T}$，$r = 60R$，得 $a = 60R \dfrac{4\pi^2}{T^2}$，代入数据解得 $\dfrac{a}{g} = \dfrac{1}{60^2}$。

由此可见，用数据说明了上述设想的正确性，牛顿的设想经受了事实的检验，地球与月球、地球与地面物体之间的作用力真是同一种力。至此，"平方反比"律已经扩展到太阳与行星之间、地球与月球之间、地球与地面物体之间。

既然太阳与行星之间、地球与月球之间、地球与地面物体之间具有与两个物体的质量成正比、与它们的距离的二次方成反比的引力，那么我们可以更大胆地设想：是否任何两个物体之间都存在这样的力？很可能有，只是因为我们身边的物体质量比天体的质量小得多，我们不易觉察罢了，于是我们可以把这一规律推广到自然界中任意两个物体间，即具有划时代意义的万有引力定律。

阅读教材，理解下面内容：

万有引力是普遍存在于宇宙中任何有质量的物体之间的相互吸引力。日对地、地对月、地对地面上物体的引力都是其实例。

万有引力定律的内容是：自然界中任何两个物体都相互吸引，引力的方向在它们的连线上，引力的大小与物体的质量 m_1 和 m_2 的乘积成正比，与它们之间距离 r 的二次方成反比。可用公式表示：$F = G \dfrac{m_1 m_2}{r^2}$。

式中力的单位是 N，质量的单位是 kg，距离的单位是 m，G 为万有引力常量，$G = 6.67 \times 10^{-11}\,\mathrm{N \cdot m^2/kg^2}$，它在数值上等于质量是 1kg 的物体相距 1m 时的相互作用力，单位是 $\mathrm{N \cdot m^2/kg^2}$。

在此，对万有引力定律的表述就是一个具有全称量词的全称命题。

在这节课中，教师通过创设情景，引导学生定量计算，用无可辩驳的事实证明猜想的正确性，增强学生的理性认识，启发学生大胆地猜想，并在教师设问中自主阅读教材，做到有的放矢，最后教师引导学生讨论总结、回答问题，在增强学生的科学表达能力的同时，让学生体会：物理学许多重大理论的发现不是简单的实验总结，它需要直觉和想象力、大胆的猜想和假设，再引入合理的模型，它需要深刻的洞察力、严谨的数学处理和逻辑思想，常常是一个充满曲折和艰辛的过程。上述引导学生发现万有引力定律的思维过程可以概括为：假想—理论推导—实验检验。①

勤思多练

【数学】

指出下列各命题中使用了全称量词的命题。

（1）所有正数都大于负数。

（2）存在一个 $x \in \mathbf{Z}$，使 $2x+3=5$。

（3）任意三角形中，三角之和是 $180°$。

（4）有的三角形两边之和小于第三边。

（参考提示："所有"、"任意"都是全称量词。）

【综合】

含有全称量词的命题叫作全称命题，如"对所有的 $x \in \mathbf{R}$，$x>3$"，"对任意一个 $x \in \mathbf{Z}$，$2x+1$ 是整数"等，你能从数学、物理、化学、生物中各举一个全称命题的实例吗？

（参考提示：数学中有"所有的矩形都是平行四边形"；物理中有"声音是由物体振动产生的"；化学中有"化学反应就是物质发生化学变化而产生性质、组成、结构与原来不同的新物质的过程"；生物中有"种子是裸子植物和被子植物特有的繁殖体，它由胚珠经过传粉受精形成，一般由种皮、胚和胚乳三部分组成"。）

---

① 参见陈和锋．"万有引力定律"教学设计．见人教网，2009－01－19。

三 辨别量词：存在（特称）量词

教学案例

在人教版义务教育课程标准实验教科书《数学》七年级上册的"有理数"一章中，讲到了有理数的运算。

有理数的乘法法则是：两数相乘，同号得正，异号得负，并把绝对值相乘；任何数与 0 相乘，都得 0。

教师设计了这样一个题目：若 $a \cdot b \cdot c = 0$，则 a、b、c 中可能有几个 0？

通过乘法法则可知，如果 a、b、c 三个数都不为 0，则它们的乘积不可能为 0。所以其中必然有因数为 0，个数为 1、2、3 都满足乘积为 0。

像这样的情况我们经常表达为"至少有一个为 0"，也就是"不能是都不为 0"，有时我们也用"$a = 0$ 或 $b = 0$ 或 $c = 0$"表示。

逻辑辨析

存在量词也可称为特称量词。常见的特称量词有"存在一个"、"有一个"、"只有一个"、"至少有一个"、"至多有一个"、"有的"、"有些"等，通常用符号"∃"表示。含有存在（特称）量词的命题称为特称命题。

特称命题"存在 M 中的元素 x_0，使 $p(x_0)$ 成立"，则可以用符号"$\exists\, x_0 \in M,\ p(x_0)$"表示。

上述案例与上一部分内容不同，这是具有特称量词的肯定命题，其中"至少有一个"就是特称量词之一。在这个题目中，要将"不能是都不为 0"进行转换，即对全称命题"a、b、c 都不为 0"进行否定，也就是"并非 a、b、c 都不为 0"，结果就等值于一个特称命题"a、b、c 至少有一个为 0"。

知识链接

前面我们已经从主项与谓项外延间的关系来分析了具有全称量词的命题 A、E，现在，我们继续从主项与谓项外延间的关系来分析具有特称量词的命题 I、O。

I 命题也就是具有特称量词的肯定命题，反映了主项与谓项间具有相容关系（或非全异关系），当且仅当 S 类与 P 类实际上具有图 4—4、图 4—5、图 4—6、图 4—7 所示关系之一时，它是真的，否则是假的。例如：（1）有的医生是先进工作者。（2）有些事物是一成不变的。

例（1）中的"医生"与"先进工作者"的外延之间具有图 4—7 所示关系，因而这个 I 命题是真的。而例（2）中的"事物"与"一成不变的"的外延之间是图 4—8 所示关系，因而这个 I 命题是假的。

O 命题也就是具有特称量词的否定命题，反映了主项与谓项间不具有包含于关系，当且仅当 S 类与 P 类实际上具有图 4—6、图 4—7、图 4—8 所示关系之一时，它是真的，否则是假的。例如：（1）有的疾病不是遗传的。（2）有的命题不是用语句表达的。

例（1）中的"疾病"与"遗传的"的外延之间具有图 4—7 所示的关系，因而这个命题是真的。而例（2）中的"命题"与"用语句表达的"的外延之间则是图 4—5 所示的关系，因而这个 O 命题是假的。

扩展延伸

【数学】

在学习了"垂线的定义"后，教师提出了下面的问题，并引导学生进行分析：

根据要求画图并总结规律：

(1) 在图4—9中画已知直线 l 的垂线，可以画几条？

(2) 如图4—10，过直线 l 上一点 P 画此直线的垂线，可以画几条？

(3) 如图4—11，过直线 l 外一点 Q 画此直线的垂线，可以画几条？

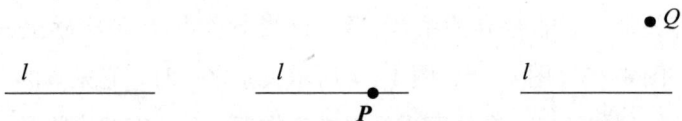

图4—9　画直线 l 　图4—10　过点 P 画直线　图4—11　过点 Q 画直线
　的垂线　　　　　　　　 l 的垂线　　　　　　　　　　 l 的垂线

(4) 由上面的问题可以总结出怎样的规律？

由上面的问题可以总结出垂线性质：过一点有且只有一条直线与已知直线垂直。

这是一个得出特称命题的过程。一般说来，特称命题可以根据一些事物具有某些性质或某一个事物具有此性质并通过猜想、推理而得出，不需要考虑其他的事物是否具有此性质。但要特别注意，这里特称量词是"有且只有"，既强调存在性，又强调唯一性，那么不仅要说明有，还要通过操作或证明得到只有这一个事物具有此性质。

勤思多练

【数学】

下列命题是特称命题吗？其真假如何？

(1) 有的平行四边形是轴对称图形。

(2) 任意三角形中，三角之和是 $180°$。

(3) 存在两个相交平面垂直于同一条直线。

(4) 有些三角形的三个内角都是锐角。

（参考提示：1、3、4 是特称命题，1、2、4 为真，3 为假。）

【综合】

指出下列各命题中使用了什么量词。

(1) 所有单质都是纯净物。

(2) 有摩擦力是静摩擦力。

(3) 所有金属都是导电体。

(4) 有哺乳动物是卵生的。

（参考提示：1、3 使用了全称量词，2、4 使用了特称量词。）

四　辨别逻辑联结词（一）

教学案例

针对"逻辑联结词"的学习，教师可以设计如下教案：

引入：下列各组命题中，几个命题间有什么关系？

1. (1) 15 能被 3 整除；(2) 15 能被 4 整除；(3) 15 能被 3 整除且能被 5 整除。

2. (1) 24 是 5 的倍数；(2) 24 是 8 的倍数；(3) 24 是 5 的倍数或 8 的倍数。

3. (1) 方程 $x^2+x+1=0$ 有实数根；(2) 方程 $x^2+x+1=0$ 无实数根。

归纳定义：

一般说来，用联结词"且"把命题 p 和命题 q 联结起来，就得到一个新命题，记作 p∧q，读作"p 且 q"。这是复合命题中的联言命题。

一般说来，用联结词"或"把命题 p 和命题 q 联结起来，就得到一个新命题，记作 p∨q，读作"p 或 q"。这是复合命题中的选言命题。

一般说来，对一个命题 p 全盘否定，就得到一个新命题，记作¬p，读作"非 p"。这是复合命题中的负命题。

需要注意的是，定义中的"且"、"非"与日常语言中的"且"、"非"意义一致。但日常生活中的"或"一般表示二者取其一，如"去开会或留下准备资料"，一般就理解为要么去开会，要么留下准备资料，二者不可同时选取；而在逻辑上，联结词"或"则可以有两种含义：一是表示用"或"联结的支命题间存在不相容关系，即二者必取其一；另一是表示用"或"联结的支命题间存在相容关系，即可以取其一也可以二者都取。如："苹果是长在树上或长在土里的"这一命题，从逻辑学的角度来看它是真命题，但在日常生活中我们认为这句话是不妥的。

例题：分别指出下列复合命题的形式及构成它们的简单命题。

(1) 24 既是 8 的倍数，也是 6 的倍数。

(2) 李强是篮球运动员或跳高运动员。

(3) 平行线不相交。

解：(1) 这个命题是 p 且 q 的形式，其中 p 是"24 是 8 的倍数"，q 是"24 是 6 的倍数"。

(2) 这个命题是 p 或 q 的形式，其中 p 是"李强是篮球运动员"，q 是"李强是跳高运动员"。

(3) 这个命题是非 p 的形式，其中 p 是"平行线相交"。

你能确定命题 p∧q、p∨q、¬p 的真假吗？它们的真假和命题 p、q 的真假之间有什么联系？

学生可由上面例题中 p、q、p∧q、p∨q、¬p 的真假性，概括出它们的真假之间的关系（见表 4—1）。

表 4—1 联言命题和选言命题真值表

p	q	¬p	p∧q	p∨q
真	真	假	真	真
真	假	假	假	真
假	真	真	假	真
假	假	真	假	假

练习：

1. 分别指出下列复合命题的形式及构成它们的简单命题。

(1) 8≥7；(2) 2是偶数且2是质数；(3) π不是整数。

解：(1) 是"p 或 q"形式，p 是"8＞7"，q 是"8＝7"。

(2) 是"p 且 q"形式，p 是"2是偶数"，q 是"2是质数"。

(3) 是"非 p"形式，p 是"π是整数"。

2. 把下列写法改写成复合命题"p 或 q"、"p 且 q"或"非 p"的形式。

(1) $(a-2)(a+2)=0$；(2) $\begin{cases} x=1 \\ y=2 \end{cases}$；(3) $a>b\geq 0$。

解：(1) p：$a-2=0$ 或 q：$a+2=0$。

(2) p：$x=1$ 且 q：$y=2$。

(3) p：$a>b$ 且 q：$b\geq 0$。

3. 写出由下列各组命题构成的 p∧q、p∨q、¬p 形式的复合命题，并判断真假。

(1) p：1是素数；q：1是方程 $x^2+2x-3=0$ 的根。

(2) p：平行四边形的对角线相等；q：平行四边形的对角线互相垂直。

(3) p：方程 $x^2+x-1=0$ 的两实根符号相同；q：方程 $x^2+x-1=0$ 的两实根的绝对值相等。

解：(1) p∧q：1既是素数又是方程 $x^2+2x-3=0$ 的根；

p∨q：1是素数或是方程 $x^2+2x-3=0$ 的根；

¬p：1不是素数；

因为 p 假 q 真，所以 p∧q 假、p∨q 真、¬p 真。

(2) p∧q：平行四边形的对角线相等且互相垂直；

p∨q：平行四边形的对角线相等或互相垂直；

¬p：并非所有平行四边形的对角线都相等，即有些平行四边形的对角线不相等（注意这是个全称命题的否定，结果应为特称命题）；

因为 p 假 q 假，所以 p∧q 假、p∨q 假、¬p 真。

（3）p∧q：方程 $x^2+x-1=0$ 的两实根符号相同且绝对值相等；

p∨q：方程 $x^2+x-1=0$ 的两实根符号相同或绝对值相等；

¬p：方程 $x^2+x-1=0$ 的两实根符号不相同；

因为 p 假 q 假，所以 p∧q 假、p∨q 假、¬p 真。

逻辑辨析

p∧q（p 且 q）在逻辑中称为联言命题，是反映若干事物情况共存的复合命题。在此，"p"、"q"为支命题，"∧"（"且"）为联言联结词。联言命题的支命题称为联言支，联言支至少有两个。"……并……"、"既……又……"、"不但……而且……"、"虽然……但是……"等都是联言联结词。由于联言命题反映事物情况并存，因此，它要求联言支反映的事物情况都分别存在。所以，只有在联言支都真的情况下，整个联言命题才是真的，也就是我们所说的"同真才真，一假必假"。

p∨q（p 或 q）在逻辑中称为选言命题，是反映若干事物情况中至少有一个存在的复合命题。在此，"p"、"q"为支命题，"∨"（"或"）为选言联结词。选言命题的支命题称为选言支，选言支也至少有两个。"……或者……"、"或……或……"、"要么……要么……"等都是选言联结词。我们通常所说的是相容选言命题，由于反映若干事物情况至少有一个存在，而且若干事物情况可以并存，因此，选言命题所排除的是若干事物情况都不存在。所以，只有在选言支都假的情况下，整个选言命题才是假的，其他情况下都是真的，也就是我们所说的"同假才假，一真必真"。

¬p（并非 p）即对一个命题所做出的否定，在逻辑中称为负命题，是否定一个命题的复合命题。在此，"p"为支命题，"¬"（"非"）为否定联结词。负命题是一种特殊的复合命题，它只有一个支命题，即所否定的命题，称之为原命题。日常语言中，否定联结词不一定出现在原命题前面，如"闪光的并不都是金子"中的"并不"出现在原命题的中间。负命题是对原命题的否定，因此它的真假与原命题相反，即原命题真则其负命题假，原命题假则其负命题真，也就是我们所说的"真假分明"。

知识链接

逻辑联结词中的"且"、"或"、"非"与集合运算中的"交"、"并"、"补"密切相关：

$A \bigcup B = \{x \mid x \in A,$或$x \in B\}$，集合的并集是用"或"来定义的。

$A \bigcap B = \{x \mid x \in A,$且$x \in B\}$，集合的交集是用"且"来定义的。

$\complement_U A = \{x \mid x \in U,$且$x \notin A\}$，集合的补集与"非"密切相关。

在此，要特别注意命题的否定也就是非 p。千万不要把命题的否定与后面将要说到的否命题混淆。这是因为：

第一，命题的否定即负命题，其原命题可以是任何命题，也就是说，原命题既可以是简单命题，如"并非所有平行四边形都是菱形"就是对"所有平行四边形都是菱形"这个简单性质命题的否定，其原命题也可以是复合命题，如"并非只要努力学习，就一定能够考出好成绩"就是对"只要努力学习，就一定能够考出好成绩"这个复合的假言命题的否定。然而，否命题的原命题却只能是复合命题，而且是复合命题中的假言命题。这就是说，以简单命题形式呈现的原命题，可以有原命题的否定，但没有原命题的否命题；以复合命题中的选言命题和联言命题形式呈现的原命题，可以有原命题的否定，但也没有原命题的否命题。

第二，命题的否定是对整个原命题的否定，不管这个原命题是一个简单命题，还是一个复合的假言命题，或者一个复合的选言命题或联言命题。从逻辑的角度看，如果原命题为真，则原命题的否定即负命题必为假；如原命题为假，则原命题的否定即负命题必为真。负命题真当且仅当其原命题假，负命题假当且仅当其原命题真。但是，否命题和其原命题之间就不具有这种逻辑性质。例如原命题为"两直线平行，同位角相等"，则原命题的否定（非 p）为"并非'两直线平行，同位角相等'"，原命题的否命题为"两直线不平行，同位角不相等"。命题的否定与原命题的真假一定不同，而原命题与其否命题的真假可以相同或不同。

扩展延伸

【物理】

人教版普通高中课程标准实验教科书《物理》（选修 3）第一册中讲到了"简单的逻辑电路"，相关教案如下：

［引入新课］

教师演示"一盏神奇的灯"——接通电源，灯不亮；有（小）声，灯不亮；挡住光线，全场安静，灯不亮；挡住光线，拍手，灯亮。

通过演示声光控感应灯，引发学生好奇心理和探究欲望。

教师介绍身边的"数字"应用：数码产品、数字电视、其他相关家电等。这些电器中都包含了"智能"化逻辑关系，由此引入"简单的逻辑电路"。

［进行新课］

介绍数字信号与模拟信号：

数字信号在变化中只有两个对立的状态："有"或者"没有"。而模拟信号的变化则是连续的。

调节收音机的音量，声音连续变化，声音信号是"模拟"量。

图示模拟信号和数字信号（见图 4—12）。

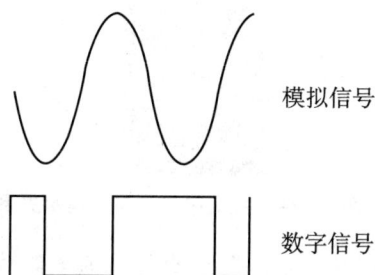

图 4—12　模拟信号与数字信号

通过上述讲解，教师引导学生了解数字信号和模拟信号的不同特征，由此引入数字电路 ——→逻辑电路 ——→门电路。

教师介绍：数字信号的 1 和 0 好比是事物的"是"与"非"，而处理数字信号的电路称数字电路，因此，数字电路就有了判别"是"与"非"的逻辑功能。教师由此引入数字电路中最基本的逻辑电路——门电路。

1．"与"门

教师介绍：所谓"门"，就是一种开关，在一定条件下它允许信号通过，如果条件不满足，信号就被阻挡在"门"外。

教师投影（见图 4—13）。

引导学生分析开关 A、B 对电路的控制作用，体会"与"逻辑关系（从逻辑上看，"与"逻辑关系也就是前面讲过的"且"逻辑关系）。

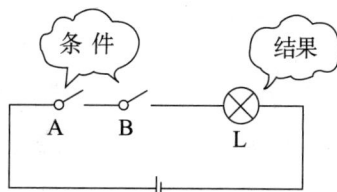

图 4—13　"与"逻辑电路

学生思考与讨论：谈谈生活中哪些事例体现了"与"逻辑关

系（见图4—14）。

图4—14　生活中的"与"逻辑关系

教师指出：具有"与"逻辑关系的电路称为"与"门电路，简称"与"门。符号如图4—15所示。

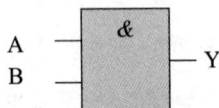

图4—15　"与"门的符号

（1）"与"逻辑关系的数学表达，寻找"与"电路的真值表。

把开关接通定义为1，断开定义为0，灯泡亮为1，熄为0，表4—2的情况可以用表4—3的数学语言来描述。这种表格称为真值表。

教师投影：

表4—2　"与"逻辑电路的各种情况

条件		结果
开关A	开关B	灯泡L
断	断	熄
断	通	熄
通	断	熄
通	通	亮

表4—3　"与"门的真值表

输入		输出
A	B	Y
0	0	0
0	1	0
1	0	0
1	1	1

（2）总结"与"逻辑关系：有两个控制条件作用会产生一个结果，当两个条件都满足时，结果才会成立，这种关系称为"与"逻辑关系。

让学生理解数字信号"与"逻辑关系、对"与"逻辑关系的详细分析，理解并记住"与"逻辑的真值表。

（3）演示"与"门电路实验（见图4—16）。

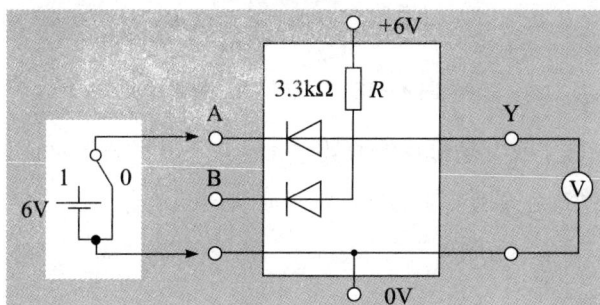

图4—16 晶体二极管"与"门电路

通过示范性的操作演示讲解，理解"与"门电路实现"与"关系处理的电路原理，为下一阶段探究"或"关系及"或"门电路做准备。

（4）声光控感应灯的再讨论。

2. "或"门

以锁门方式的讨论，引入"或"门：家中的门锁能用"与"的关系吗？

学生讨论：不能用"与"的关系。

教师投影（见图4—17）。

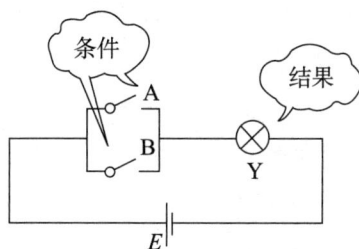

图4—17 "或"逻辑电路

引导学生分析开关A、B对电路的控制作用，体会"或"逻辑关系。

教师指出：具有"或"逻辑关系的电路称为"或"门电路，简称"或"门。符号如图4—18所示。

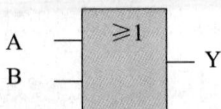

图4—18　"或"门的符号

（1）"或"逻辑关系的数学表达，寻找"或"电路的真值表。

把开关接通定义为1，断开定义为0，灯泡亮为1，熄为0，将表4—4制成表4—5。表4—5就是反映"或"门输入输出关系的真值表。

教师投影：

表4—4　"或"逻辑电路的各种情况

条件		结果
开关A	开关B	灯泡L
断	断	熄
断	通	亮
通	断	亮
通	通	亮

表4—5　"或"门的真值表

输入		输出
A	B	Y
0	0	0
0	1	1
1	0	1
1	1	1

（2）总结"或"逻辑关系：在几个控制条件中，只要有一个条件得到满足，结果就会发生。这种关系称为"或"逻辑关系。

让学生理解数字信号"或"逻辑关系、对"或"逻辑关系的详细分析，理解并记住"或"逻辑的真值表。

（3）演示"或"门电路实验（见图4—19）。

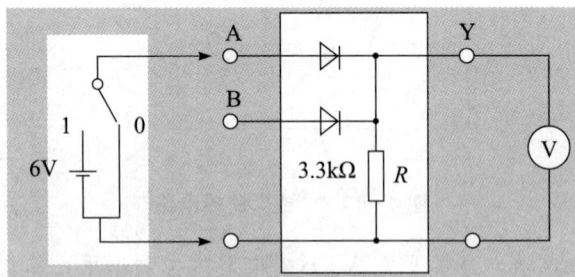

图4—19　晶体二极管"或"门电路

通过示范性的操作演示讲解，理解"或"门电路实现"或"关系处理的电路原理，为下一阶段探究"非"关系及"非"门电路做准备。

3. "非"门

教师投影（见图4—20）。

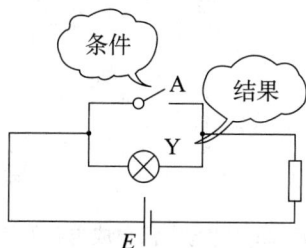

图4—20 "非"逻辑电路

（1）引导学生分析开关A对电路的控制作用，体会"非"逻辑关系。

教师仍然把开关接通定义为1，断开定义为0，灯泡亮为1，熄为0，请学生自己探究输入与输出间的关系，说明什么是"非"逻辑。

学生讨论，得出结论——输出状态和输入状态成相反的逻辑关系，叫作"非"逻辑。

教师指出：具有"非"逻辑关系的电路称为"非"门电路，简称"非"门。符号如图4—21所示。

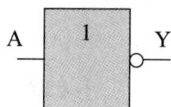

图4—21 "非"门的符号

学生自己列出"非"门的真值表（见表4—6）。

表4—6 "非"门的真值表

输入	输出
A	Y
0	1
1	0

（2）教师介绍集成电路的优点，让学生了解几个"与"门的集成电路和几个"非"门的集成电路的外引线图，投影（见图4—22、图4—23）。

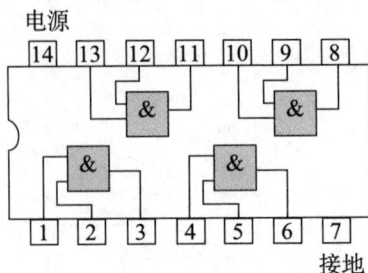

图 4—22 "与"门集成电路的外引线

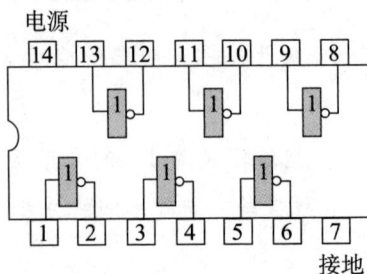

图 4—23 "非"门集成电路的外引线

(3) 演示"非"门电路实验(见图 4—24)。

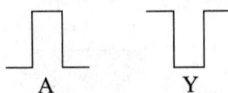

A   Y

图 4—24 "非"门的输入信号和输出信号

[实例探究]

图 4—25 是一个火警报警装置的逻辑电路图。R_t 是一个热敏电阻,低温时电阻值很大,高温时电阻值很小,R 是一个阻值较小的分压电阻。

(1) 要做到低温时电铃不响,火警时产生高温,电铃响起。在图中虚线处应接入怎样的元件?

(2) 为什么温度高时电铃会被接通?

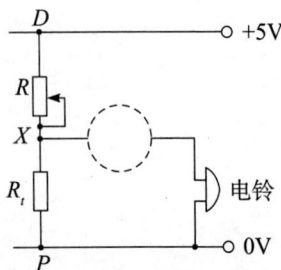

图 4—25 火警报警装置

（3）为了提高该电路的灵敏度，即报警温度调得稍低些，R 的值应大一些还是小一些？

解：（1）温度较低时 R_t 的阻值很大，R 比 R_t 小得多，因此 P、X 之间电压较大。要求此时电铃不发声，表明输出给电铃的电压应该较小，输入与输出相反，可见虚线处元件应是"非"门。

（2）当高温时 R_t 阻值减小，P、X 之间电压降低，输入低电压时，从"非"门输出的是高电压，电铃响起。

（3）由前面分析可知，若 R 较大，由于它的分压作用，R_t 两端的电压不太高，则外界温度不太高时，就能使 P、X 之间电压降到低电压输入，电铃就能发声。因此 R 较大，反应较灵敏。①

勤思多练 ✎

【数学】

1. （2013年高考全国文科数学一卷）已知命题 p：$\forall x \in \mathbf{R}$，$2^x < 3^x$；命题 q：$\exists x \in \mathbf{R}$，$x^3 = 1 - x^2$，则下列命题中为真的是（　　）。

A. $p \wedge q$

B. $\neg p \wedge q$

C. $p \wedge \neg q$

D. $\neg p \wedge \neg q$

（参考提示：命题 p 假，命题 q 真，所以 $\neg p \wedge q$ 真，选 B。）

2. （2007年高考山东卷）命题"对任意的 $x \in \mathbf{R}$，$x^3 - x^2 + 1 \leqslant 0$"的否定是（　　）。

A. 不存在 $x \in \mathbf{R}$，$x^3 - x^2 + 1 \leqslant 0$

B. 存在 $x \in \mathbf{R}$，$x^3 - x^2 + 1 \geqslant 0$

① 百度文库．高中物理 2.10"简单的逻辑电路"教案（新人教版选修 3—1）．见百度网，2012 - 02 - 11。

C. 存在 $x \in \mathbf{R}$，$x^3 - x^2 + 1 > 0$

D. 对任意的 $x \in \mathbf{R}$，$x^3 - x^2 + 1 > 0$

（参考提示：否定全称得特称，选 C。）

【物理】

（2012 年高考上海卷）如图 4—26，低电位报警器由两个基本的门电路与蜂鸣器组成，该报警器只有当输入电压过低时蜂鸣器才会发出警报，其中（　　）。

A. 甲是"与"门，乙是"非"门

B. 甲是"或"门，乙是"非"门

C. 甲是"与"门，乙是"或"门

D. 甲是"或"门，乙是"与"门

（参考提示：选 B。）

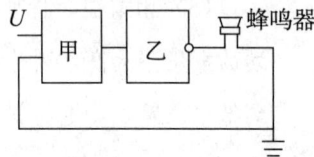

图 4—26　低电位报警器

五　辨别逻辑联结词（二）

教学案例

人教版普通高中课程标准实验教科书《数学》（选修 1）第一册中有"充分条件与必要条件"一课，下面选取一个教学设计分析其中蕴含的逻辑知识。

［实例引入］

《墨经·经上》中有这样的话：

"小故，有之不必然，无之必不然。"

思考下面两句话中的逻辑：

"灾后重建的新面貌，充分说明社会主义制度非常优越。"

"要想在高考中取得好成绩，平时的努力学习是必要的。"

[讲解新课]

前面我们讨论的"若 p 则 q"形式的命题，其中有的为真，有的为假。"若 p 则 q"为真，是指由 p 经过推理可以得出 q，即如果 p 成立，那么 q 一定成立，记作"p→q"。

例如："若 $x > 0$，则 $x^2 > 0$"是一个真命题，可写成"$x > 0 \Rightarrow x^2 > 0$"。

如果已知 p→q，那么我们就说，p 是 q 的充分条件，q 是 p 的必要条件。

例如：由"全等三角形面积相等"可得到，"两三角形全等"是"两三角形面积相等"的充分条件，"两三角形面积相等"是"两三角形全等"的必要条件。

练习：用"充分"或"必要"填空。

(1) "a 和 b 都是偶数"是"$a + b$ 是偶数"的_____条件；

(2) "四边相等"是"四边形是正方形"的_____条件；

(3) "$x > 2$"是"$x > 3$"的_____条件。

逻辑辨析

假言命题是断定事物情况之间条件关系的复合命题。由于条件关系分为三种——充分条件、必要条件和充分必要条件，假言命题也分为三种——充分条件假言命题、必要条件假言命题、充分必要条件假言命题。

一、充分条件假言命题及其推理

充分条件假言命题是断定充分条件关系的假言命题。事物情况 p 是事物情况 q 的充分条件是指：有 p 一定有 q，但无 p 未必无 q。例如，"天下雨"就是"地上湿"的充分条件。充分条件假言命题的标准形式是"如果 p，那么 q"，可以写成"p→q"，其中 p 为前件，q 为后件，"→"为充分条件假言命题中前件与后件的联结项。在日常语言中，充分条件假言命题常常用多种形式加以表述，如"只要 p，就 q"，"一旦 p，则 q"等，有时其中的联结词还可以省略，如"锲而不舍，金石可镂"，"人心齐，泰山移"，"招手即停"。

一个充分条件假言命题，只有在前件（p）真、后件（q）假的情况下才是假的，在其他情况下都是真的（见表 4—7）。

表 4—7　　　充分条件假言命题真值表

p	q	如果 p，那么 q（p→q）
真	真	真
真	假	假
假	真	真
假	假	真

根据充分条件假言命题的上述性质，充分条件假言推理的有效式包括以下两种：

（1）肯定前件式

　　　如果 p，那么 q

　　　p

　　　所以，q

例如：如果官员甲拥有不受监控的权力，官员甲就很容易腐败；官员甲确实拥有不受监控的权力，所以，官员甲很容易腐败。

（2）否定后件式

　　　如果 p，那么 q

　　　非 q

　　　所以，非 p

例如：如果小张体内有炎症，则他血液中的白细胞含量就会不正常；小张血液中的白细胞含量正常，所以，小张的体内没有炎症。

至于充分条件假言推理的否定前件式：

　　　如果 p，那么 q

　　　非 p

　　　所以，非 q

和肯定后件式：

如果 p，那么 q

q

所以，p

都是无效的推理形式。例如：如果我想当外语翻译，我就必须学好外语；我不想当外语翻译，所以我不必学好外语。这个推理是充分条件假言推理的否定前件式，是无效的。再如：如果小张患肺炎，则他会发烧；小张发烧了，所以他一定患了肺炎。这个推理是充分条件假言推理的肯定后件式，也是无效的。

二、必要条件假言命题及其推理

必要条件假言命题是断定必要条件关系的假言命题。事物情况 p 是事物情况 q 的必要条件是指：无 p 一定无 q，但有 p 未必有 q。例如，"年满 18 岁"是"有选举权"的必要条件。必要条件假言命题的标准形式是"只有 p，才 q"，可以写成"p←q"。在日常语言中，它也可以表述为"除非 p，否则不 q"等，如"除非考试及格，否则不予录取"。

一个必要条件假言命题，只有在前件假、后件真的情况下才是假的，在其他情况下都是真的（见表4—8）。

表4—8　　　　必要条件假言命题真值表

p	q	只有 p，才 q（p←q）
真	真	真
真	假	真
假	真	假
假	假	真

根据必要条件假言命题的上述性质，必要条件假言推理的有效式包括以下两种：

（1）否定前件式

只有 p，才 q

非 p

所以，非 q

（2）肯定后件式

只有 p，才 q

q —————————

所以，p

必要条件假言推理的无效式有肯定前件式：

只有 p，才 q

p —————————

所以，q

和否定后件式：

只有 p，才 q

非 q —————————

所以，非 p

三、充分必要条件假言命题及其推理

充分必要条件假言命题是断定充分必要条件关系的假言命题。事物情况 p 是事物情况 q 的充分必要条件是指：有 p 就有 q，并且无 p 就无 q。充分必要条件假言命题的标准形式是"p 当且仅当 q"，可以写成"p↔q"，这种表述形式常在数学中出现。在日常语言中通常用下述形式表示："如果 p 则 q，并且只有 p 才 q"，"如果 p 则 q，并且如果非 p 则非 q"等。例如，"人不犯我，我不犯人；人若犯我，我必犯人"就是一个充分必要条件假言命题，它表示"人犯我"是"我犯人"的充分必要条件。

显然，当前件和后件同真或同假时，一个充分必要条件假言命题为真，在其他情况下都是假的（见表4—9）。

表4—9　　充分必要条件假言命题真值表

p	q	p 当且仅当 q（p↔q）
真	真	真
真	假	假
假	真	假
假	假	真

充分必要条件假言推理的四个有效式列举如下：

p 当且仅当 q

p

所以，q

p 当且仅当 q

非 p

所以，非 q

p 当且仅当 q

q

所以，p

p 当且仅当 q

非 q

所以，非 p

知识链接 📖

在判断充分条件及必要条件时，首先要分清哪个命题是条件，哪个命题是结论；其次，结论要分四种情况说明：充分不必要条件、必要不充分条件、充分且必要条件、既不充分又不必要条件。

要理解"充要条件"的概念，对于符号"↔"要熟悉它的各种同义词语，如"等价于"、"当且仅当"、"反之也真"等。

从集合角度看，若记满足条件 p 的所有对象组成集合 A，满足条件 q 的所有对象组成集合 B，则当 $A \subseteq B$ 时，p 是 q 的充分条件；$B \subseteq A$ 时，p 是 q 的必要条件；$A = B$ 时，p 是 q 的充要条件。

⭐ 扩展延伸

【语文】

议论性文章是要说理的，因此出现逻辑问题的情况要多一些。比如，将"勤奋出天才"作为文章论题，那么，根据逻辑判断，"勤奋"是成为天才的必要条件，但一些学生在审题时，常会误将"勤奋"当作成为天才的充分条件，甚至当作充要条件。这就导致了论述中的不合逻辑。例如，有许多"勤奋"者，却不能成为天才，这又如何解释呢？在这样的虚假的、违反逻辑的说理中，学生无法正确认识"勤奋"的真正含义，一方面会滋长说假话的习惯，一方面会形成放弃"勤奋"的意念。在立意上有这样的问题，在文章的行文中也有这样的问题。[①]

【化学】

人教版义务教育教科书《化学》九年级上册有"燃烧和灭火"这一课，其中蕴含了必要条件假言推理。借助下面的教学过程，我们来分析一下。

师生猜想燃烧的条件，设计实验。

实验一：分别在酒精灯上点燃蘸有酒精和水的棉花球——蘸有酒精的棉花球燃烧，蘸有水的棉花球不燃烧。

实验二：点燃两支蜡烛，其中一支罩上玻璃杯——罩上玻璃杯的蜡烛熄灭了，没罩玻璃杯的蜡烛继续燃烧。

实验三：分别在酒精灯上点燃木条和煤块——木条燃烧了，煤块不燃烧。

为什么会出现这些现象呢？

燃烧与物质的性质有关，物质要具有可燃性；燃烧与氧气

---

① 参见黄春燕，刘士喜：《语文教学中逻辑思维能力的培养》，载《学习方法报·语数教研周刊》，2012（9）。

有关，要与氧气充分接触；燃烧与温度有关，温度要达到着火点。

燃烧的条件：（1）可燃物；（2）氧气（或空气）；（3）达到燃烧所需的最低温度（即着火点）。

师生设计实验：往烧杯中注入一定量的热水，并放入一小块白磷。在烧杯上盖一片薄铜片，薄铜片一端放上一小块红磷，另一端放上一小块白磷，猜测并观察现象。

由实验现象及思考得出结论：三个条件缺一不可。

教师介绍"火三角"，同时指出：火，让愚昧化作文明，使黑暗趋向光明。火的发现和利用，改善了人的生存条件，并使人类变得聪明而强大，推动了人类历史向前发展。但是火灾却给人类带来了巨大的危害。据联合国"世界火灾统计中心"近年来的不完全统计，全球每年约发生 600 万至 700 万起火灾，全球每年死于火灾的约有 65 000 至 75 000 人。

由此引出灭火，设计实验或思考得到：三个条件破坏了一个，燃烧就不能发生，即达到灭火的目的。也就是隔离可燃物、隔绝氧气或降温到该物质的着火点以下。

这节课中，三个燃烧的条件都分别是燃烧的必要条件，也就是"只有可燃物，才能燃烧"，"只有有氧气，才能燃烧"，"只有达到着火点，才能燃烧"。利用必要条件假言推理：

只有 p，才 q

非 p

所以，非 q

要想灭火，就要否定可燃物、氧气或者达到着火点三个条件之一。

这个推理是学生能够做到的，所以这部分知识应让学生充分思考，发展逻辑推理能力，设计实验可让学生体会、检验推理的正确性。

勤思多练

【数学】

1. （2013 年高考文科数学安徽卷）"$(2x-1)\,x=0$" 是 "$x=0$" 的（　　）。

　　A. 充分不必要条件　　　　B. 必要不充分条件

　　C. 充分必要条件　　　　　D. 既不充分也不必要条件

（参考提示：选 B。）

2. （2013 年高考文科数学山东卷）给定两个命题 p、q，若 ¬p 是 q 的必要不充分条件，则 p 是 ¬q 的（　　）。

　　A. 充分不必要条件　　　　B. 必要不充分条件

　　C. 充分必要条件　　　　　D. 既不充分也不必要条件

（参考提示：选 A。）

3. （2013 年高考理科数学北京卷）"$\varphi=\pi$" 是 "曲线 $y=\sin(2x+\varphi)$ 过坐标原点" 的（　　）。

　　A. 充分不必要条件　　　　B. 必要不充分条件

　　C. 充分必要条件　　　　　D. 既不充分也不必要条件

（参考提示：选 A。）

4. （2013 年高考文科数学天津卷）设 $a,b\in\mathbf{R}$，则 "$(a-b)\cdot a^{2}<0$" 是 "$a<b$" 的（　　）。

　　A. 充分而不必要条件　　　B. 必要而不充分条件

　　C. 充分必要条件　　　　　D. 既不充分也不必要条件

（参考提示：选 A。）

5. （2013 年高考理科数学福建卷）已知集合 $A=\{1,a\},B=\{1,2,3\}$，则 "$a=3$" 是 "$A\subseteq B$" 的（　　）。

　　A. 充分而不必要条件　　　B. 必要而不充分条件

　　C. 充分必要条件　　　　　D. 既不充分也不必要条件

（参考提示：选 A。）

6. （2013 年高考文科数学湖南卷）"$1<x<2$" 是 "$x<2$" 成立

的（　　）。

 A. 充分不必要条件　　　　B. 必要不充分条件

 C. 充分必要条件　　　　　D. 既不充分也不必要条件

（参考提示：选 A。）

【综合】

列举学科中充分条件、必要条件或充要条件假言推理的实例，并分析其中的有效推理形式。

（参考提示：以物理学科为例——

充分条件假言推理：如果物体不受外力作用，那么它将保持静止或匀速直线运动状态；某物体没有受到外力作用；所以，某物体将保持静止或匀速直线运动状态。充分条件假言推理的有效式有：肯定前件式、否定后件式。

必要条件假言推理：只有声音在人耳听觉频率范围内，人才能听见声音；某人能听见声音；所以，声音在某人听觉频率范围内。必要条件假言推理的有效式有：否定前件式、肯定后件式。

充要条件假言推理：当且仅当晶体达到熔点和继续吸热，晶体会熔化；某晶体达到了熔点并继续吸热；所以，某晶体会熔化。充要条件假言推理的有效式有：肯定前件式、否定前件式、肯定后件式、否定后件式。）

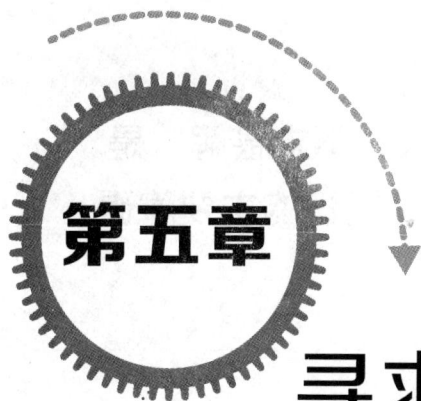

第五章

寻求论证的合理性

一 "不证而论"、"不求甚解"是深刻理解科学知识的主要障碍

教学案例

课程"密度"教学设计节选：

[引入新课]

在很多时候，我们鉴别物质仅靠气味、颜色、软硬、形状等特性，这有一定的局限性。我们发现物质还有其他的特性，可以用来鉴别它们。

思考：用物体的质量来鉴别物质行吗？

[实验探究]

学生实验：调节好天平，用天平称量体积相同的木块、铝块、铁块，看看它们的质量是否相同。

结论：体积相同的不同物质，它们的质量不同。

教师展示100克水和100克酒精，请学生看看它们的体积是否相同。

结论：质量相同的不同物质，它们的体积不同。

教师提问：以上两个实验用不同的物质进行比较，根据实验结果，可以得到什么启示？关于物体质量与体积的关系能提出什么问题来进行研究？

让学生讨论后提出这样的问题：同种物质的质量和体积会是什么关系？

验证学生的推测是否正确：请学生设计一个实验方案，用实验来验证推测的正确性。

根据实验方案，不同实验小组分别用体积大小不同的若干铝块（或铁块、松木块）做实验。学生还可以把操作中出现的问题

记在笔记本上。

由此可以得到结论：

对于同种物质，质量增加，体积也增大；质量减少，体积也减小；质量和体积的比值一定。

对于不同物质，质量和体积的比值是不同的。

逻辑辨析

教师的一项重要责任，就是要引导学生由机械记忆、死记硬背转向对科学知识的理解。理解了的知识才是能够加以综合运用的活的知识。如前所述，所谓理解主要就是指要准确把握概念的内涵和外延；要善于区分和处理概念间的不同关系；要学会对所学的知识进行层层分析、提炼概括；要能够运用原理、定理对事物现象进行科学解释；要知道如何进行知识的扩展和迁移。在此，能够运用原理、定理对事物现象进行科学解释，是理解科学知识的一个非常重要的方面。什么是科学解释？德裔美籍科学哲学家 C. G. 亨普尔就明确把解释设定为论证过程，解释就是论证。[①] 所以，引导学生掌握论证方法，通过论证来理解科学知识，是增强教学有效性的重要途径。

在实际工作和科学研究中，在认识的各种场合，经常需要确定某一命题的真实性，为此，人们就要引用一些真实性已得到认可的命题作为根据，从这个（或这些）命题中推出所要确定的命题的真实性。这种用一个（或一些）真实性已被认可的命题去确定另一命题真实性的思维过程，就是论证或科学解释。在此，需要确定其真实性的命题，称为论题或被解释项；被用来作为根据以确定某一命题真实性的另一些真实性已被认可的命题，称为论据或解释项。论题与论据之间的联系方式，则称为论证方式。例如：

---

① 参见曹志平：《论逻辑实证主义的科学解释观》，载《中南工业大学学报（社会科学版）》，2002（6）。

制造不提供任何能量补偿就能不停地工作下去的永动机是不可能的。因为热力学第一定律指出：能量既不能创造也不能消灭，只能相互转化；热力学第二定律也表明：不可能从单一热源取热使之完全变成功而不产生其他影响，并且只有从高温热源取热给低温热源获得机械能。这就排除了以空气、海洋、土壤等做热源的可能性。

在该例中，"制造不提供任何能量补偿就能不停地工作下去的永动机是不可能的"是一个真实性需要得到确认的命题，因而就是"论题"。

"热力学第一定律指出：能量既不能创造也不能消灭，只能相互转化；热力学第二定律也表明：不可能从单一热源取热使之完全变成功而不产生其他影响，并且只有从高温热源取热给低温热源获得机械能。这就排除了以空气、海洋、土壤等做热源的可能性"就是一些真实性已经得到认可的命题，因而就是"论据"。

这里的论据是一些一般性命题，这里的论题是一个个别性命题，人们通过表现为一般性命题的论据去证明表现为个别性命题的论题，论据与论题之间的联系方式是从一般性命题推出个别性命题，因而论证方式就是演绎的方式。

"不证而论"，就是没有经过一个论证过程或基本上没有经过一个论证过程，就武断地得出了一个结论。

"不求甚解"，就是形式上似乎也经过论证了，但没有去思考论据是否充分，论证过程经不起推敲。

"不证而论"和"不求甚解"，都会使教师阐述的内容缺乏逻辑合理性，从而使学生在听课过程中形成不确切的甚至错误的认知，严重影响他们对科学知识的进一步理解。

在上述教学案例中，"调节好天平，用天平称量体积相同的木块、铝块、铁块，看看它们的质量是否相同"这个教学部分完成之后，教师能够引导学生得到的结论实际上只是"一般情况下，体积相同的不同物质，它们的质量不同"，而不是"体积相同的不同物质，它们的质量不同"。事实上，密度相同的不同物质，当它们的体积相同时，质量是相同的。这个论证过程中，主要是由于论据不够充分，所以会得出片面的结论。

在此教学设计中，"质量相同的不同物质，它们的体积不同"也存在相同的问题。

由于"实验探究"中的第一个和第二个实验出现了"不证（没有提供质量与体积比值相同的不同物质对比实验）而论"、"不求甚解"（对于不同物质，没有考虑质量与体积的比值有相同的情况），直接影响了最后的"对于不同物质，质量和体积的比值是不同的"这个结论的真实性，造成了学生无法深刻理解"密度"这个物理概念。

其实，在备课时，如果注意到公式 $\rho = \dfrac{m}{V}$ 的两个推导公式 $m = \rho V$、$V = \dfrac{m}{\rho}$ 的应用，再阅读教材中的密度表，就能发现有密度相同的不同物质，就不会出现上述问题了。

知识链接

按照论证方式的不同，可将论证分为演绎论证和归纳论证。

演绎论证，就是以具有一般性的原理为论据，来确定具有个别性的论题的真实性的论证。从论据到论题的论证过程，表现为演绎推理的过程。

归纳论证，就是以一系列具有个别性的事实为论据，来确定具有一般性的论题的真实性的论证。从论据到论题的论证过程，表现为归纳推理的过程。

根据是否通过确定其他命题的虚假性来确定论题本身的真实性，可将论证分为直接论证和间接论证。

直接论证，是依靠真实的论据直接推出论题的真实性的论证。其特点是：从论题出发，为论题的真实性提供正面的论据。

例如："13 是素数，因为凡只能被 1 和自身整除的数就是素数，而 13 就是只能被 1 和自身整除的数"。在此，"13 是素数"是真实性有待确定的论题，"凡只能被 1 和自身整除的数就是素数，而 13

就是只能被 1 和自身整除的数"则是真实性已经确定的论据，从论据就可以直接演绎推出论题，确定论题也是真实的。这就是直接论证。

间接论证，是通过确定与论题相关的另一个命题的虚假性，从而确定论题的真实性的论证。间接论证有两种表现形式：

一是反证法。所谓反证法，就是通过确定与原论题相矛盾的另一命题（即反论题）的虚假性，从而根据排中律确定原论题真实性的论证。例如：

在 $\triangle ABC$ 中（见图 5—1），$\angle C>\angle B$，求证：$AB>AC$。

论证过程：

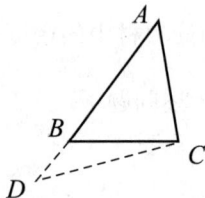

图 5—1 $\triangle ABC$

原论题为 $AB>AC$，先设一个反论题，即假设 AB 不大于 AC，即 $AB\leqslant AC$。

下面就 $AB<AC$ 和 $AB=AC$ 两种情况加以证明，若说明这两种情况都不成立，则假设错误，因而原命题成立。

（1）若 $AB=AC$，则 $\triangle ABC$ 为等腰三角形，

$\therefore\angle B=\angle C$，与已知 $\angle C>\angle B$ 矛盾。

（2）若 $AB<AC$，在 AB 延长线上取一点 D，使得 $AD=AC$，连接 DC，

$\because AD=AC$，$\therefore\triangle ADC$ 为等腰三角形，$\therefore\angle ADC=\angle ACD$，

又 $\because\angle ABC$ 为 $\triangle BCD$ 的一个外角，$\therefore\angle ABC>\angle BDC=\angle ACD$，而 $\angle ACD>\angle ACB=\angle C$，

$\therefore\angle ABC>\angle C$，即 $\angle B>\angle C$，与已知 $\angle C>\angle B$ 矛盾。

$\therefore$ 假设不成立，原命题成立。

反证法的论证过程可以简单地表示如下：

需要确定其真实性的原论题："p"；

先提出与原论题矛盾的反论题："非 p"；

如果"非 p"真，则必然有"q"；

根据真实的论据，确定没有"q"；

因而可确定反论题为假："非 p"是假的；

根据排中律，"p"与"非 p"为矛盾关系，"非 p"假，则"p"真；

由此，原论题"p"的真实性得到确定。

二是选言证法。所谓选言证法，就是通过论据逐一否定原论题以外的所有可能存在的论题的真实性，以此确定原论题真实性的论证。例如：

20 世纪 70 年代，长沙马王堆一号汉墓发现了一具保存完好的女尸。考古专家们对其展开研究，其中一个问题就是她的死亡原因。当时，有专家提出：墓主人是"因病而死"。这个结论对不对？于是，专家们对此进行了论证。他们提出，墓主人的死亡原因只有三种可能：或者是病死，或者是暴力等外因致死，或者是自然老死。通过对墓主人的详细"体检"，发现墓主人年龄在 50 岁左右，皮肤仍旧是淡黄色的，皮下脂肪丰满，皮肤没有褥疮，按下去甚至还有弹性，部分关节能够活动，并且无高度衰老现象，因此墓主人不属于自然老死；在检查中，也没有发现墓主人有任何暴力等外因致死的迹象，因此墓主人不属于暴力等外因致死。所以，墓主人只能是因病而死。经病症推断与病理解剖发现，死者生前患有冠心病、多发性胆石症、全身性动脉粥样硬化症，右上肺有结核病灶，右前臂曾经骨折，在直肠和肝脏内有鞭虫卵、蛲虫卵和血吸虫卵，一只胆囊先天畸形。其食道、胃及肠内有甜瓜子 130 多粒，死亡时间应在暑天，可能是吃了生冷甜瓜后引发胆绞痛，由此诱发冠状动脉痉挛，导致严重心律失常而猝然死亡。[①]

在该例中，需要论证的原论题是"墓主人是因病而死"。为了对

---

① 参见百度百科．马王堆汉墓古尸．见百度网，2013-08-04。

此进行论证，人们提出了墓主人所有可能的死因，即"或者是病死，或者是暴力等外因致死，或者是自然老死"。然后，通过各种论据，证明墓主人既非暴力等外因致死，也非自然老死。这样，就间接地证明了"墓主人是因病而死"这个原论题。

选言证法的论证过程可以简单地表示如下：

需要确定其真实性的原论题："p"；

提出包含原论题在内的所有可能存在的论题：或"p"、或"q"、或"r"；

提出论据证明非"q"并且非"r"；

根据不相容选言推理得出，原论题"p"成立。

扩展延伸

【数学】

我国古代把直角三角形中较短的直角边叫作"勾"，较长的直角边叫作"股"，斜边叫作"弦"。

据《周髀算经》记载，西周开国时期有个叫商高的人对周公说，把一根直尺折成直角，两端连接得一个直角三角形，如果勾是 3，股是 4，那么弦等于 5。

由此得到：$3^2 + 4^2 = 5^2$。

如果将直角三角形三边分别写成 a、b、c，则会得到：$a^2 + b^2 = c^2$。

想一想：对于任意直角三角形，$a^2 + b^2 = c^2$ 成立吗？

答：成立。世界上许多数学家先后用不同方法证明了这一性质。我国把它称为勾股定理。

此教学设计中，从"想一想"到"答"这个环节出现了"不证而论"。

勤思多练

【语文】

《茅屋为秋风所破歌》教学片段：

> 唐代由盛转衰，一场有名的战乱是分水岭，那就是安史之乱，这是一场民族大灾难，当时各地田园荒芜，民不聊生。其间，有一位老人流落到了四川成都西郊的浣花溪畔，找了一块荒地盖起了一间茅草屋，暂时结束了居无定所的生活。可是，**有一天，一阵狂风卷走了屋上的茅草，一场暴雨湿透了屋内的衣被，面对漫天狂飞的茅草和破败不堪的草屋，老人百感千愁涌上心头，一部不朽的诗篇就这样诞生了。**这就是今天我们要学习的《茅屋为秋风所破歌》。

其中黑体的文字中存在什么样的论证问题？怎么修改才能合理？

（参考提示：仅由秋风破茅屋的情景，不能直接推出"不朽的诗篇就这样诞生了"的结论。客观情景只是一种触发剂，诗篇的诞生还要有一个创作过程。）

【物理】

"力学单位制"教学片段：

（教师展示张飞和姚明的图片。）

师："大家都认识这两个人吧？"

生："认识，一个是张飞，一个是姚明。"

师："那么大家知道他们的身高是多少吗？"

生："《三国演义》上说张飞身高八尺。"

师："按照现在的计算方法，张飞的身高应该是多少？"

生："三尺是1米，张飞的身高应该是2.67米。"

师："姚明在当代应该是身高很高的人了，他的身高是多少？"

生："2.26米，看起来张飞要比姚明高很多，打篮球一定很厉害。"

其中黑体的文字中存在什么样的论证问题？怎么修改才能合理？

（参考提示：不求甚解。姚明有真实的图片存在，张飞却没有真实的图片存在。可修改如下："展示姚明的图片，让学生回答他的身高后，引入《三国演义》中张飞身高八尺的描述，按照现在的计算方法，张飞的身高应该是多少？"）

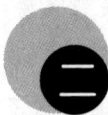

二 论证有效的必要条件

教学案例

课程"弹力"教学片段：

先来看几个小实验。用手捏橡皮泥、用力拉压弹簧、用力压木板，它们的形状都发生了变化。

物体的形状或体积的改变叫作"形变"。形变的原因是物体受到了外力。

一块橡皮泥用手可以捏成各种形状，捏后它将保持这种形状。棉线弯曲后的形状也不再复原。把一块木板压弯后，放手，木板又恢复原形。把弹簧拉长后也能恢复原形。

能够恢复原来形状的形变，叫作"弹性形变"。弹簧、木板、泡沫塑料等发生的形变属于这一种。

不能够恢复原来形状的形变，叫作"塑性形变"。棉线、橡皮泥等发生的形变属于这一种。以后重点研究弹性形变，不加说明就指这种弹性形变。

实验：用铁丝弯成一根弹簧，跟用钢丝弯成的弹簧对比。在下面挂较少的钩码时，去掉钩码，两弹簧都能恢复原长；当下面挂的钩码较多时，铁丝制作的弹簧不能恢复原长，而钢丝制作的弹簧可以恢复原长（见图5—2）。可以看出，弹性形变是在一定范围内成立的。

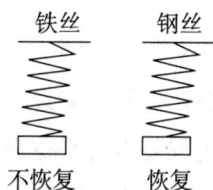

图5—2 两根弹簧的对比

让学生举几个弹性形变的例子。

以上讨论的都是明显的弹性形变，有时，弹性形变是用肉眼看不出但又确实存在的。

实验：桌面上放激光器、两个平面镜，激光通过两个平面镜反射后照到墙上（见图5—3），当用手压桌子时，墙上的光点发生移动，这说明桌面发生了形变。

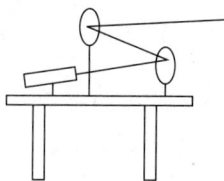

图5—3 观察桌面微小形变的装置

棉线在拉长时也发生了形变，而这种形变也是不易观察到的。

物体受力后发生形变，形变后的物体对跟它接触的物体又有什么作用呢？

实验：木块压在泡沫塑料上，泡沫塑料形变后对木块产生向上的支持力。

弹簧拉木块时，弹簧伸长后产生对木块的弹力。

发生形变的物体由于要恢复原状，对与它接触的物体会产生力的作用，这种力叫作"弹力"。

逻辑辨析

由于作为论题的命题的真实性，是依靠作为论据的一个或一些命题的真实性来确定的，因此，为了证明一个命题为真命题，它的论据就必须是真实可靠的。当然，仅靠论据真实，不一定就能确定论题也真实。因为这里还有论证过程是否合乎逻辑的问题。但是，如果论据的真实性无法确定，那么论题是真是假肯定就无法确定了。论据的真实成为论证有效的必要条件。

当"论据必须已确定为真实"这条规则被违反时，论证过程就存在"论据虚假"或"预期理由"的错误。例如：

> 青蛙是哺乳动物。因为青蛙是四条腿的动物，所有四条腿的动物都是哺乳动物，因此青蛙是哺乳动物。

在这个例子中，"所有四条腿的动物都是哺乳动物"这个论据是虚假的，论证过程存在"论据虚假"的错误，自然而然，论题"青蛙是哺乳动物"也就不成立了。再如：

> 文字是人类从史前文明继承来的。因为在人类没出现前，就有大量的史前文明是用文字记录的，人类只不过是在继承这些文明的过程中理解了文字而已。

这个例子当中，"在人类没出现前，就有大量的史前文明是用文字记录的"与"人类只不过是在继承这些文明的过程中理解了文字"这些论据的真实性还有待证明。论证过程存在"预期理由"的错误，因而，"文字是人类从史前文明继承来的"这个论题的真实性就还不能确定。

在教学过程中，当我们需要对某个论题进行论证时，必须努力避免"论据虚假"或"预期理由"等错误的产生。

在上述教学案例中，"形变的原因是物体受到了外力"是一个论题。人们通过实验，得知"用手捏橡皮泥、用力拉压弹簧、用力压木板，它们的形状都发生了变化"，这三个论据都是真实的，论证过程中运用了归纳的方式，因而就很有说服力地确定了论题也是真实的。

"弹性形变是在一定范围内成立的"也是一个论题。人们通过实验，得知"在下面挂较少的钩码时，去掉钩码，两弹簧都能恢复原长；当下面挂的钩码较多时，铁丝制作的弹簧不能恢复原长，而钢丝制作的弹簧可以恢复原长"等论据都是真实的，论证过程中也采用了归纳的方式，因而就令人信服地确定了论题是真实的。

"有时，弹性形变是用肉眼看不出但又确实存在的"这个论题，是建立在"桌面上放激光器、两个平面镜，激光通过两个平面镜反射后照到墙上，当用手压桌子时，墙上的光点发生移动，这说明桌面发生了形变"这一事实基础上的，所以是可信的。

"发生形变的物体由于要恢复原状，对与它接触的物体会产生力的作用"这个论题，是建立在"木块压在泡沫塑料上，泡沫塑料形变后对木块产生向上的支持力；弹簧拉木块时，弹簧伸长后产生对木块的弹力"这些事实基础上的，所以它是一个真命题。

知识链接 📖

以"弹力"的相关知识为例：

弹力产生的条件：物体发生形变。

弹力的大小：跟物体发生的形变有关，跟形变物体的弹性有关。

弹力的方向：垂直于接触面，跟物体恢复形状的方向一致。

实例：把书放在桌面上，书压桌面，书和桌面都有微小的形变。书要恢复原状，对桌面有一个向下的弹力，即压力；桌面要恢复原状，对书有一个向上的弹力，即支持力。

一般情况：凡是支持物对物体的支持力，都是支持物因发生形变而对物体产生的弹力；支持力的方向总是垂直于支持面并指向被支持的物体。

实例：用绳吊重物，绳对重物是否有弹力？物体受重力和绳的拉力；重物拉绳，绳拉重物，使重物和绳都有极微小的形变。发生形变的绳要恢复原状，对重物产生向上的弹力，即拉力；发生形变的重物要恢复原状，对绳产生向下的弹力，即拉力。

一般情况：凡是一根线（或绳）对物体的拉力，都是这根线（或绳）因为发生形变而对物体产生的弹力；拉力的方向总是指向线收缩的方向。

结论：支持力、压力、拉力都是弹力。

扩展延伸

【数学】

课程"认识三角形的高"教学片段：

老师让学生在练习本上任意画一个锐角三角形，并画出它的三条高。

学生由定义出发，体会锐角三角形的三条高并画出，一名学生在黑板上画。

老师："你能用语言描述这三条高吗？"

学生在老师的引导下，讨论、交流后举手回答。

老师用电脑显示三条高的语言描述，并强调垂直符号的标注。AD 是 BC 边上的高；BE 是 AC 边上的高；CF 是 AB 边上的高（见图5—4）。

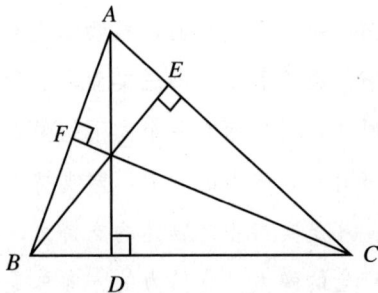

图5—4　锐角三角形的三条高

老师："请同学们观察，这三条高的位置有什么关系？"

学生："锐角三角形的三条高线都在三角形内部，而且交于三角形内部一点。"

老师："上节课学习的三角形的三条中线和三条角平分线的位置关系有什么特点？"

学生："它们也都在三角形的内部且分别交于三角形内部一点。"

老师："你能用准备好的锐角三角形纸片，用折纸的办法折出它的三条高吗？"

学生充分地画或折，并相互交流。

老师："你折出的三条高有怎样的位置关系？"

学生一致得到上面的结论。

老师抽小组回答，亲自折纸验证。

老师："研究了锐角三角形的三条高，那么直角三角形和钝角三角形的三条高又怎样呢？它们与锐角三角形的三条高的关系一样吗？"

老师："你能借助直尺和量角器画出直角三角形的三条高吗？"

学生在练习本上画一直角三角形，并画出它的高，一名学生在黑板上画。

老师："你们发现了什么？"

学生："直角三角形的两条高恰好分别与两直角边重合，斜边上的高在三角形的内部。"

老师："直角三角形的三条高有怎样的位置关系？"

学生："直角三角形的高也相交于一点，且交点在直角的顶点上。"

"锐角三角形的三条高线都在三角形内部，而且交于三角形内部一点"的结论，由"学生在练习本上任意画一个锐角三角形，并画出它的三条高"和"观察这三条高的位置"两个真实论据支持。"直角三角形的高也相交于一点，且交点在直角的顶点上"，由"画一直角三角形，并画出它的高"和"学生观察图形发现了直角三角形三条高的位置关系"两个真实论据支持。所以得到的结论（论题）令学生信服。

勤思多练

【生物】

课程"人类的起源与发展"教学片段：

师："我们来分析一下：（1）就'露西'少女的骨骼来看，她的上肢和下肢是否有区别？根据四肢和骨盆的形态，想象一下她的运动方式是怎样的？（2）'东非人'用图中所示石块做什么？从石块的形状来推测，'东非人'在使用工具方面已经具有什么能力？"

生："从'露西'少女的骨骼来看，她的上肢比较细短，下肢比较粗长，具有粗长的下肢骨，骨盆上下扁、左右阔，说明她很可能采取直立行走的运动方式；'东非人'所用的石器明显经过加工，分别呈斧状和凿状，可当作工具来砍砸和削刮物体，由此推测'东非人'在逐渐适应直立行走的过程中，已具有制造和使用工具的能力了。"

师："再来观察'东非人'头骨化石及复原像，你们能想到些什么呢？"

生："'东非人'既有现代类人猿的特征，又有人类的特征。"

师："这说明了什么？"

生："这可能说明'东非人'是处在进化当中。"

找出上述例子中的事实论据有哪些？证明了什么结论（论题）？

（参考提示：事实论据有"她的上肢比较细短"，"具有粗长的下肢骨，骨盆上下扁、左右阔"，"'东非人'所用的石器明显经过加工，分别呈斧状和凿状"。证明的结论为"可能说明'东非人'是处在进化当中"。）

三　论证有效的根本保证

课程"牛顿第一定律"教学片段：

[新课导入]

教师做实验引入力和运动的关系，引发学生的思考。

[参考实验]

在讲台上放一辆小车，使它处于静止状态。

师："怎样才能让小车运动起来呢？"

生："要用力去推它。"

师："从这个例子很容易得到：物体要运动，需要对它施加力的作用，那么力和运动之间关系如何呢？本节课我们就来探究这个问题。"

[新课教学]

承接刚才的实验现象，演示当物体不再受手的推力时，物体停止运动。

师："静止在水平面上的物体，用力去推，物体由静止变为运动；一段时间后撤掉该力，物体的运动状态又如何？"

生："一段时间后撤走该力，物体速度越来越慢，最终停下。"

师："根据以上的例子，思考'运动一定需要力来维持吗？'"

生1："需要。因为用力推物体它才能运动，而撤走了这个力物体最终会停下，所以，运动必须用力来维持。"

生2："不一定，按照生1的说法，运动一定需要力来维持的话，撤走了力，物体应该立刻停下才对。"

生3："比如在空中飞行的足球，它已经不再受到脚的作用力，但仍然向前运动，因此'物体的运动不一定需要力的作用'。"

师："相同条件下空中飞行的足球比地滚球运动的距离要长很多，地滚球为什么运动一会儿就停止呢？"

生："因为受到阻力。"

师："如果没有阻力的作用，足球将会怎样运动？"

生："将不会减速。"

师："（鼓励）很好，现在我们看一个实验。"

实验演示：让一个小球从斜面上滑下，斜面末端分别放毛巾、木板和玻璃板，让学生仔细观察实验现象。

师："仔细观察实验现象并得出结论。"

生1："斜面末端的接触面越光滑，小球滑动的距离越远。"

生2："说明摩擦力是阻碍物体运动的原因，因为摩擦力的存在使物体运动状态发生了变化。"

师："如果没有摩擦力的作用，小球又将会怎样运动呢？大家大胆猜想一下。"

生1："不好预测，因为没有摩擦力这种情况不可能存在。"

生2："如果没有摩擦力的作用，物体将永远运动下去。"

师："现在就让我们沿着历史的足迹看一下物理学的先驱们是如何一步步从黑暗走向光明的。"

［理想实验］

教师演示多媒体课件：首先是亚里士多德的错误观点——必须有力作用在物体上，物体才能够运动；没有力的作用，物体就要静止在一个地方。接着演示伽利略是如何利用理想实验反驳亚里士多德的错误观点的。

师："伽利略对于'运动与力的关系'，构思出如图5—5所示的'理想实验'。将轨道弯曲成曲线 ABC 的形状，在轨道的一边释放一颗小球，如果不存在摩擦力，小球将上升到哪里？"

生："不存在摩擦力的话，小球将上升到与 A 点相同高度的 C 点。"

师："下面我们通过动画模拟验证同学们的说法。"

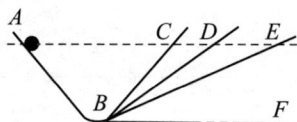

图 5—5　伽利略理想实验

教师用动画模拟。

师："若将轨道的倾角改变，弯曲成曲线 ABD 或曲线 ABE，小球最高将上升到哪个位置？路程是增大还是减小？"

生："同样上升到与 A 点同高度的 D 点或 E 点，路程增大了。"

师："假如将轨道弯曲成一侧水平即曲线 ABF 的形状，这时会发生什么情况呢？"

生："由于 BF 是水平的，小球就再也达不到原来的高度，如果不存在摩擦力，将永远运动下去。"

师："下面我们通过动画模拟验证同学们的说法。"

教师用动画模拟。

师："伽利略根据'理想实验'断言：小球应该以恒定的速率永远运动下去。由此可推断，在水平面上物体做匀速运动并不需要用外力来维持。"

师："理想实验是科学研究中的一种重要的方法。它突出了事物的本质特征，能达到现实科学实验无法达到的极度简化和纯化的程度。它不仅可以充分发挥理性思维的逻辑力量，还可以让思维超越当时的科学技术水平，在想象的广阔天地里自由驰骋。"

教师演示实验：把滑块放到气垫导轨上面，调整气垫导轨至水平状态，滑块与导轨间形成气层，从而使滑块与导轨间的摩擦变得很小，推一下滑块，让学生观察滑块的运动是什么运动。

师："滑块的运动是什么运动？"

生："近似匀速直线运动。"

师："伽利略的发现以及他所应用的科学的推理方法是人类思想史上最伟大的成就之一，而且标志着物理学的真正的开端。"

逻辑辨析

论证一个作为论题（结论）的命题为真命题时，有两个必要的基本条件：一是前面说过的作为论据（前提）的命题必须是真实的；二是作为论题（结论）的命题与作为论据（前提）的命题之间的联系，必须合乎逻辑规则。这是论证有效的一个根本保证。论证过程中，如果论据（前提）与论题（结论）之间的联系合乎逻辑规则，那么这个论证过程就是有效的、合理的。如果不仅论据与论题之间的联系是合乎逻辑的，而且论据也是真实的，那么就能确定论题是真实的。

例如，"地球表面的物体都受到地球的引力，我们处于地球表面，我们受到地球引力"，在此，论据（前提）"（处于）地球表面的物体都受到地球的引力"和"我们（是）处于地球表面（的物体）"是真实的，通过一个演绎推理的过程，推出了论题（结论）"我们受到地球引力"。这个演绎推理过程是合乎演绎推理中三段论规则的，因而"我们受到地球引力"这个论题（结论）也就被确定为真实的。

又如，"所有的食物对人来说是可以增加热量的，米饭是一种食物，所以只要努力工作，就能吃到米饭"，在此，论据（前提）"所有的食物对人来说是可以增加热量的"和"米饭是一种食物"虽然都是真实的，但是，从这些真实的论据（前提）却不能合乎逻辑规则地推出论题（结论）"只要努力工作，就能吃到米饭"。因此，这个论据（前提）与论题（结论）之间的关联就是无效的、不合理的。

在上述教学案例中，"当物体不再受手的推力时，物体停止运动"是一个事实论据，但是，由它推出"运动必须用力来维持"这个论题（结论）则是片面的。在教学中，学生经常出现这样的问题。教师此时并没点破，而是把这个思维活动作为一个事实论据，完成与后面的矛盾关联，最后让学生自己驳倒自己。我们接着看教师是怎样做到的。他接着给出第二个事实论据"让一个小球从斜面上滑下，斜面末端分别放毛巾、木板和玻璃板，让学生仔细观察实验现象"，直接证明"斜面末端的接触面越光滑，小球滑动的距离越远"，这个论据是真实的，它与结论之间的关联是有效的。再通过伽利略"理想实验"引导学生推出"如果不存在摩擦力，（小球）将永远运动下去"的结论，在这里，论据与结论之间的关联是有效的，由此得出"在水平面上物体做匀速运动并不需要用外力来维持"的新的结论。"在水平面上物体做匀速运动并不需要用外力来维持"这个新结论，与学生最初得出的"运动必须用力来维持"这个旧结论构成矛盾。既然新结论已通过一个有效论证被证明为真实的，则学生的旧结论就不能成立了。可见，教师在这个教学过程中的逻辑设计是十分精彩的。

知识链接

学习物理中"牛顿第一定律"的相关内容：

一切物体总保持匀速直线运动状态或静止状态，除非作用在它上面的力迫使它改变这种状态。这个结论叫作牛顿第一定律。

牛顿第一定律描述的是物体在一种理想情况下的运动规律——物体不受力的作用时的运动规律，它无法用实验来直接验证。虽然物体在合外力为零时表现出来的运动规律与不受力时的运动规律是一致的，但不能由物体受平衡力时的运动情况来验证牛顿第一定律。

牛顿第一定律定性地揭示了力和运动的关系。它说明了物体不受力的作用时是匀速直线运动或静止状态，所以力不是维持物体运动的原因；定律指出外力作用迫使物体运动状态改变，所以力是改变物体运动状态的原因。

牛顿第一定律还揭示了物体有一种性质，即保持运动状态不变的性质，叫作惯性。

扩展延伸

【语文】

《晏子使楚》教学片段：

> 曾经有一个故事，说的是一个美国记者问周恩来总理："我们美国人总爱仰着头走路，你们中国人为什么总是低着头走路?"周恩来略加思索后回答："走下坡路的人，总是仰着头走路，走上坡路的人自然是低着头走路了。"这个记者听后，倍感羞愧。

> 其实，在我国几千年的历史长河中，有许多政治家、外交家在维护国家尊严的关键时刻表现出了超人的智慧，同时也表现出他们敢于斗争和善于斗争的优秀品质。春秋时期的晏子正是这样的一位政治家和外交家。

> 这节课我们走进春秋时期，走进楚国，去欣赏外交家晏子的风采。

在此，"春秋时期的晏子正是这样的一位（表现出了超人的智慧的）政治家和外交家"是教师需要证明的论题，而"在我国几千年的历史长河中，有许多政治家、外交家在维护国家尊严的关键时刻表现出了超人的智慧"则是教师提出的论据。尽管这些论据是真实的，却不能推出"春秋时期的晏子正是这样的一位（表现出了超人的智慧的）政治家和外交家"这个论题。因为，现有的论据还不充足，不足以推出论题。

勤思多练

【语文】

《曹刿论战》教学片段：

> 同学们，今天的科技发展一日千里，工业、农业如此，国防

也如此。"落后就要挨打",**让我们努力学习,用知识和智慧去捍卫祖国的尊严**。面对强敌,该如何去战胜他?春秋时期的**曹刿用他的智慧战胜了强敌,捍卫了祖国的尊严**,今天我们来学习他克敌制胜的智慧和敢于斗争、不畏困难的精神。

此教学片段中用黑体字表示的两句话是有效关联吗?如不是,怎样修改?

(参考提示:是无效关联。)

四 论证过程必须遵守逻辑思维的基本规律

教学案例

人教版普通高中课程标准实验教科书《物理》(必修)第二册中"功"一节有如下表述:

> 某力对物体做负功,往往说成"物体克服某力做功"(取绝对值)。这两种说法的意义是等同的。例如,竖直向上抛出的球,在向上运动的过程中,重力对球做负功,可以说成"球克服重力做功"。汽车关闭发动机以后,在阻力的作用下逐渐停下来,阻力对汽车做负功,可以说成"汽车克服阻力做功"。

在教材编写者的表述中,出现了前后不一致的情况,违反了同一律的要求。

逻辑辨析

同一律是人们进行有效、合理思维必须遵循的思维规律之一。所谓同一律,就是指在同一思维过程中,人们的思想内容必须保持确定，是就是是，不是就是不是，并且必须保持前后始终一致。

违反同一律要求的逻辑错误，主要有三种表现形式：

一是表现为偷换概念，即在同一思维过程中，前面使用的一个概念到后面却被偷偷换成了另一个含义有区别的概念。例如：

> 某位律师在为一位被告辩护时说："根据《刑法》的规定，凡立功者可减轻或免于处罚。被告曾立过三等功，因此提请法庭予以考虑。"

《刑法》所规定的"立功"，是特指在本案中的立功表现。律师所说的被告"立过功"，则是指被告在个人历史上有过立功表现。两者虽然都写成"立功"，但含义却显然不同。该律师故意把《刑法》中特指的"立功"偷换成个人历史上曾经有过的"立功"，犯了偷换概念的逻辑错误。[①]

二是表现为混淆概念，即没有区分实际上含义有区别的两个不同概念，反而把它们当作含义相同的概念来使用了。例如：

> 学生每学完一门课，该校都要求学生写这本书的学习心得。[②]

在这段文字中，作者没有注意到"课"和"书"是两个含义不同的概念，却把它们混为一谈了，犯了混淆概念的逻辑错误。

三是表现为偷换（转移）论题，即在同一思维过程中，开始是针对某一个论题进行论证，然而在论证过程中，实际上却变成在论证另一个论题。原来的论题被偷换或转移了。例如：

> 有人说："我国的《刑法》宽了，对打击犯罪分子不利。"我认为这种说法不够全面。因为，我们并不主张重刑主义。我们运用刑法的目的从根本上来讲是为了教育犯罪分子、改造犯罪分子。社会主义国家《刑法》的威力，既在于它的严厉性，也在于它的严肃性。也就是说，犯罪分子无论在何时何地蠢蠢欲动、捣

---

① 参见李衍华编著：《逻辑应用例析精要》，108 页，北京，新华出版社，2007。

② 全国报刊逻辑语言应用病例有奖征集活动组委会办公室组编：《报刊逻辑与语言病例评析 1100 例》，38 页，北京，首都师范大学出版社，2008。

乱破坏，都会随时受到《刑法》的惩罚。该严的我们就严，该宽的我们就宽。

在这段文字中，作者要论证的论题是"'我国的《刑法》宽了，对打击犯罪分子不利'这种说法不够全面"，但是，从整段文字来看，作者实际上却是在论证我国《刑法》的性质和任务。原来的"'我国的《刑法》宽了，对打击犯罪分子不利'这种说法不够全面"这个论题，被偷换或转移成"我国《刑法》的性质和任务"，违反了同一律的要求。[①]

在上述教学案例中，就存在违反了同一律要求的逻辑错误。前面说"某力对物体做负功，往往说成'物体克服某力做功'（取绝对值）"，而后面则说"竖直向上抛出的球，在向上运动的过程中，重力对球做负功，可以说成'球克服重力做功'。汽车关闭发动机以后，在阻力的作用下逐渐停下来，阻力对汽车做负功，可以说成'汽车克服阻力做功'"。所谓"往往说成"，其含义就是"多数情况下可以说成，但不一定都可以说成"，表述中实际上留有一定余地；所谓"可以说成"，其含义就是"能够说成"，表述中实际上并未留有余地。由此，我们清楚地看到，前面留有一定余地的表述"往往说成"，在后面却变成了并未留有余地的表述"可以说成"。前后的表述明显不一致，违反了同一律的要求，犯了偷换概念的逻辑错误。在有效、合理的思维过程中，这种违反逻辑思维基本规律的情况是不允许存在的。[②]

知识链接

有效、合理思维必须遵守的基本规律，除了同一律外，还有矛盾

[①] 参见李衍华编著：《逻辑应用例析精要》，110 页。

[②] 对于"'某力对物体做负功'与'物体克服某力做功'两种说法的意义等同"这一提法，存在不同理解。例如，新华网发展论坛 2013 年 3 月 2 日刊载的《谈谈关于负功的种种说法》一文，就认为这一提法"否定了功的定义，损害了功的多种属性"。我们在此不参与这一争论，仅根据阎金铎《普通物理学讲义》第一册（中央广播电视大学出版社 1984 年版）、普通高中课程标准实验教科书《物理》必修第二册（人民教育出版社 2010 年版、广东教育出版社 2010 年版）等书的论述，维持"'某力对物体做负功'与'物体克服某力做功'两种说法的意义等同"这一提法，而只考虑"往往说成"和"可以说成"之间的前后不一致问题。

律、排中律和充足理由律。

一、矛盾律

所谓矛盾律，就是指在同一思维过程中，一个思想及其否定不能同时都是真的，也就是对于同一个思想不能同时既肯定它又否定它。例如：

> 你对教学改革的意见是正确的，我完全同意。不过，你的意见中有些地方还值得商榷。

这段话就违反了矛盾律。因为，"有些地方还值得商榷"就表示并没有完全同意对方的意见，而前面则说"我完全同意"。"完全同意"和"不完全同意"两者呈现为相互矛盾的关系，这显然构成了自相矛盾。

既然矛盾律是任何思维都必须遵守的思维规律，论证过程自然也就不能违背这条思维规律。在论证过程中，违背矛盾律的情况主要有三种表现形式：

一是表现为论题本身自相矛盾。例如下面这篇中学生作文：

> 近墨者黑是一个真理，但它又不是必然的。人们常赞美荷花的品质，它出淤泥而不染，一个道德高尚的人，能坚持自己的信念，不被外界影响，从而"近墨而不黑"，反而更加磨炼了他的意志和品格。所以近墨不必黑。在我们的生活中这样的例子是很多的。比如，许多人都赞美荷花，这不就表明人们对"出淤泥而不染"的高尚精神的追求吗？①

其中，"近墨者黑是一个真理，但它又不是必然的"是该文的论题。但是，这个论题是一个自相矛盾的论题。因为，说"近墨者黑是一个真理"就是完全肯定了"近墨者黑"这个观点，说"它又不是必然的"就是并不完全肯定"近墨者黑"这个观点。两者相互矛盾。一个自相矛盾的论题是无法论证其真实性的。

二是表现为论据自相矛盾。例如下面这段文字：

> 要写好这个剧本，困难是很多的。因为他们这几个人从来没有搞过文艺创作，虽然他们中的老赵发表过几篇短篇小说，但创

---

① 转引自黄平科．议论文写作应遵守的逻辑规则．见百度网，2010－09－17．

作剧本还是第一次。然而他们克服困难的决心很大，个个表示坚决完成任务。[①]

其中，"要写好这个剧本，困难是很多的"是论题，用来证明其真实性的论据则是"他们这几个人从来没有搞过文艺创作，虽然他们中的老赵发表过几篇短篇小说，但创作剧本还是第一次"。我们只要对论据稍加分析，就马上能够发现，一个论据是"他们这几个人从来没有搞过文艺创作"，另一个论据则是"他们中有人（老赵）搞过文艺创作（因为发表短篇小说也是搞文艺创作）"。两个论据相互矛盾。运用这种相互矛盾的论据也是无法论证论题的真实性的。

三是表现为论题与论据之间自相矛盾。例如下面这段文字：

> "高考满分作文"均系假冒。《中学生》杂志副主编刘加民向记者透露，目前图书市场所谓"高考满分作文"绝大部分是假冒的。这些所谓"满分作文"并非来自考场，而是用高考题目请考生之外的人写的，是一些图书商以营利为目的伪造的。[②]

其中，"'高考满分作文'均系假冒"为论题，作者以《中学生》杂志副主编提供的情况为论据，来论证上述论题为真。但是，论题中说的是"均系假冒"，而论据中说的却是"绝大部分是假冒的"。"均系假冒"就是指全部为假冒，"绝大部分是假冒的"是指假冒作品虽然很多，但还有一些不是假冒的。论题与论据相互矛盾。在这种情况下，论题的真实性无法得到确定。

二、排中律

所谓排中律，就是指在同一思维过程中，如果遇到两个相互矛盾的思想，那么这两个思想不能都是假的，其中必有一个是真的，因此人们必须做出明确选择，而不能模棱两可、既不肯定又不否定。例如：

> 蟹肥季节，适逢柿红之时。有人说蟹不能与柿同食，这并没有科学依据。因为两者所含营养成分大致相同，两者相遇不会产生有毒物质。但柿子含有大量的单宁酸，与蟹肉一同进入胃肠道

---

① 董志铁编著：《普通逻辑精要》，162 页，北京，新华出版社，2007。
② 全国报刊逻辑语言应用病例有奖征集活动组委会办公室组编：《报刊逻辑与语言病例评析 1100 例》，46 页。

时，会刺激肠壁收敛致肠液分泌减少，消化功能降低。加上蟹与柿均属寒性，同食易诱发胃肠疾病，故蟹与柿可以同时吃也是不对的。[①]

"蟹不能与柿同食"和"蟹可以与柿同食"显然是两个相互矛盾的判断。按照排中律，它们不能都是假的，其中必有一个是真的。但是，在该例中，作者对这两个相互矛盾的判断却既不认为"蟹不能与柿同食"是真的，也不认为"蟹可以与柿同食"是真的，因此违反了排中律的要求。

三、充足理由律

所谓充足理由律，就是指在同一思维过程中，一个命题或一个思想被确定为真的，必须有充足理由。例如：

> 某数学老师问一位学生："7 是素数吗?"
> 学生："是素数。"
> 老师："为什么?"
> 学生："因为一个数如果只能被 1 和自身整除，那么这个数就是素数，而 7 恰恰只能被 1 和自身整除，因此，7 是素数。"

这位学生的回答完全符合充足理由律的要求。

违反充足理由律的要求，可以有三种主要表现：

一是虚假理由，即理由本身就是不真实的。例如：

> 寓言故事《狼和小羊》中的恶狼想要吃掉小羊，但又想让自己吃羊的行为显得名正言顺，于是提出了两条"理由"：一是小羊半年前曾说过狼的坏话，败坏了狼的名声；二是小羊到河边喝过水，弄脏了狼的水源。小羊委屈地辩解说："第一，半年前我还没有出生，怎么能够说你的坏话呢? 第二，你喝水是在上游，我喝水是在下游，我怎么能够弄脏你上游的水源呢?"[②]

在这个例子中，狼提出要吃羊的两条"理由"都是不真实的，属于虚假理由。

---

① 李衍华编著：《逻辑应用例析精要》，114 页。
② 董志铁编著：《普通逻辑精要》，182 页。

二是预期理由，即理由本身的真实性还不能确定，有待进一步论证。例如：

> 已知△ABC中，∠B＝2∠C，AD和AE分别是BC边上的高和中线，求证DE＝1/2AB（见图5—6）。

> 证明：取AB中点H，连接HE、HD。

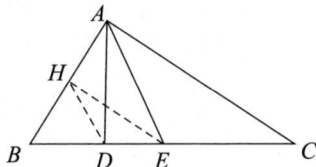

图5—6　△ABC

∵△ADB为直角三角形，

∴AH＝HB＝HD，

∠HDB＝∠B＝2∠C＝2∠DEH　　　　　　　　（5—1）

又∵∠HDB为△HDE的外角，则

∠HDB＝∠DEH＋∠DHE　　　　　　　　　　　（5—2）

比较（5—1）、（5—2）式得∠DEH＝∠DHE，

∴DE＝HD＝1/2AB。[①]

在这个证明中，根据已知条件，人们不能判定∠B是什么性质的角，它可能是锐角，也可能是钝角，还可能是直角。但是，证明者预先设定∠B为锐角，然后展开了证明过程。这就出现了预期理由的错误。

三是理由欠缺，即理由本身虽然是真实的，但还不够，不足以证明一个命题或一个思想为真。例如：

> 一顾客到某餐厅用餐，认为该餐厅用来喝啤酒的杯子不干净。该餐厅服务员不以为然，回答说："我可以证明这些杯子是干净的，因为前面有十个人用过，都没有说杯子不干净。"[②]

在此，该餐厅服务员提供的理由"前面有十个人用过，都没有说杯子不干净"即使是真实的，也不能由此就证明"杯子是干净的"也

---

① 顾莉蕾：《几何证明中的一些典型错误》，载《数学教学研究》，1984（1）。

② 董志铁编著：《普通逻辑精要》，166页。

是真实的。因为，这十个人很可能是由于没有比较强的卫生意识，而没有说杯子不干净；也可能是由于不好意思，而没有说杯子不干净。总之，杯子干净或不干净是一个客观事实，它不是由某人说没说决定的。

扩展延伸

【生物】

探究"馒头在口腔中的变化"的相关教学片段：

教师提问，由平时吃馒头时细细咀嚼会觉得有甜味，引入要探究的问题：（1）馒头在口腔中变甜，是否淀粉发生了变化？（2）馒头变甜是否与牙齿的咀嚼和舌的搅拌有关？（3）馒头变甜是否与唾液的作用有关？

教师让学生自己选取材料分工进行实验（在学生选取的材料里，教师事先已安排了两个陷阱：有开水、冷水、37 ℃的温水、大小不一的试管）。

教师观察学生进行实验（全班分为 11 个探究小组）：

(1) 有 6 个小组参考书上的实验设计，用了 3 支试管——

A 试管：放入切碎的馒头、唾液，用玻棒进行搅拌。

B 试管：放入切碎的馒头、清水，用玻棒进行搅拌。

C 试管：放入没有切碎的馒头、唾液。

A、B、C 3 支试管放入 37 ℃的水中加热 10 分钟，滴加碘液，摇匀观察。

(2) 有 4 个小组在书本的基础上加以创新，除了设置 A、B、C 试管外还分别有所增加——

D 试管：在 A 试管的基础上再放一些醋，旨在探究唾液在酸性环境中是否能发挥作用。

E 试管：与 A 试管相似，但放入的是一半的清水和一半的唾液，旨在探究唾液的浓度是否会影响淀粉的分解。

F 试管：与 A 试管一样，但放入了 100 ℃的水中加热，旨在探究在高温下唾液是否会产生作用。

（3）有1个小组的学生进行了有创意的实验设计：他们将两块馒头分别放入两个学生的口腔中，一个在口腔里含着，另一个在口腔里用牙齿咀嚼、舌头搅拌；再取一个试管模仿B试管放入切碎的馒头、清水，用玻棒进行搅拌，放入37 ℃的水中加热，10分钟后取出滴加碘液，摇匀观察。

教师组织学生对实验的结果进行交流和分析，并表扬在实验中有所创新的小组。学生从实验结果中得出以下结论：

（1）馒头在口腔中发生变化是与唾液的作用、牙齿的咀嚼和舌的搅拌都有关的（A、B、C试管）。

（2）唾液在酸性环境中，作用降低（D试管）。

（3）唾液的浓度会影响淀粉的分解（E试管）。

（4）100 ℃的高温下唾液不会产生作用（F试管）。

在这个教学片段中，教师采用了改变条件、分类讨论的方法，避免了论证过程中出现的矛盾，实现了"论证过程的不矛盾性"，这也是科学探究常用的方法。

勤思多练

【语文】

《皇帝的新装》教学片段：

老师："大家都在说假话，有没有人说真话呀？"

学生："一个天真无邪的小孩子说'可是他什么衣服也没穿呀!'"

老师："为什么小孩能说出真话？如果你当时也在场，会怎样做？"

学生："因为孩子总是无所顾忌、直言不讳的。其实，它虽出自孩子之口，却代表了所有老百姓的意见，所以大家都重复着'他实在没有穿什么衣服呀'这句话。"

这个教学设计符合"论证过程的不矛盾性"吗？为什么？

（参考提示：老师第一个提问中的"大家都在说假话"与第二个提问中的"为什么小孩能说出真话"即"有人能说真话"，是自相矛盾的。）

五 证实与证伪的复杂性

教学案例

这是在初一（4）班的生物课上。由于蜗牛有一对长触角和一对短触角，引发了对蜗牛触角的功能的猜想。有的学生认为，蜗牛的触角中可能有一对是用来听声音的，这就进一步引出了蜗牛有没有听觉的问题。

老师："请各组同学猜测一下，蜗牛到底有没有听觉？"

学生1："有，一定有听觉。"

学生2："对，一定有，不然，它怎样逃避敌害呢？"

学生3："不一定吧，也许它通过别的方式感觉声音呢。"

学生："（许多人同时表示）不对，蜗牛肯定有听觉，老师，您说说看。"

老师："既然大多数同学都认为蜗牛有听觉，我也就这样猜想吧。"

老师："（故意用无奈的口气）好像有同学不太同意这个猜想，怎么办？"

学生："我们就用实验来验证。"

实验开始，大家都保持安静。每组在距离蜗牛0.5米处鼓掌，观察蜗牛对声音的反应。有些同学拍了几下手，看到蜗牛没有反应，就靠近蜗牛用力拍，蜗牛的触角终于缩回去了。这些同学兴奋极了，好像终于得到了正确的答案。

组1生："老师，我们组的蜗牛终于被我们的掌声吓得缩回壳里去了。"

组2生："老师，我们组的蜗牛胆子特别小，在它面前一拍手，它就缩回老家去了。"

组3生："老师，蜗牛的听力好像很差，离它稍远一些它就听不到，只有靠近它，它才能感觉到。"

组4生："我们组还没有想清楚，但是我们想蜗牛一定有听觉。"

学生们七嘴八舌汇报实验结果，个个都那么自信和激动。"蜗牛有听觉"这个猜想，几乎得到了全班各组实验结果的证实。

老师："是吗？大家根据实验都验证了同样的结论，你们确定自己的结论是正确的吗？"

学生："（有的理直气壮，有的随声附和）确定！"

老师："咱们班同学同时对21只蜗牛进行了实验，21只蜗牛的反应真的都一致吗？"

老师："（望着表情不那么坚定的学生）说一说你们组的观察过程。"

学生："我们在0.5米左右的地方击掌，蜗牛没有反应，但我们认为应该有听觉呀！于是我们靠近它来用力击掌，蜗牛终于将触角动了一下。"

老师："（注意到有位同学一直保持沉默）某同学，说说你的看法。"

学生4："我想，蜗牛不一定有听觉，大家对它击掌，虽然它有反应，但也可能是击掌使空气流动加快，被它感觉到了。"

学生5："其实我也有些怀疑蜗牛是否有听觉，但是大家都这么认为，我也才这样说。"

老师："同学们敢于提出不同的看法，很好，我们进行科学探究要尊重客观事实，不能人云亦云。但我们要为这一观点寻找确凿的证据，想一想我们的实验有哪些需要改进的地方？谁能重新设计一下实验？"

学生："刚才一定是太近了，要控制好距离，让蜗牛感受不到空气的振动!"

学生:"同时对 10 只蜗牛进行实验,也许有些蜗牛的个体有差异。"

学生:"分别对这 10 只蜗牛吹气和击掌,看它们的反应。"

学生:"将蜗牛放入纸盒,在纸盒外击掌,可以阻挡空气的振动,看它的反应。"

学生们尝试着用各种不同的途径来进行实验。

学生:"原来蜗牛没有听觉!看来大多数人通过实验证明了的结论不一定是对的。"[1]

在这个通过实验验证猜想出的结论的过程中,我们看到,"蜗牛有听觉"这个猜想出的结论已经得到很多实验结果的支持,从而得到了证实,为什么后来却又被证明为不正确呢?这恰恰生动地说明了证实过程的复杂性。

逻辑辨析

一、证实的复杂性

证实,即证明一个观点或结论是真实的。证伪,即证明一个观点或结论是虚假的。关于证实或证伪的复杂性问题,在形式逻辑中并没有涉及,这是在科学逻辑中才专门涉及的问题。

理论知识的证实过程所以是复杂的,首先可以从证实过程所依据的基本模式来分析。

这个基本模式在逻辑上表现为充分条件假言推理。假定需要证实的结论为 H,从结论中推出来的可以在实验中验证的事实为 E,那么,证实的基本模式就可以表示为:

如果 H　　　　那么 E

$$E$$

所以　　　　　　　H

---

[1]　陈坚主编:《中学科学新课程课堂教学案例》,110~113 页。

这个充分条件假言推理是想通过肯定后件（E）来肯定前件（H），但是，在逻辑上，由肯定后件来肯定前件是没有必然性的。我们可以举一个生活中的小事来说明。我们都知道，"如果天下雨，那么外面的地就要湿"，这是一个充分条件假言判断。"天下雨"是前件，"地要湿"是后件。现在，我们已经知道"外面的地湿了"，也就是肯定了后件，能不能由此就必然得出"天下雨"了呢？显然不能。因为，天下雨固然必定使外面的地湿，但是外面地湿却不一定是天下雨造成的，比如洒水车开过去，也能造成外面地湿。所以，通过肯定后件只是有可能肯定前件，而不能必然肯定前件。这样，当我们通过实践肯定了"外面的地湿了"这个后件时，就只是有可能证实"天下雨"这个前件，而不能必然地肯定"天下雨"。

上述教学案例就是运用了这种证实的模式：

> 如果蜗牛有听觉（H），那么它听到声音后就会有缩回壳里的动作出现（E）
>
> 现在蜗牛听到掌声后出现了缩回壳里的动作（E）
>
> ———————————————————————
>
> 所以，证明蜗牛有听觉（H）

由于这是一个通过肯定后件（E）来肯定前件（H）的充分条件假言推理，不具有逻辑上的必然性，因而，我们不能认为依靠这个实验结果就能完全证实猜想出的结论。

有人可能会提出，只通过一次实践检验确实不可能完全证实具有普遍性的理论知识，但是，如果我们不是只进行一次实践检验活动，而是进行一系列实践检验活动，即这个证实过程表现为如下形式：

> 如果 H　　　　那么 E_1，E_2，E_3，…，E_n
>
> 　　　　　　　E_1，E_2，E_3，…，E_n
>
> ———————————————————————
>
> 所以　　　　　H

在此，H 仍然是表示需要验证的结论，E_1，E_2，E_3，…，E_n 则表示从结论中推出来的可以在实验中验证的一系列事实。据此，我们能不能完全证实需要验证的结论呢？仍然不能。我们不妨以对"所有人的血都是红色的"这个结论的验证为例来说明：

如果所有人的血都是红色的，那么张三的血是红色的

现在经检验张三的血确实是红色的

所以，证明所有人的血都是红色的

我们通过实验检验，得知张三的血是红色的。仅凭这一个事例，确实不能从逻辑上完全证实"所有人的血都是红色的"这个结论。但是，假定我们不仅在实践中检验了张三，而且还检验了李四、王五、赵六、周七、郑八等许多的人（即 E_1，E_2，E_3，…，E_n），经过实际的实践检验活动，他们的血都是红色的，在这种情况下，我们能不能就认为可以通过肯定后件而必然地完全肯定"所有人的血都是红色的"这个前件呢？仍然不能。我们只能说这个结论得到了越来越多的实践证据的支持，而不能说它已从逻辑上必然得到完全证实。因为，从逻辑上看，不管后件有多少，都仍然是后件，上述论证仍然是企图通过肯定后件来肯定前件。而通过肯定后件去肯定前件，就不存在逻辑的必然性。

还有一点必须指出，人们是通过一个一个具体的实验活动去进行检验的，而每一具体的实验都需要很多条件，都需要排除或控制一些因素。如果需要的条件没有充分考虑到，应该排除的因素没有完全排除，或者应该控制的因素没有完全控制，那么即使实验获得的结果和从假说推出的结论一致，也不能就完全断定假说已经获得证实。因为，很可能是有些应该涉及的条件没有涉及，或应该排除的因素没有完全排除，或应该控制的因素没有完全控制，才出现最终的结果。上述蜗牛例子中出现的曲折正是这方面的原因造成的。在最初的实验设计中，没有排除掉空气振动之类的因素。

其次，结论的证实过程所以是复杂的，还可以从事实的角度来分析。

结论作为一种理论性知识是具有普遍性的，而我们能够进行的实践检验活动都是个别的。为了检验某个理论知识，我们可以用毕生的精力来进行实践活动，甚至让子孙都继续进行，但即使这样，我们能够进行的实践活动仍然是有限的。我们有什么理由根据有限的证据就说已经完全证实了一个普遍性的结论呢？还拿"所有人的血都是红色的"这个例子来说，我们开展了一百次、一千次、一万次甚至更多次

的各种各样的实践活动，实验对象的血都是红色的，我们是不是就能说已经完全证实了这个结论呢？不能。因为我们还没有穷尽普遍性所包含的所有情况。我们不能保证不会有例外出现。事实上，美国几位生理学家就在智利一座海拔 6 600 米以上的高山上发现了例外，那里的人的血就不是红色的，而是蓝色的。[①]

由此可以认识到，我们不能仅凭一两个经验证据，或者凭少数证据，就轻易地说"结论已经在实践中得到完全证实"。因为，我们只能在有限的条件（有限的人、有限的时间、有限的地点、有限的设备等）下进行观察、实验、调查，然而需要检验的理论性结论却是具有普遍性的。我们不能绝对地断定，在有限条件下进行的检验已经穷尽了具有普遍性的理论知识结论的所有方面。我们也不能绝对地断定，某个理论知识结论就不会遇到例外情况或反常情况。所以，我们只能说某个理论知识得到了一定程度的证实。获得的经验证据越多，某个理论知识被证实的程度（确证度）越高，从而也就越来越向绝对真理迫近。但是，我们却不可能穷尽绝对真理。正因为这样，理论知识才会被修正、被充实，甚至被更新。在理论知识证实的问题上，一定要避免简单化的做法。

二、证伪的复杂性

证实的过程是复杂的，证伪的过程是不是就比较简单呢？假定以 H 表示理论性结论，以 E 表示从结论中推出来的可以在实验中验证的事实结果，并且在实验中并没有获得 E 这个从结论中推出来的事实结果，则证伪的基本模式可以表示为：

如果 H	那么 E
	并非 E
所以	并非 H

这个证伪的模式在逻辑上表现为一个由否定后件而得出否定前件的充分条件假言推理，这显然是具有逻辑必然性的。所以，有人认为，只要出现一个反例，具有普遍性的理论性结论就必然被完全证伪

---

① 参见小鱼：《蓝色人之谜》，载《大科技》，1998（7）。

了。其实，情况远不是如此简单，证伪同样是复杂的。

为什么证伪过程是复杂的？这里存在三方面的原因。

首先，证伪的复杂性来自证伪的基本模式。我们在前面所列出的模式其实是简化了的模式。实际上，单凭具有普遍性的理论性结论（H）本身，是推不出一个可供我们在实践中进行检验的个别性结果（E）的，我们还必须具有一些关于先行条件的背景知识（可以用"C"表示）。理论性结论和背景知识结合在一起（用"H并C"表示），才使我们推出可以在实践中进行检验的个别性结果（E）。所以，证伪的模式就应该表示如下：

如果"H并C"　　　那么 E

并非 E
_____

所以　　　　　　　并非"H并C"

这样，虽然在充分条件假言推理中由否定后件可以必然地否定前件，但是这里所否定的前件却不仅仅是理论性结论本身，而是理论性结论和背景知识的结合，即对"H并C"一起做了否定。问题的复杂性就由此产生了。

我们可以通过一个生活中的简单例子来说明。比如，假定一件商品价廉，以 H 表示；假定一件商品物美，以 C 表示；某人认为自己购买的一件商品既价廉又物美，就可以表示为"H并C"。现在，某人的朋友认为他购买的商品"并非价廉物美"，即并非"H并C"。我们能够从这里推出必然是商品"价不廉"吗？不能。因为，事实上当存在如下三种情况之一——一是"价不廉而物美"，二是"价廉但物不美"，三是"价不廉物也不美"——的时候，都能够做出"并非价廉物美"即"并非'H并C'"的结论。所以，根据"并非价廉物美"，我们没有理由断定其是指"价不廉"，而仅仅有可能是"价不廉"。

明白了这个道理后，我们再来看一个实际的例子。1781 年英国天文学家威廉·赫歇尔发现了太阳系的第七颗行星——天王星。有科学家运用牛顿的万有引力定律推算出了天王星的运行轨道，这可以表示为"如果牛顿的万有引力定律正确（H），那么就能够推算出天王星的运行轨道（E）"。但是，人们在推算出来的轨道上长期未能观测到天王星（并非 E）。人们能不能根据这一点就否定前件从而认为牛顿理论有问题呢？当时确实有人是这样认识的。这个过程可以表示为如下形式：

如果万有引力定律正确（H），那么就能在推算出的运行轨道上观测到天王星（E）

现在，在推算出的运行轨道上没有观测到天王星（并非 E）

所以，万有引力定律有问题（并非 H）

但是，同时也有人认为，天王星的运行轨道并不是单纯从牛顿万有引力定律推算出的，而是根据牛顿理论并且结合当时的背景知识才推算出的。这可以表示为"如果'H 并 C'，那么 E"。当时的背景知识之一就是人们只知道太阳系有七颗行星。既然如此，那么就有理由认为，现在在推算出的运行轨道上观测不到天王星，不见得就一定是牛顿理论（H）有问题，问题很可能出在背景知识（C）方面。这个过程可以表示为如下形式：

如果万有引力定律正确并且根据当时只知道有七颗行星的背景知识（H 并 C），那么就能在推算出的运行轨道上观测到天王星（E）

现在，在推算出的运行轨道上没有观测到天王星（并非 E）

所以，万有引力定律和背景知识有问题（并非"H 并 C"）

英国天文学家亚当斯和法国天文学家勒维耶就坚持了这样的认识。他们提出，会不会在我们现在的背景知识中已经知道的七颗行星之外，还有一颗我们不知道的行星存在？可能正是这颗现在不知道的行星影响了我们的推算。于是，他们就假定在天王星外面还有一颗行星在运动，并且把牛顿理论（H）和这个修改了的背景知识（C）结合在一起，重新推算天王星的轨道，同时还进一步推算了这颗未知行星的大体位置。后来，果然在天王星外面又发现了一颗行星，这就是海王星。这时，根据牛顿理论推算出来的天王星轨道就和实际观测到的轨道一致了。所以，仅仅根据从理论性结论中推出的可以在实践中检验的结果与实践的实际结果不一致，我们不能必然断定理论就被证伪了。人们完全可以把这种不一致归咎于背景知识而使理论逃脱被证伪。

其次，理论的证伪之所以是复杂的，还因为观察、实验和调查是渗透着理论的。在科学探究中，人们的实践活动形式主要表现为观察、实验和调查，而它们都要受到一定理论的影响，想要排除任何"先入之见"的观察、实验和调查是不存在的。正因为理论渗透在观察、实验和调查之中，而渗透进来的理论本身有可能存在错误，因此通过观察、实验和调查获得的实践结果就也有可能存在错误。这样，根据理论与背景知识结合在一起而推出的可以在实践中检验的结果与实践的结果不一致，就不能必然断定是被检验的理论性结论有问题，而可能是由于渗透在实践过程中的理论有问题，从而导致了不一致。

还需要指出的是，理论性结论的证伪之所以是复杂的，还因为理论性结论是一个体系，而不是一个简单的命题。理论有核心部分，有外层部分。人们可以通过修改外层部分来保护核心部分，使之不被证伪。①

由此可以认识到，我们也不能仅凭一两个经验证据，或者凭少数证据，就认为某个理论性结论可以被完全证伪了，只能说某个理论性结论被一定程度地证伪了。与理论性结论不符合的经验证据越多，某个理论性结论被证伪的程度（证伪度）就越高。但是，面临被完全证伪危险的理论性结论，并不会轻易地缴械投降、退出历史舞台，它总是要想方设法摆脱被证伪的命运。正因为这样，在科学史上才会出现这样的事件：人们认为已经被证伪的某个理论性结论，在过了一段时间后，又重新获得了不少经验证据的支持，理论性结论又复活了。例如：

在 1815—1816 年，英国科学家普劳特在论文中提出了"所有元素的原子量均为氢原子量的整数倍"的论断。照他的说法，氦＝4 个氢，碳＝12 个氢，氧＝16 个氢……但是，在随后的半个世纪中，人们通过实验，不仅没有能够证实这个论断，倒是发现了一系列与这个论断不一致的事实。氢的原子量是 1.008，氦既然等于 4 个氢，那么氦的原子量就应该是 $1.008 \times 4 = 4.032$，

---

① 参见汪馥郁主编：《成为富有创新能力的教师》，217～225 页。

但是，氦实际上只有 4.003；碳既然等于 12 个氢，那么碳的原子量就应该是 $1.008 \times 12 = 12.096$，但是，碳实际上只有 12.011。诸如此类的事例还有很多。因此，当时人们认为，普劳特的论断被证伪了，人们拒绝了这个论断。但是，人们后来发现了"同位素"，即同一种元素存在原子量不同的原子，在这种新情况下，普劳特的论断又获得实验证据的支持，原来被证伪了的论断，得到了复活，重新被人们接受。[①]

由此可见，在理论知识证伪的问题上，我们也同样不能简单化。

知识链接

研究科学探究过程中的证实或证伪问题，是科学逻辑的重要内容。作为应用逻辑的一种类型的科学逻辑，是关于科学活动的模式、程序、途径、手段及其合理性标准的理论。科学逻辑主要从三个方面探讨经验自然科学的研究方法：一是探讨科学理论的发现方法，即探讨科学发现活动范围内的合理性问题，可以把这方面的内容称为"科学发现的逻辑"；二是探讨科学理论的检验方法，即探讨科学理论检验活动范围内的合理性问题，可以把这方面的内容称为"科学检验的逻辑"；三是科学理论的发展方法，即探讨科学理论的演变与更替过程的合理性问题，可以把这方面的内容称为"科学发展的逻辑"。[②]

证实或证伪问题是在科学理论的检验方法部分所要探讨的问题。

扩展延伸

【物理】

问题：小芳在家中照平面镜时，发现她在镜中的像"近大远

---

① 张巨青主编：《科学逻辑》，236、237 页，长春，吉林人民出版社，1984。
② 同上书，6、7 页。

小"，于是她认为：物体在平面镜中所成像的大小与物体到平面镜的距离有关。请你利用身边的物品或实验器材设计一个实验，说明小芳的观点是不正确的。

（1）写出你选用的物品或实验器材。

（2）简述实验过程及实验现象。

解答：（1）实验器材：两段完全相同的蜡烛、薄透明平板玻璃。（2）实验过程及现象：将平面镜垂直水平桌面放置，蜡烛 A 放在玻璃板前，使蜡烛 B 与蜡烛 A 的像 A′ 完全重合；改变蜡烛 A 到玻璃板的距离，仍然能使蜡烛 B 与蜡烛 A 的像 A′ 完全重合。说明小芳的观点是错误的。

这是一个证伪的教学案例。为了证明"物体在平面镜中所成像的大小与物体到平面镜的距离有关"这个结论是错误的，本案例采取了直接证伪的方式。

勤思多练

【数学】

探索"多边形的内角和"教学片段：

1. 三角形的内角和是_____°；

四边形的内角和是_____°；

五边形的内角和是_____°。（怎样得到的？是通过将五边形分割成若干个三角形得到的，见图5—7。）

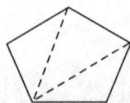

图5—7 将五边形分割成三角形

2. 随着多边形的边数的增加，试探索其内角和（见图5—8）：

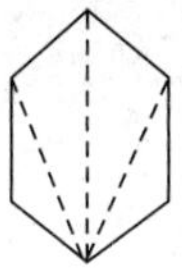

图5—8　将六边形分割成三角形

四边形可分割为_____个三角形，其内角和为_____；

五边形可分割为_____个三角形，其内角和为_____；

六边形可分割为_____个三角形，其内角和为_____；

七边形可分割为_____个三角形，其内角和为_____；

············

n 边形可分割为_____个三角形，其内角和为_____。

3. 通过探索，你能否知道 n 边形的内角和是多少度？

n 边形的内角和公式：$(n-2) \times 180°$。

4. 通过 n 边形的内角和公式，你发现多边形的内角和有什么特征？

(1) 边数确定时，内角和也随之确定。

(2) 内角和始终是 $180°$ 的倍数。

(3) 当多边形边数每增加 1 时，内角和就增加 $180°$。

请分析这个案例中的证实过程，结论是什么？论据是什么？是怎样论证的？

（参考提示：该题的论证有两个层次——

第一个层次中的论题（结论）是：n 边形的内角和为 $(n-2) \times 180°$。论据是：三角形的内角和为 $(3-2) \times 180°$；四边形的内角和为 $(4-2) \times 180°$；五边形的内角和为 $(5-2) \times 180°$……且三角形、四边形、五边形等都是多边形。由此，通过一个归纳论证的过程，从论据中推出论题（结论）。

第二个层次中的论题是从多边形内角和公式中延伸出来的三个特征。论据是第一个层次中已经被证明了的论题，即多边形的内角和为 $(n-2) \times 180°$。由此，通过一个演绎论证的过程，从论据中推出第二个层次中的论题。）

第六章

巧妙识别
逻辑预设

一 什么是逻辑预设

教学案例

语文课上，学生在学习朱自清的散文《春》：

学生："（朗读）小草偷偷地从土里钻出来，嫩嫩的，绿绿的。园子里，田野里，瞧去，一大片一大片满是的。坐着，躺着，打两个滚，踢几脚球，赛几趟跑，捉几回迷藏。风轻悄悄的，草软绵绵的。"

老师："这段话描写的是什么呢？"

学生："描写的是小草！"

老师："对！作者描绘春天，首先为我们描绘了一幅'春草图'。可是老师还有一个问题不明白——春天到了，小草应该是从土里'长'出来，怎么会是'钻'出来呢？同学们，你们想一想，为什么呢？"

学生1："小草的小芽细，它的叶尖像针一样，往外长就像钻出来的一样。"

老师："说得非常好。这位同学是从小草小芽的形状来说的。"

学生2："冬天刚过，地表还很坚硬，小草要长就要使劲往外顶，所以像钻一样，表现出小草坚韧和顽强的生命力。"

老师："太棒了！这位同学注意到了季节和地表的因素。这两位同学都很注意观察和思考，试想，如果小芽不像针尖，而是像一根粗木棍，那还叫'钻'么？另外，如果地表不坚硬，是松软的沙土，小草一长就出来了，那还需要使劲顶么？（众笑。）不过，老师还是纳闷。一般写植物生长，就写它'使劲长出来'不就行了么，为什么非要写成'钻'呢？小草真的能'钻'么？"

学生3："老师，老师，我知道！（边说边迫不及待地站了起来。）'钻'运用了拟人的修辞手法，这样写生动形象。这是把小草比作了人，不但表现了它坚韧和顽强的生命力，还表现了小草向往春天的美好心愿，'土地再硬我也要长出来'。"

逻辑辨析

在上述教学案例中，老师引导学生关注的核心句子是"小草偷偷地从土里钻出来"。师生在分析这句话时，实际上都预先认同了一些背景知识：那就是"土里有小草"、"小草有叶尖"、"针头是尖的"等。如果这些背景知识不存在，即土里没有小草、小草没有叶尖、针头不尖，那么"小草偷偷地从土里钻出来"这句话就不能成立，师生也就无法再进行深入的分析了。在此，人们就把作为背景知识的"土里有小草"、"小草有叶尖"、"针头是尖的"等内容称作"小草偷偷地从土里钻出来"这句话能够成立的预设。

"预设"是一个内涵比较宽泛的词。我们在此专指逻辑学与语言学中所说的预设。

什么是逻辑学与语言学中所说的预设？它是指暗含在表达了某种意义的语句中的一种预先设定的并且在语言交流中各方都可理解、都可接受的背景知识或信息。它没有在语句的字面上表现出来，而是包含在语句的内容之中。人们往往又称预设为前提知识（先设知识或背景知识）。

预设有以下几个特点：

一、预设是一个表达了某种含义的语句中所暗含的并且能够使该语句成立或有意义的前提条件

例如 A、B 两人的对话：

A："老李家的孩子考上什么大学啦？"

B："老李家的孩子考上北京大学了。"

A："真棒！"

在此对话中，"老李家的孩子考上北京大学了"是一句已经表达出来的有特定含义的语句。通过这句话，人们获得了"老李家的孩子考上北京大学了"这个表面信息。但是，对于 A、B 两人来说，在这句话的背后，实际上还暗含着以下一些双方都了解或接受的知识或信息："有老李这个人"、"老李家有孩子"、"老李家孩子今年考大学"、"确实有北京大学"等。

这些暗含在已经表达出来的语句背后的知识或信息即预设，是"老李家的孩子考上北京大学了"这句话能够成立或能够有意义的前提条件。因为这些前提条件是暗含的，所以，我们可以说预设是一种隐前提。

二、预设应该为说话者（写作者）和听话者（阅读者）共同接受或认可，具有共知性

如果预设不具有共知性，那么信息交流就无法进行。比如，上述 A、B 间的对话，"有老李这个人"、"老李家有孩子"、"老李家孩子今年考大学"、"确实有北京大学"等预设，必须是 A、B 两人所共有的。

三、一个表达了某种含义的语句的预设，可以只有一个，也可以有多个

比如，对于"老李家的孩子考上北京大学了"这句话来说，就有"有老李这个人"、"老李家有孩子"、"老李家孩子今年考大学"、"确实有北京大学"等多个预设。

四、一个表达了某种含义的语句及其否定表达，必须具有相同的预设

也就是说，一个语句所暗含的预设，在这个语句被否定后，其预设仍然不变。仍以 A、B 两人对话为例：

B："老李家的孩子考上什么大学啦？"

A："听说老李家的孩子考上北京大学了。"

B："我可听说老李家的孩子没有考上北京大学。"

A："是吗？"

在此，"老李家的孩子考上北京大学了"和"老李家的孩子没有考上北京大学"，后一句否定了前一句，它们是两个相互矛盾的语句，不可能同时都是真的，其中必有一个是假的。但是，不管这两个语句谁真谁假，它们的预设却必须是相同的，即"有老李这个人"、"老李家有孩子"、"老李家孩子今年考大学"、"确实有北京大学"等，它们必须是这两个语句的共同预设。这两个语句的区别，仅仅在于 A 说"考上了"，而 B 说"没有考上"，其预设则相同。否则，就构不成矛盾了，A 和 B 也就不能对话交流了。

五、预设为真时，语句及其否定表达可以为真或为假；预设为假时，语句及其否定表达无意义

如果一个语句及其否定表达所共同暗含的预设存在，即预设为真，那么一个语句可以为真或为假，对这个语句的否定也可以为真或为假。但是，如果一个语句及其否定表达所共同暗含的预设不存在，即预设为假，那么，无论是这个语句，还是这个语句的否定表达，就都没有意义，也就无法判定其真假。

比如，在上述 A、B 对话中，如果根本就没有老李这个人，或者老李家没有孩子，或者老李家孩子今年不考大学，或者没有北京大学这所学校，那么无论是"老李家的孩子考上北京大学了"这句话，还是对该句进行否定的"老李家的孩子没有考上北京大学"这句话，其成立的前提就不存在，因而就毫无意义了。

需要指出的是，我们在这里分析的句子"小草偷偷地从土里钻出来"、"老李家的孩子考上北京大学了"、"老李家的孩子没有考上北京大学"等都是陈述句。但是，并不是只有陈述句才有预设，在疑问句、祈使句中也都有预设。

例如，"老张又戒烟了？"这个疑问句，如果这句问话能够成立并且有意义，那么它就必须包含以下预设："有老张其人"、"老张抽烟"、"老张曾经戒过烟"、"老张戒烟后又恢复抽烟了"等。

又如，"把门关上！"这个祈使句，如果这句话能够成立并且有意义，那么它就必须包含以下预设："有门存在"、"门是开着的"、"有命令者之外的人存在"等。

预设逻辑与传统逻辑的明显区别在于：传统逻辑是二值逻辑，而预设逻辑属于三值逻辑。也就是说，在预设逻辑中，在预设为真的前提下，一个语句所表达的命题或为真或为假，而在预设为假的前提下，一个语句所表达的命题既不能为真也不能为假，而被认为是无意义，即只能取零值。例如，在"有老李这个人"、"老李家有孩子"、"老李家孩子今年考大学"、"确实有北京大学"等预设为真的前提下，"老李家的孩子考上北京大学了"这句话所表达的命题，可以为真，即该孩子确实考上北京大学了，也可以为假，即该孩子并没有考上北京大学。但是，如果上述预设为假，比如，根本就没有老李其人，或者有老李其人但他却没有孩子，等等，那么"老李家的孩子考上北京大学了"这句话所表达的命题，就是无意义的，取零值。

📖 知识链接

弗里德里希·路德维希·戈特洛布·弗雷格（1848—1925），德国数学家、逻辑学家和哲学家。[1] 他是现代逻辑的创始人，也被公认是分析哲学和语言哲学的创始人。他的思想对于逻辑的产生和发展，对于当代哲学特别是分析哲学和语言哲学的研究和发展，产生了极其重要的推动作用。[2] "预设"这一概念是弗雷格于 1892 年首先提出的。20 世纪 60 年代，"预设"进入语言学领域，并成为逻辑语义学的一个重要概念。[3]

🔭 扩展延伸

【地理】

"太阳距离地球 1.5 亿公里"，这句话的存在依赖于以下几个预设：存在着一个叫"太阳"的星体；存在着一个叫"地球"的星体；这两个星体之间存在着一定距离；两星体间的距离可以测量。

---

[1] 参见百度百科．弗雷格．见百度网，2013 - 07 - 28。
[2] 参见王路：《弗雷格思想研究》，1 页，北京，商务印书馆，2008。
[3] 参见百度百科．预设．见百度网，2012 - 05 - 16。

【化学】

将二氧化碳通入紫色石蕊溶液中，紫色石蕊溶液变红，加热后，红色溶液又变回了紫色。这个演示的背后，有以下几点"预设"为教师与学生"共知"，否则，演示不会被认为是成功的——演示中有二氧化碳；演示中有紫色石蕊溶液；演示中有加热设备；二氧化碳与水反应能够生成碳酸；碳酸在加热的条件下又会分解成水和二氧化碳。

勤思多练

【物理】

请你用所学的物理知识分析下面现象产生的原因。

小轿车在寒冷的冬天行驶时，若紧闭轿车的门窗，车前的挡风玻璃上常会出现一层小水珠，使玻璃变得模糊，影响司机的视线。

（参考提示：回答"请你用所学的物理知识分析下面现象产生的原因"，其关键在于找出这道题背后的预设：1. 小轿车在寒冷的冬天行驶；2. 轿车有门窗；3. 轿车在行驶；4. 司机呼吸会产生大量的水蒸气；5. 车外空气温度比车内低；6. 水蒸气遇冷会液化成小水珠……找出了这些预设，也就很容易得出答案：轿车紧闭门窗后，由于人呼吸产生大量的水蒸气，使车内空气的湿度增大，车内空气遇到玻璃时，由于水蒸气遇冷会液化，所以轿车玻璃内侧就会附上一层小水珠而变得模糊。）

【化学】

请你运用逻辑预设知识分析下面实验失败的原因。

"二氧化碳的性质"实验演示：二氧化碳通入紫色石蕊溶液，紫色石蕊溶液变红，加热后，红色溶液又变回了紫色。通过实验掌握二氧化碳与水反应能够生成碳酸，碳酸在加热的条件下又分解成水和二氧化碳这一知识。

在演示实验中把石灰石和稀盐酸反应产生的二氧化碳通到紫色石蕊试液中，紫色石蕊试液的确变红了，但再把变红的石蕊试液加热时，石蕊试液却并没有恢复紫色。

（参考提示：问题出在实验的预设的"合适性"里——1. 石蕊可能有问题。2. 由于盐酸有挥发性，用石灰石和稀盐酸反应获取的二氧化碳中混有氯化氢，一起带到石蕊中，受热时，碳酸分解了，但是由于氯化氢太少，形成的盐酸浓度太低，不会挥发出来，因此红色不会褪去。无论哪种原因，只要不满足"合适性"的条件，实验都不会成功。）

二　辨析预设的意义

教学案例

教与学的过程，说到底其实就是一个"他助解惑"和"自助解惑"的过程。但是，为什么有时候不管是"他助"还是"自助"，我们对所学的知识还是一知半解甚至一点都不懂呢？这其中就涉及一个"巧妙识别和辨析逻辑预设"的问题。请看以下教学案例：

老师在讲完《皇帝的新装》一课后，请同学们做如下练习题：

你能想出下列句子的言外之意么？

（1）他们指着那架空织布机，因为他们相信别人一定可以看得见布料。

（2）有一个小孩子说："他并没有穿什么衣服呀！"

（3）我必须把这游行大典举行完毕。

大部分孩子不能马上回答出来。刚开始他们不懂得"言外之

意"是什么意思，当老师告诉他们"言外之意"就是"这句话以
外的意思"或"暗含在这句话里没有直接说出来的意思"之后，
他们还是不能马上回答出来。

这是为什么呢？因为学生不会"巧妙识别和辨析逻辑预设"。其
实，这"言外之意"就是逻辑预设中的一种。学会巧妙识别和辨析逻
辑预设，对于老师和学生的教与学有着重大的意义。

逻辑辨析

我们从上节知道，预设也就是说话者和听话者为保证句子或语段
的合适性而使表达内容必须具备的前提。所谓会话前提的合适性，就
是在会话中，话语的前提和语境要紧密结合。通俗地说，预设就是隐
藏在某一话语背后为说话者和听话者（或写作者和阅读者）所共知的
判断，它是话语获得合理性的先决条件。

我们懂得了逻辑预设的知识，也便懂得了解题的方法：只要我们
知道了隐藏在这些话语背后为说话者和听话者（或写作者和阅读者）
所共知的信息即预设，我们就能弄懂这些语句背后的"言外之意"。
让我们来看看上述练习题：

第一句：两个骗子用一架虚构出来的织布机给皇帝织布、做新
衣，并且说这新衣"还有一种奇怪的特性：任何不称职的或者愚蠢得
不可救药的人，都看不见这衣服"。与这句话相矛盾的语句则是"任
何称职的或者不愚蠢的人，都看得见这衣服"。皇帝很想知道衣服制
作的情况，派了两位诚实的官员去看两个骗子织布。两位官员都怕被
说成"不称职或者愚蠢"，于是面对空织布机都说："哎呀，美极了！
真是美妙极了！"这次随皇帝亲自来看，面对连"一根线的影子也看
不见"的空织布机便出现了这种情况：

"'您看这布华丽不华丽？'那两位诚实的官员说，'陛下请看：多
么美的花纹！多么美的色彩！'他们指着那架空织布机，因为他们相
信别人一定可以看得见布料。"

课后的练习题就是问上边画线的句子有什么"言外之意"。

从语境我们发现这句话背后暗含了以下预设："有'织布机'存在"、"'织布机'织出了'布料'"、"有不称职的或者愚蠢的人(这'布料'愚蠢的人和不称职的人是看不见的)"、"没有人愿意因为'看不见'而证明自己愚蠢或不称职"。

因此,根据这句话背后的预设,我们很容易地得出了这句话的"言外之意"的答案:"他们相信其他的人无论是否看得见布料,一定都会说看见了布料"。

第二句:"有一个小孩子说:'他并没有穿什么衣服呀!'"

理解这句话的"言外之意"也是先从这句话背后的"逻辑预设"入手:"有一个小孩子"、"童言无忌"、"皇帝没有穿衣服"。

因此,这句话的"言外之意"也便自然得出:"这是一个孩子说的,应该是真的;而我也看出了皇帝的确没有穿衣服"。

第三句:"我必须把这游行大典举行完毕。"

从语境我们也可以找到这句话背后的预设:"我在举行游行大典"、"我确实看不见我身上穿了衣服"、"承认自己'看不见'就是承认自己愚蠢和不称职"。

因此,这句话的"言外之意"便可以这样理解:"这时候如果停止游行大典,就会被老百姓发现自己的愚蠢,而把假的当作真的或许可以蒙混过去,无损自己的尊严"。

通过巧妙识别和辨析逻辑预设,我们就可以加深对课文的理解,从而增强我们的分析能力。

巧妙识别和辨析逻辑预设的重要性,我们还可以通过实例来进一步深化认识。例如:

> 1995年1月张某伙同严某,在渝中区持枪抢劫李某现金5万元。法庭审判中控辩双方就严某是否获得抢劫所得的赃款展开了辩论。
>
> 审判长:"被告人严某的辩护人对被告人张某有无发问?"
>
> 严某的辩护人:"有。"
>
> 审判长:"准许。"
>
> 严某的辩护人问张某:"张某,我问你,你一共向严某借了几次钱?"

张某："我记不清楚了，应该是上万吧。"

严某的辩护人问张某："你还完没有？"

张某："她的钱……"

请特别注意严某的辩护人对张某的两次发问：

当严某的辩护人问张某"你一共向严某借了几次钱？"时，这个问句就暗含着如下预设："张某向严某借过钱"；"至少借了一次钱，有可能不止一次"；"借钱还钱不属于分赃"。

当严某的辩护人进一步问张某"你还完没有？"时，这个问句又暗含着如下预设："张某向严某借过钱"；"借了钱就要还"；"张某已经向严某还过钱，只是有可能没有还完"；"借钱还钱不属于分赃"。

这次法庭辩论，本来是要辩论严某有无获得抢劫所得的赃款，但是，严某的辩护人却想通过提问后面的预设，把严某的行为变成是严某和张某间借钱还钱性质的问题。如果没有看出这一点，而是默认了这个问话，那么也就意味着同时默认了这个问句暗含的预设。这样，也就可以合乎逻辑地认为，严某和张某的行为不属于"分配抢劫所得赃款"的性质，而只属于"借钱还钱"的性质。控方如果要进行反驳，就必须首先揭露辩方问句中的预设，并且分析其荒谬性，否则，控方就会落入辩方设好的陷阱。

知识链接

预设可以从狭义和广义两个角度研究。从狭义上研究预设，即是从语义角度研究预设。从广义上研究预设，即是从语用角度研究预设。

语义预设，是从语句的意义或命题的真假值来考察和定义的。

设 A 为具有某种含义的语句，设¬A（非 A）为具有某种含义的语句的否定，设 B 为具有另一种含义的语句，它们之间存在如下关系：如果 A，则 B；如果¬A（非 A），则 B；则 A 与¬A预设 B，或 B 为 A 和¬A的预设。

拿前面的教学案例来说："小草偷偷地从土里钻出来"为 A 语句；"小草没有偷偷地从土里钻出来"为¬A语句；"土里有小草"为

B语句。"土里有小草"既是"小草偷偷地从土里钻出来"能够成立和有意义的前提条件,也是作为其否定的"小草没有偷偷地从土里钻出来"能够成立和有意义的前提条件,因此,"土里有小草"就成为"小草偷偷地从土里钻出来"及其否定"小草没有偷偷地从土里钻出来"的预设。

由此可以看出,语义预设只考虑了几个具有某种含义的语句之间的内部因素,认为一个句子一经形成,预设就已寓于句义之中,而不直接涉及说话者(写作者)、听话者(阅读者)以及语境。

语用预设则不同,它与说话者(写作者)、听话者(阅读者)的态度、信念、意图以及语境有着密切的关系,必须把一个语句的字面意义与说话时的语境结合起来,才能分析其预设。

例如:同样是"下雨了"这句话,从语义角度分析,它预设了"此前没有下雨"。但是,从语用角度分析,如果考虑到不同语境,则可以有不同的预设:

妻子对刚走出家门上班的丈夫说:"下雨了。"在此语境下,本句的预设是:"下雨出门要带雨具"。所以这句话是提醒丈夫要带好雨具。

妈妈对在楼下草坪上玩耍的孩子喊:"下雨了!"在此语境下,本句的预设是:"下雨前孩子在外面"、"雨会把孩子淋湿"。所以这句话是催促孩子赶快回家。

某地长期干旱,老农民兴奋地喊:"下雨了!"在此语境下,本句的预设是:"本地已很久未下雨"、"下雨可以缓解庄稼的旱情"。所以这句话是表达旱情终于可以得到缓解的喜悦。

准备外出登山的某学生沮丧地叫道:"下雨了!"在此语境下,本句的预设是:"雨天不能爬山"。所以这句话是表达因下雨而无法实现登山计划的失望。①

语用预设有两个基本特点:

一是合适性。所谓合适性,就是说预设要与语境紧密结合,与语境相适应,预设是言语行为的先决条件。比如,母亲对女儿发号施令:"把作业写完再睡觉。"这个要求是否合适是有一系列的语用预设

---

① 参见济宁一中语文教研室. 言语行为的预设 PPT. 见道客巴巴网,2012 - 10 - 26。

作为先决条件的：比如双方知道写什么作业，以及女儿有能力把作业写完。只有满足了这些条件，母亲的话语才是有意义的、合适的。

二是共知性。所谓共知性，即语用预设应为交际各方共有的认知背景。从交际各方认知背景的视角可以看出，预设是说话者自认为与听话者共有的背景知识。也许听话者之前并不知道这一事实，但是听话者通过已有的认知背景，可以理解并接受。[①] 比如，老师对学生说"明天把作业交来"，这是在一个特定语境中发出的要求，在这种语境中，老师知道"布置了某种作业"，学生也知道"布置了某种作业"。如果仅是老师知道，而学生则是丈二和尚摸不着头脑，缺乏预设的共知性，那么"明天把作业交来"就成了一句无意义的话。

由此我们看到，有时仅仅从语义角度去分析一个语句的预设是不够的，还必须从语用角度去分析，才能把一个语句的预设分析清楚。例如，前面的《皇帝的新装》教学案例，如果不从语用预设角度分析，就不能把"他们指着那架空织布机，因为他们相信别人一定可以看得见布料"等语句的"言外之意"揭示出来。

必须指出，在实际的教与学过程中，"语义预设"和"语用预设"分析方法的运用不是截然分开的，二者既有区别又相互联系。

扩展延伸

【数学】

如图 6—1，属于轴对称图形的有几个？（   ）。

图 6—1 找出轴对称图形

A. 1 个   B. 2 个   C. 3 个   D. 4 个

---

① 参见李卓娅：《浅析语用预设》，载《考试周刊》，2009（8）。

（参考提示：正确答案是 C。因为在这个问句背后存在着一个语用预设，即交际各方预先已经设定"轴对称图形"是指"在平面内，沿一条直线折叠，直线两旁的部分能够完全重合的图形"。懂得了预设的道理，如何学习、如何解题也就容易了。）

【历史】

中国近代第一个全国性的资产阶级政党是兴中会还是同盟会？

（参考提示：答案是"中国近代第一个全国性的资产阶级政党是同盟会"。解答此题，需要了解其中的预设：中国近代存在第一个全国性的资产阶级政党；存在兴中会；存在同盟会；等等。）

勤思多练

【语文】

曹禺《雷雨》的第一幕中有如下对话：

周朴园："（点头，转向蘩漪）你怎么今天下楼来了，完全好了么？"

蘩漪："病原来不很重——回来身体好么？"

周朴园："还好。——你应当再到楼上去休息。冲儿，你看你母亲的气色比以前怎么样？"

周冲："母亲原来就没有什么病。"

周朴园："（不喜欢儿子们这样答复老人的话，沉重地，眼翻上来）谁告诉你的？我不在的时候，你常来问你母亲的病么？"

请问：周朴园三次问话的预设是什么？有什么作用？

（参考提示：在这一段，周朴园三次发话都有一个共同的预设——蘩漪是有病的，而且病得不轻。尽管这个预设是周朴园主观设想的，但他要求听话者接受并相信。因为一旦在周家形成"蘩漪有病"的共识，那么蘩漪一切挣扎反抗的言行都可以视为病态的表现。然而，作为听话者的蘩漪和周冲对这个预设是不愿意承认的。所以蘩漪说"病原来不很重"，就是对其预设的一种较为委婉的否定；而周冲的回答却很干脆，即"母亲原来就没有什么病"，完全否定了周朴园的预设，其单纯、率直的性格展现无遗，因此也引起了周朴园的不满，进而发生了冲突。)①

【生物】

广场上一个小朋友仰望着天空中翱翔的鸽子，羡慕地问妈妈："妈妈，为什么鸽子能飞，我不能飞？"妈妈说："鸽子有翅膀啊！""那么如果我有翅膀也能飞吗？""当然可以！"

你认为妈妈的回答是否科学？你能用逻辑预设的知识说明理由吗？

(参考提示：任何说话者在说出某一话语时，这一话语必须与其预设的前提具有"合适性"。否则，这一话语就没有意义。"鸽子能飞"的预设是：鸽子身体的许多结构特点使其适合飞行，例如骨骼中空，重量很轻；身体呈流线型，体表覆有羽毛，这样可以减少空气阻力；前肢演变成翼，宽大的翼又增加了飞行时的升力；不仅有肺而且有气囊，使其能够飘浮并有充足的氧气可以使用等。这一话语与其预设的前提是具有"合适性"的。而针对"如果我有翅膀也能飞吗？"的问题，回答"当然可以"，就与预设没有"合适性"。正确答案应是："不能，人不具备这些条件"。)

三 事实预设、理论预设

教学案例

【案例一】

阅读下面材料，根据这两则材料提供的共同信息，写出你的

① 参见济宁一中语文教研室 . 言语行为的预设 PPT。

发现。

[材料一]

百度某贴吧发言记录：

独木舟："刚才有个人给我打电话，说他知道我是学生，还知道我暑假正过得无聊，所以想让我到他那儿去工作。这会是真的吗？我都不认识他。"

终生爱："他怎么会知道你的情况？赶紧想想……"

小太阳："是不是你的密码被人破解了？"

独木舟："不会呀，我的密码挺复杂的，再说我的注册信息里也没填电话号码什么的。"

小太阳："这人多半是骗子。你再想想，你在哪儿说过自己的事情？"

独木舟："我就是在贴吧里有时说一些自己的事，还有上次为了一个网络投票，留过自己的电话号码。"

天王星："泄露个电话号码不会有什么大事，最多就是有一些无聊电话。"

独木舟："我也这么想，贴吧里和朋友聊天多快乐，这种人我不理他就行了。"

[材料二]

专家表示，个人信息被泄露的原因很多。一些网站的安全防护有漏洞，黑客攻破数据库后就可以看到用户的信息，还有个别网站的内部人员非法窃取数据进行买卖，获取利益。另外，很多网络用户对个人信息的保护意识不强，他们在各个网站论坛使用同一个用户名，设置简单好记的密码，在网上聊天时泄露自己的个人信息，甚至是一些隐私。某网站负责人说，在密码泄露事件发生后，虽多次提醒，但也仅有30%的用户修改了密码。调查显示，有56.77%的人认为个人信息泄露不会给自己带来什么危害。

【案例二】

化学老师在讲解了酸和碱的性质后，用幻灯片向学生们展示昆明世博园中"山东齐鲁园"里的"泰山"，引导学生进行如下思考：

老师："这座'泰山'主要是用从山东运来的花岗石堆砌而成的，还有一小部分是用云南石林的石灰石补充的。"

老师展示"泰山"的局部和细节。

老师："同学们谁能回答，怎样鉴别和判断这座堆砌而成的'泰山'的石料，哪些是花岗石，哪些是石灰石呢？"

学生1："……"

学生2："……"

逻辑辨析

根据交际各方在特定语境中所共有的背景知识的不同，预设可以分为事实预设和理论预设。

事实预设是指交际各方在语言交流过程中预先肯定或否定的某种事实情形。它的表现形式是一个或一组表征个别的具体事实的经验命题。

如上述案例一，寻找这道题的答案，其实就是在探求这段文字背后的事实预设。这道试题的题干是"阅读下面材料，根据这两则材料提供的共同信息，写出你的发现"。对于这个命题，你能写出你的发现也好，不能写出你的发现也好，它都假定存在一个事实：有人在网络上随意泄露个人信息，并认为个人信息泄露不会有什么危害。这是语言交流过程中双方"预先肯定或否定的某种事实情形"，这就是一种事实预设。只是这段交流的文字以考题的形式呈现的时候，交流的双方不具有同步性，交流的一方（即出题人）提前进行了预设，而另一方（即答题人）只是在考试时才进入交流。但不管交流如何滞后，对答题人来说，其对出题人的事实预设是默认的，也就是存在"预先肯定或否定"这种事实预设的前提，否则考试就没法进行。也正是在"预先肯定或否定"某种事实预设的基础上，交流的另一方（即答题人）才能够去寻求这段文字背后的事实预设，从而寻求答案。懂得了这个道理，也就懂得了解题的方法和意义。

这道试题的答案就是：有人在网络上随意泄露个人信息，并认为个人信息泄露不会有什么危害（即"预先肯定或否定的某种事实情形"）。

理论预设是指交流各方在语言交流过程中预先肯定或否定的某种理论背景，它的具体形式则是一个或一组具有普遍性或必然性的理论命题。

如上述案例二，这个教学片段所呈现的交流各方的语言交流过程，同样也"预先肯定或否定"了"某种理论背景"，也就是预设了"共知"、"先知"的理论前提，那就是关于化学中"酸"的理论知识：花岗石是不会与酸发生化学反应的，石灰石是会与酸发生化学反应的。所以，解题的过程是探求其已呈现的语句背后的预设，即所谓的"解疑"或"解惑"。其实，整个教与学的过程就是一个"预设"和"求预设"的过程。

因此，这个问题的答案是：分别在这两种石料上滴加稀盐酸，会产生气泡的石料即是石灰石；反之，是花岗石。

📖 知识链接

事实预设是某个语句中关于一些事前就存在的事实的预设，它不需要语境的加入。

比如："魏毅考试得第一，使大家感到非常惊讶"或"魏毅考试得第一，并没有使大家感到惊讶"，其事实预设是"魏毅考试得第一"。这个事实不需要语境的加入，也就是说，"魏毅考试得第一"是事前就存在的事实。懂得了这个道理，我们在解题的时候就可以透过现象看本质，挖掘语句背后的事实预设，从而很快得出答案。

理论预设是某个语句中关于一些事前就存在的理论的预设。在很多情况下，理论预设和事实预设并不是截然分开的，它们既独立又相互联系，有时很可能同时存在。

比如，有两位物理教师在一起谈论行星的运动问题，对于行星运动问题的解释可能多种多样，但无论怎样纷繁复杂，行星运行的背后都涉及牛顿的万有引力定律，这是交际各方所共有的理论知识，这种交际各方所共有的理论知识背景，就是我们所谓的理论预设，但也是事实预设。因为在现代科学发展的背景下，万有引力定律已不仅仅是一种被判断、假设或推导的理论，更是被现代科学证实了的一种客观事实。

扩展延伸

【政治】

　　去年夏天，某村的大部分农田被洪水淹没，少数村民的房屋也被洪水冲垮了。有的村民建议村里修一座龙王庙，以求龙王爷保佑不再发洪水。于是，村委会决定在村里修一座龙王庙。

请你运用所学的知识对此事进行评析。

（参考提示：在这段话中，背后的事实预设是"某村的大部分农田被洪水淹没，少数村民的房屋也被洪水冲垮了"。也就是说，不管修不修龙王庙，这个事实都是提前存在的，它不需要语境的加入。人们比较关注的是由这个事实预设所引发的现象——村民修建龙王庙，求龙王爷保佑。因为这道题的设置正是从这种现象入手，因此，解题也应该从这方面切入：发洪水是自然现象，与气候变化有关系，与龙王爷没有关系，而且龙王爷也不存在，所以，修龙王庙可以说是一种封建迷信活动。它说明封建迷信思想的影响还比较深广，我们要加强社会主义精神文明建设，就必须大力倡导科学，反对迷信，摆脱愚昧，提高全民族的思想道德素质和科学文化素质，而该村村委会的决定与上述要求是相违背的。）

【物理】

　　物理课上，老师把正在发声的手机悬吊在玻璃罩内，逐渐抽出玻璃罩内的空气，手机的铃声越来越小。这个现象说明真空中不能传播声音。

为什么声音在真空中不能传播？

（参考提示：理科的设题，呈现的往往是事物的表象，其背后都存在着"理论预设"，即定理、定律、公式、原理或规律等，解题者要运用这些定理、定律、公式、原理或规律等把题目解出来。上述试题背后的理论预设是：声音的传播需要介质。这是出题者和解题者双方都提前共知的，也是本题的答案。）

勤思多练

【数学】

下列不能用平方差公式计算的是（　　）。

A. $(a+1)(a-1)$　　　　B. $(b-c)(-b-c)$

C. $(2m-n)(2n+m)$　　D. $(3-2a)(3+2a)$

（参考提示：选 C。）

【化学】

图 6—2 所示的是家庭常用的几种灭火方法，请将相应方法的灭火原理填在表中对应的空白处。

	I	II	III
灭火方法			
灭火原理	清除可燃物		

图 6—2　家庭常用的几种灭火方法

（参考提示：隔绝氧气，或隔绝空气；使温度降到着火点以下。）

四 陈述句预设、疑问句预设、命令句预设

教学案例

【案例一】

陈述句预设:

语文课上,老师在讲授高尔基的《海燕》。

学生:"(齐读)在苍茫的大海上,狂风卷集着乌云。在乌云和大海之间,海燕像黑色的闪电,在高傲地飞翔……"

老师:"作者为什么用'黑色的闪电'来比喻海燕?"

学生1:"'黑色'是在描写海燕本身的颜色特征。"

学生2:"'闪电'一词突出了海燕飞行的特征——速度快。"

老师:"这样描写有什么表达效果呢?"

学生进入讨论,最后得出答案:"黑色的闪电"形象地刻画出海燕的矫健身姿;把海燕比喻为在乌云密布、大海苍茫的背景中带来一点亮光的"闪电",生动形象地表达了人们在沉闷的空气中从海燕身上看到了光明和希望。

【案例二】

疑问句预设:

老师给出阅读材料,请学生阅读后回答问题:

"正是这种叙说和回忆,带来了人类特有的历史感。只要有人类的地方,就会有历史。不管它是刻在有形的物上,还是无形的音(口头传说)上。一部史诗或史书,不就是一部关于死者的传说?当然,历史或许不会记载或留下芸芸众生的故事,但众多生者却会铭记他们的至爱亲朋留下的点滴回忆。正是这些生动细

节的无处不在，随时随地呼之欲出，令死者尽管出了家门，却永远走不出生者的心灵。在这个意义上，谁又能说生死是永不相通的两重门？最后，正是面对死者的葬礼，才令生者有暇驻足倾听来自生命底层的细语：生之无常，死之迫近。生命如同黑暗中的一道闪电，倏忽即逝。生命之根恰恰扎在死亡的土壤中。生命来自虚无，又归于虚无。生之饱满恰由死之虚无所衬托，正如夜空衬托出繁星那样。怠慢死亡，快速打发死亡之过程，其实也就是漠视生命。"①

老师："文中说：'在这个意义上，谁又能说生死是永不相通的两重门？'作者认为在什么意义上人类的生死是可以相通的？"

学生进入讨论，最后得出答案："作者认为在'死者虽然离去，却会在至爱亲朋那里留下关于他生前的种种回忆，留下无处不在的生动细节，这使他永远走不出生者的心灵'这个意义上，生与死是可以相通的。"

【案例三】

命令句预设：

语文课上，老师在讲授高尔基的《海燕》。

"这是勇敢的海燕，在怒吼的大海上，在闪电中间，高傲地飞翔；这是胜利的预言家在叫喊：

"——让暴风雨来得更猛烈些吧！"

老师："请大家谈谈对文章结尾'让暴风雨来得更猛烈些吧！'含义的理解。"

学生1："这是'胜利的预言家'海燕向人民发出的革命号召。"

学生2："它表达了无产阶级埋葬旧世界、创造新世界的强烈愿望，显示了革命战士不畏强暴、顽强战斗的高贵品质。"

---

① 陈蓉霞：《死是生者的事》，载《书摘》，2008（9）。

逻辑辨析

陈述句就是叙述或说明某种事实的语句。例如，"王海今天在国家大剧院听到了宋祖英的独唱"，就表达了"王海这个人，在今天，在国家大剧院这个地方，听到了宋祖英此人的独唱"这样一个事实。这个陈述句能够成立或有意义，就取决于"确实存在王海这个人"、"有国家大剧院这个地方"、"有宋祖英其人"、"宋祖英今天确实独唱了"等条件事先已经存在。如果没有这些事先存在的条件，那么"王海今天在国家大剧院听到了宋祖英的独唱"这个陈述句就不能成立或没有意义。因此，使"王海今天在国家大剧院听到了宋祖英的独唱"这个陈述句能够成立和有意义的事先必须存在的条件，就构成此陈述句的预设。

我们据此来分析上述案例一。在这个教学片段中，问题解决得比较到位，因为无论是教师设置问题，还是学生思考问题，都有意无意地关注了陈述句"在苍茫的大海上，狂风卷集着乌云，在乌云和大海之间，海燕像黑色的闪电，在高傲地飞翔"中的预设，这句话背后的预设是："有海燕"、"海燕在飞翔"。

基于这个预设，问题解决起来就容易多了。

首先，海燕是什么颜色？黑色——描写了海燕本身的颜色特征。

其次，海燕在飞翔，怎么飞翔？像闪电——形容海燕飞行速度之快。

这样描写有什么表达效果？根据这段语句的语境，运用语用预设的分析方法，自然就得出了答案："'黑色的闪电'形象地刻画出海燕的矫健身姿；把海燕比喻为在乌云密布、大海苍茫的背景中带来一点亮光的'闪电'，生动形象地表达了人们在沉闷的空气中从海燕身上看到了光明和希望"。

疑问句是人们在提出问题、疑惑、询问时运用的一类语句。疑问句预设，就是使该疑问句有意义的前提条件。例如，A 问 B：

"你的孩子多大了？"如果该疑问句要有意义，那么它的前提条件就是：A已经知道"B已经结婚"、"B有孩子了"。如果A对"B已经结婚"、"B有孩子了"这些前提条件即预设一无所知，那么A说出的"你的孩子多大了？"这个疑问句，就是不能成立的，如此询问是很冒失的。

我们据此来分析上述案例二。在这个教学案例中，学生正是运用疑问句预设的方法很好地解决了这道阅读练习题。"在这个意义上，谁又能说生死是永不相通的两重门？"在这个疑问句中起码包含了以下几个预设：有"这个意义"、有"生死两重门"、"生死是相通的两重门"。也就是说，这些预设是提前存在的，是不用再讨论它们的真假的，只是搞清楚"这个意义"是什么就可以了。既然"这个意义"是已经存在的，我们只要从文中找出就行了。根据指示代词"这"的"近指"性质，它的答案应该在靠近"这个意义"的前面部分。所以答案是："死者虽然离去，却会在至爱亲朋那里留下关于他生前的种种回忆，留下无处不在的生动细节，这使他永远走不出生者的心灵，在这个意义上，生与死是可以相通的"。

命令句就是人们在要求或者希望别人做或不做某事时用的一类语句，命令句也可称为祈使句。命令句预设就是指人们在发出某种命令时已知的信息，是该命令句能够成立和有意义的前提条件。例如，"赶快到操场集合！"如果这个命令句能够成立和有意义，就必须事先存在以下预设："有许多人"、"这些人不在操场上"、"有操场存在"等。否则，这个命令句就是无的放矢，毫无意义。

我们据此来分析上述案例三。要理解命令句"让暴风雨来得更猛烈些吧！"的含义，先要弄明白这个命令句的预设。这句背后的预设是："有暴风雨"、"暴风雨原来不猛烈"。有了这些预设，理解这句话的含义就不难了。谁让暴风雨来得更猛烈些？为什么要让暴风雨来得更猛烈些？结合文章的语境，也就是"大预设"，我们便很容易得出答案："这是'胜利的预言家'海燕向人民发出的革命号召；它表达了无产阶级埋葬旧世界、创造新世界的强烈愿望，显示了革命战士不畏强暴、顽强战斗的高贵品质"。

知识链接 📖

陈述句预设一般分为三种：

简单陈述句预设，比如，"小明学习优秀"，预设"有小明这个人"。

复合陈述句预设，比如，"如果你帮他，那么他就会进步"，预设"有你和他"。

特殊陈述句预设，比如，"王亮开始用功了"，预设"王亮以前不用功"。

疑问句预设一般也有三种：

选择疑问句预设，比如，"做好事的人是小明还是王亮？"预设"有做好事的人"、"有小明和王亮这两个人"。

一般疑问句预设，比如，"张扬学习刻苦吗？"预设"有张扬这个人"、"张扬有学习的经历"。

特指疑问句预设，比如，"哪个同学是三班最有号召力的同学？"预设"有同学"、"有三班"、"有最有号召力的同学"、"有同学是三班最有号召力的同学"。

命令句预设也叫祈使句预设。祈使句主要是向对方表示请求或命令的语句。比如，"把书拿过来！"预设"有书"、"书没拿过来"。"请开门！"预设"有门"、"门是关着的"。

扩展延伸 🔭

【化学】

学习"氧气的性质"时，我们做了实验"铁丝在氧气中燃烧"，由此可以进一步探究：

实验用的氧气是纯氧，那么空气中的氧气有没有助燃性？既然空气中的氧气也具有助燃性，那么带火星的木条为什么在空气中不能燃烧？通过这两个问题，能否对纯净物和混合物有更进一步的认识？

（参考提示：这三个疑问句背后的预设很多——做了实验；有氧气，或有纯氧；有空气；空气中有氧气；空气中还有别的气体；氧气助燃；有带火星的木条；带火星的木条在空气中不能燃烧；有纯净物；有混合物……梳理了疑问句背后的预设，问题就好回答了：在纯氧条件下，铁丝能燃烧，在非纯氧条件下，带火星的木条不能燃烧，显然，氧气被淡化稀释之后，其助燃性降低。由此对纯净物和混合物的进一步认识也便得出：物质具有的性质不会因为它是以纯净物还是混合物的形式存在而改变，在混合物中，由于它的浓度可能比较低，从而导致其性质不是特别明显，但是并不能抹杀它的这种性质。）

【历史】

及至始皇……振长策而御宇内……乃使蒙恬北筑长城而守藩篱，却匈奴七百余里；胡人不敢南下而牧马……

从以上材料中你能获取有关秦朝的哪些信息？

（参考提示：从以上几句陈述句中，我们可以看到以下预设——有秦始皇；秦始皇振长策而御宇内；蒙恬北筑长城而守藩篱；却匈奴七百余里；有胡人；胡人不敢南下而牧马……根据预设，可归纳获取的有关秦朝的信息：1. 秦始皇让整个天下都听凭自己驱使；2. 秦修筑长城；3. 修长城巩固边疆；4. 抵御匈奴；5. 匈奴不敢入侵……）

勤思多练

【地理】

中国西部地区蕴藏着 22.4 万亿立方米天然气资源，约占全国陆地天然气总量的59%，经过多年的地质勘探，在塔里木、柴达木、陕甘宁和川渝盆地崛起了四座国家级大气田。中国的天然气资源大多分布在西部地区，消费市场主要在东部地区。中国政府最终确定了实施西气东输工程，将西部富余的天然气，联合输往东部地区，以减轻西部地区气田难开、资金缺乏的巨大压力，缓解东部能源紧缺的局面。输气线路西起新疆塔里木的轮南油气田，东至上海市郊区，全长4 000多千米。

根据材料回答：

(1) 西气东输工程决策的依据是什么？目的是什么？

(2) 西气东输工程中的"西"和"东"各指什么？

（参考提示：1. 中国的天然气资源大多分布在西部地区，消费市场主要在东部地区。中国政府最终确定了实施西气东输工程，将西部富余的天然气，联合输往东部地区，以减轻西部地区气田难开、资金缺乏的巨大压力，缓解东部能源紧缺的局面。2. "西"指新疆塔里木的轮南油气田，"东"指上海市郊区。）

【政治】

判断下面语句是否正确，如有错误请予以改正：

人类社会的发展史首先是生产发展的历史，同时也是阶级斗争的历史。

（参考提示：通过分析该陈述句的预设，可得出这句话是错的。改正："人类社会的发展史首先是生产发展的历史，阶级社会的历史又是阶级斗争的历史"。）

第七章

巧用归纳式概括

一 完全归纳式概括

教学案例

阅读理解教学在中学语文教学中是一大难题。老师们常常要拿出相当多的时间，在课堂上把课文掰开揉碎剖析给学生听，考试的时候，学生却仍然得不了高分。有这样一道阅读考试题，原文如下：

妈妈是我心中的一团火

①当我刚呱呱出生时，护士就不让妈妈见到我，悄悄地把我抱到哺婴室去。医生们告诉她，我的左肘以下没有手。

②有一天，7岁的我走出厨房嘀咕道："妈妈，我不会削土豆皮，我只有一只手。"妈妈在做针线活，她头也不抬地说："你回厨房去削土豆皮，今后再也不许用这个借口拒绝干活了。"我当然能削土豆皮，用我的右手持刀削皮，左上臂帮着托一下就行了。妈妈知道办法总会有的，她常说："只要你尽最大的努力，就没有你不会做的事。"

③在我读小学二年级时，一天，老师要求我们从猴架这边荡到那边去。轮到我时，我摇头示意不会荡。有些孩子在背后笑我，我哭着回家。当晚，我告诉了妈妈。她拥抱我一下，并做出"让我想想办法"的表情。第二天下午她下班后，把我带回到学校去。她教我先用右手抓住杠棒，用力引体向上，再用左上臂夹住杠棒。当我费力地照她说的做时，她始终站在一边鼓励我。以后每天她都带我去练习。我永远不会忘记老师第二次把我们全体同学带到猴架处的情景。我在猴架上熟练地荡来荡去，曾经取笑过我的孩子们都目瞪口呆。

④这就是妈妈对待我的办法：她不代替我做什么，不宽容我，而是坚决认为我能找到办法自己干。有一次我参加一个舞

会，没有一个男同学来邀请我跳舞。我回家后哭了，妈妈久久不发一言，然后说："喔！亲爱的，总有一天那些男孩子和你跳舞时会跟不上你的拍子的，你会看到的。"她声音虚弱嘶哑，我掀开蒙着头部的被子窥见她在流泪。于是我懂了妈妈为我忍受了多少痛苦。她从来不让我看到她哭泣，因为她不愿我感到内疚呀。

⑤如今当我有不顺心的事时，总感到妈妈仍在我身旁，仍在对我说："勇敢地面对困难，没有解决不了的事。"

文后共设6道题，其中，第5题问这篇文章的主旨是什么，好多考生都做出类似的回答：残疾的"我"通过学会削土豆皮、学会在猴架上荡来荡去和跳舞等事，懂得了"勇敢地面对困难，没有解决不了的事"的道理。

但是，这些学生并没有得满分，有的甚至被扣一半或一多半分。这究竟是什么原因呢？原因就在于对全文内容所进行的归纳概括不到位。

逻辑辨析

逻辑概括能力，是教师在实施教学的过程中，必须引导学生去提升的一种重要能力。在教与学的过程中，教师和学生无时不在运用逻辑概括的方法。教师在备课中需要运用逻辑概括，以便把教材、教学参考书中的丰富内容提炼为若干要点，提纲挈领地把握教学内容。教师在授课时也需要运用逻辑概括，以便在按照一定的逻辑顺序清晰地讲述不同知识点后，帮助学生构建科学的知识体系。学生在老师的引导下，在每一节课上，在日积月累中，以何种方式或体系将日益增多的知识输入并储存在大脑中，也要依靠良好的逻辑概括能力。

在形式逻辑中，一般是在讲到如何明确概念时，把概括作为一种与限制相对应的逻辑方法而加以说明。此时，所谓概括，就是通过减少内涵，扩大外延，使某个种概念过渡到其属概念的逻辑方法。例如，从"苹果"过渡到"水果"再过渡到"植物果实"，这就是在进行概念的逻辑概括。但是，如果仅对逻辑概括做此种比较狭义的理解，显然不符合人们要训练逻辑概括能力的需要。因此，我们就需要对逻辑概括做出一种比较广义的理解。

"概括"一词，在《现代汉语词典》中有两个义项，一是指"把事物的共同特点归结在一起"，一是指"简单扼要"①。在《应用汉语词典》中，"概括"也有两个义项，一是"归结事物的共同点"，一是"简单扼要"②。所以，我们在这里就越出了仅在概念中讲"概括"的限制，而把"概括"描述为一种从若干个别对象中获得普遍性认识、从分散对象中获得共同性认识、从众多对象中获得简要性认识的逻辑思维方法。

为什么要特别强调"概括"这个逻辑方法？从根本上说，是为了不要让学生只是孤立地、散乱地去记住一个个知识点，而要让他们学会通过对一个个知识点的分析比较，提炼出其中具有共性的、普遍性的东西，从而对知识的理解提升一步；也是为了不要让学生只是埋头去一道又一道地做题，而是要善于在做了若干道题后，就想办法找出其中共性的、普遍性的对象，并举一反三地运用到其他解题过程中。本书的第七、八、九章，就介绍了人们在进行逻辑概括时常用的几种具体方法。

我们首先要介绍的是归纳式概括。在教学中，归纳式概括是一种常用的教学方式，也是学生必须具备的一种基础性的学习能力。巧用归纳式概括，对于教学具有意想不到的神奇效果。根据前提所考察对象范围的不同，归纳式概括又可分为完全归纳式概括和不完全归纳式概括。

完全归纳式概括，也可称为完全归纳推理，或完全归纳法。它是以某类中每一对象（或子类）都具有或都不具有某一属性为前提，得出该类对象全部具有或不具有该属性为结论的一种逻辑概括。

在上述教学案例中，就涉及完全归纳式概括的方法。

我们知道，所谓"主旨"，是指全文所表达的中心意思。既然是全文所表达的中心意思，我们归纳概括就必须从全文入手。如果学生

---

① 中国社会科学院语言研究所词典编辑室编：《现代汉语词典》，6 版，418 页，北京，商务印书馆，2012。
② 商务印书馆辞书研究中心编：《应用汉语词典（大字本）》，392 页。

懂得完全归纳式概括的逻辑方法的话，那么，在归纳概括文章主旨的时候起码不至于走偏。

下边我们做一下逻辑辨析：

我们先看题目"妈妈是我心中的一团火"，在此，文章叙述的主体是"妈妈"，显然，重点在说"妈妈"。

再看第一段："护士就不让妈妈见到我……医生们告诉她……"，重点还在"妈妈"。

再看第二段："妈妈在做针线活，她头也不抬地说……妈妈知道办法总会有的，她常说……"，主体和重点仍然是"妈妈"。

再看第三段："……我告诉了妈妈。她拥抱我一下……她下班后，把我带回到学校去。她教我先用右手抓住杠棒，用力引体向上，再用左上臂夹住杠棒。当我费力地照她说的做时，她始终站在一边鼓励我。以后每天她都带我去练习……"，主体和重点照样是"妈妈"。

再看第四段："这就是妈妈对待我的办法：她不代替我做什么，不宽容我，而是坚决认为我能找到办法自己干。有一次……妈妈久久不发一言，然后说……她声音虚弱嘶哑……她在流泪……妈妈为我忍受了多少痛苦。她从来不让我看到她哭泣，因为她不愿我感到内疚呀"，主体和重点处处是"妈妈"。

再看第五段："如今当我有不顺心的事时，总感到妈妈仍在我身旁，仍在对我说：'勇敢地面对困难，没有解决不了的事'"，更是说明主体与重点是"妈妈"。

这五段话加题目就是文章的全部，文章的每部分的主体和重点都是"妈妈"，所以，全文主体和重点都说的是"妈妈"。

这是个通过完全归纳而概括出的结论。

根据这个归纳概括出的结论，我们就可以把文章的主旨描述如下：

文章通过记叙妈妈要残疾的"我"削土豆皮、帮"我"练习荡猴架和鼓励"我"跳舞等事件，使"我"懂得"勇敢地面对困难，没有解决不了的事"的道理，赞颂了一位坚强、善良、感情丰富而又充满理智的母亲。

如果能这样理解，答案就有可能获得高分。

知识链接

完全归纳式概括的逻辑形式可表述如下：

S_1 是（或不是）P

S_2 是（或不是）P

S_3 是（或不是）P

············

S_n 是（或不是）P

S_1，S_2，S_3，…，S_n 是 S 类的全部对象

所以，所有的 S 都是（或不是）P

完全归纳式概括的特点是：在前提中考察了一类事物的全部对象，结论没有超出前提所断定的知识范围，因此，其前提和结论之间的联系是必然的。

运用完全归纳式概括要获得正确的结论，必须满足两个要求：在前提中考察了一类事物的全部对象；前提中对该类事物每一对象所做的断定都是真的。

完全归纳式概括使人们的认识从个别上升到了一般，它找出了同类事物的共性，找到了同类事物的一般规律。由于它的前提和结论之间的联系是必然的，它的结论是从前提中所有的对象的共性提炼归纳出来的，所以它对事物的论证是最强有力的。但是，完全归纳式概括也有它的局限，这就是它通常只适用于数量不多的事物。当所要考察的事物数量极多，甚至是无限的时候，这种方式就不适用了，此时需要运用的是另一种归纳概括形式，即不完全归纳式概括。比如：

欧洲有矿藏；

亚洲有矿藏；

非洲有矿藏；

北美洲有矿藏；

南美洲有矿藏；

大洋洲有矿藏；

南极洲有矿藏；

欧洲、亚洲、非洲、北美洲、南美洲、大洋洲、南极洲是地球上的全部大洲；

所以，地球上所有大洲都有矿藏。

在这个完全归纳式概括中，因为地球上只有欧洲、亚洲、非洲、北美洲、南美洲、大洋洲、南极洲七大洲，所以，可以采取完全归纳法概括出结论。但如果前提的个体多呢？甚至无限呢？比如，"张三家的老人有白头发，李四家的老人有白头发，王五家的老人有白头发，赵六家的老人也有白头发……"世界上的"家"无法穷尽，所以，就没法用完全归纳式概括了，只能用不完全归纳式概括。

扩展延伸

【地理】

太平洋已经被污染；

大西洋已经被污染；

印度洋已经被污染；

北冰洋已经被污染；

太平洋、大西洋、印度洋、北冰洋是地球上的全部大洋；

所以，地球上的所有大洋都已被污染。

这就是一个完全归纳式概括。概括者先是对地球上的所有大洋都逐一进行考察，发现它们都被污染了，由此概括出地球上所有大洋都具有"已被污染"这一属性。由个性到共性，由个别到一般，得出了具有普遍意义的结论。

【数学】

直角三角形内角和是180度；

锐角三角形内角和是180度；

钝角三角形内角和是180度；

直角三角形、锐角三角形和钝角三角形是全部的三角形；

所以，一切三角形内角和都是 180 度。

这是对三角形全部子类进行了考察然后得出的结论，所以，也是完全归纳式概括。

【物理】

在水中浮着的物体都会受到水的浮力；

在水中下沉的物体也都会受到水的浮力；

物体"在水中浮着"和"在水中下沉"是物体在水中的全部表现；

所以，所有的物体在水中都受到水的浮力。

【生物】

蛋白质的热量是 17.75kJ/g，蛋白质含有大量能量，氧化分解后释放的能量可以用于各项生命活动；

糖类的热量是 17.15kJ/g，糖类也含有大量能量，氧化分解后释放的能量可以用于各项生命活动；

脂类的热量是 38.91kJ/g，脂类也含有大量能量，氧化分解后释放的能量可以用于各项生命活动；

蛋白质、糖类、脂类是人和动物体内三大营养物质；

所以，人和动物体内的三大营养物质在细胞中的能量代谢方面，都能氧化分解释放能量，供生命活动利用。

勤思多练

【化学】

归纳概括是学习化学常用的方法，下列概括正确的是（　　　）。

A. 燃烧都伴随发光、发热，发光、发热的变化就是燃烧

B. 氧化物中一定含有氧元素，含有氧元素的化合物一定是氧化物

C. 金属在一定条件下能导电，能导电的物质一定是金属

D. 不易溶于水的气体可用排水法收集，氧气不易溶于水，所以实验室收集氧气可用排水法

（参考提示：此题归纳概括正确的是 D。其他三项之所以错，是因为错误地运用了完全归纳式概括这种方法。完全归纳式概括要求某类中每一对象或子类都具有或都不具有某一属性，只要有一项不同就不能成立。

A 项"燃烧都伴随发光、发热"，符合完全归纳式概括"某类中每一对象或子类都具有或都不具有某一属性"这一原则，但是倒过来，"发光、发热的变化就是燃烧"就不符合"某类中每一对象或子类都具有或都不具有某一属性"这一原则，因为有发光、发热现象的不一定就是燃烧，例如电灯通电时发光、发热，但这种变化不是燃烧，所以 A 错。

B 和 C 都是这个道理。B 项中，"氧化物中一定含有氧元素"符合完全归纳式概括，但是，"含有氧元素的化合物一定是氧化物"就不符合完全归纳式概括了，因为含有氧元素的化合物不一定是氧化物，例如硫酸中含有氧元素，但是硫酸不属于氧化物，故 B 错。C 项中，"金属在一定条件下能导电"符合完全归纳式概括，"能导电的物质一定是金属"就不符合完全归纳式概括，因为某些非金属或溶液也能够导电，例如石墨能导电，可用作电极，故 C 错。）

【数学】

运用完全归纳式概括证明：$f(x) = x^8 - x^5 + x^2 - x + 1$ 的值恒为正数。

（参考提示：当 $x \geqslant 1$ 时，

$$f(x) = x^8 - x^5 + x^2 - x + 1$$
$$= x^5(x^3 - 1) + x(x - 1) + 1$$
$$= x^5(x - 1)(x^2 + x + 1) + x(x - 1) + 1$$
$$\geqslant 0 + 0 + 1$$
$$> 0$$

当 $0 \leqslant x < 1$ 时，

$$f(x) = x^8 - x^5 + x^2 - x + 1$$
$$= 1 - x + x^2(1 - x^3) + x^8$$
$$= 1 - x + x^2(1 - x)(1 + x + x^2) + x^8$$
$$> 0$$

当 $x < 0$ 时，$-x > 0$，

$$f(x) = x^8 - x^5 + x^2 - x + 1$$

$$=x^8+(-x)^5+x^2+(-x)+1$$
$$>0$$

总之，$f(x)>0$ 恒成立。）

二　不完全归纳式概括：简单枚举式归纳概括

教学案例

在语文教学中，作文（即写作）是师生教与学中一项很重要的内容。但是，实际情况却是，大部分学生学了或六年作文（小学），或九年作文（从小学到初中），或十二年作文（从小学到高中），反而对于作文犯怵发愁，一听到写作文就感到害怕，不知如何下手，起码不是特别明白如何下手。当问到如何将作文开头写好、如何做到不跑题、如何能够使文章重点突出时，许多学生都表现得一脸茫然。拿到一个作文题目，即使是初三甚至是高三的学生，绝大部分都不能马上拿出写好这篇作文的明晰的、理性的方案，整个写作行为多数是跟着感觉走。作文的教与学整体处于一种亚健康的状态。比如 2012 年北京市的高考作文试题：

阅读下面的材料，按要求作文。

"老计一个人工作在大山深处，负责巡视铁路，防止落石、滑坡、倒树危及行车安全，每天要独自行走二十多公里，每当列车经过，老计都会庄重地向疾驰而过的列车举手敬礼。此时，列车也鸣响汽笛，汽笛声在深山中久久回响……"

大山深处的独自巡视、庄重的敬礼、久久回响的汽笛……这一个个场景带给你怎样的感受和思考？请在材料含意范围之内，自定角度，自拟题目，自选文体（诗歌除外），写一篇不少于 800 字的文章。

面对这样一道题目，如何能够马上拿出具体的、最佳的写作方案？如何能够马上落笔进入正确的、具体的写作流程？不少学生，甚至有的老师，往往都感到比较茫然。比如说，试题要求"请在材料含意范围之内，自定角度，自拟题目，自选文体（诗歌除外），写一篇不少于800字的文章"，我们怎么"在材料含意范围之内"，写好一篇不少于800字的文章呢？具体可行的方法是什么？实际情况是，大部分人都说不清楚，或者是说了一大堆，最后操作起来还是不得要领，只能跟着感觉走，得不到最佳效果。

那么，问题究竟出在哪里？出在了缺乏运用归纳式概括对写作方法进行必要的、科学的提炼。

逻辑辨析

不完全归纳式概括，也可称为不完全归纳推理，或不完全归纳法。它是以某类中部分对象（或子类）具有或不具有某一属性为前提，得出该类对象全部具有或不具有该属性为结论的一种逻辑概括。不完全归纳式概括包括简单枚举式归纳概括和科学归纳式概括。

简单枚举式归纳概括是指：在一类事物中，根据已观察到的部分对象都具有或都不具有某种属性，并且没有遇到任何反例，从而推出该类事物都具有或都不具有该种属性的结论。这就是简单枚举式归纳概括。

就我们的教学而言，最佳的教与学的过程，其实就是运用好的方法对知识进行剖析、传授进而理解、掌握、运用的过程。抛开"教"不说，单说"学"，学习成绩比较好的学生，除去天资聪颖的因素，主要是对学习方法的掌握优于其他学生，也就是说他们"会学"。

那么，他们究竟是怎样的"会学"呢？"会"究竟表现在哪些方面呢？主要表现在他们会在纷繁复杂的事物中很快地"概括和提炼"出解决问题的最佳方法。这种"概括和提炼"就是一种逻辑思维能力。

就上述试题而言，解决问题的方法要具体化，忌讳给学生诸如

"要整体感知"、"全面把握"、"准确切入"和"下笔之前一定要审好题，审不好题可千万别下笔"一类的笼统的指导。

根据简单枚举式归纳概括原理我们发现：

朱自清的散文《春》的开头点了题目："盼望着，盼望着，东风来了，春天的脚步近了……"（此处"春天"点了题目"春"，是在文章开头的后半部分点题，因此是"后点"。同时，由于在开头部分明确点出了题目，因此是"明点"。）

郭沫若的散文诗《白鹭》的开头点了题目："白鹭是一首精巧的诗……"（文章开头就点出了题目"白鹭"，因此是"前点"，同时也是"明点"。）

魏巍的散文《我的老师》的开头点了题目："最使我难忘的，是我小学时候的女教师蔡芸芝先生……"（开头"我……的……教师"点出了题目，属于"明点"。同时，由于是散在开头部分中点题的，因此又是"散点"。）

鲁彦的散文《听潮》的开头点了题目："一年夏天，我和妻坐着海轮，到了一个有名的岛上……"（在开头部分没有明确地把题目点出来，但通过"海"、"岛"间接地把题目点了出来，因此属于"暗点"。）

2010年河北省高考优秀作文《优越赐予我们的懒惰》的开头点了题目："一位著名的经济学家曾提出一个名为'棘轮效应'的理念，即渐次优越的生活环境赐予了我们许多新的性格定位，而当这种优越感消失的时候，这种心理是难以回转的。我想：懒惰，也是优越赐予我们的一种可怕的定位吧！"（在文章开头的后面部分，通过"懒惰，也是优越赐予我们的……"把题目点了出来，属于"后点"。）

高尔基的散文诗《海燕》的开头点了题目："在苍茫的大海上，狂风卷集着乌云，在乌云和大海之间，海燕像黑色的闪电，在高傲地飞翔……"（在文章开头的中间部分，把题目点了出来。属于"明点"、"中点"。）

…………

朱自清的《春》、郭沫若的《白鹭》、魏巍的《我的老师》、鲁彦的《听潮》、作文《优越赐予我们的懒惰》、高尔基的《海燕》是好作文或好文章的部分对象，这些文章在开头部分都点了题且在枚举中未遇反例。

所以，所有的好作文（或好文章）的开头都是要点题目的，不管是明点还是暗点、整点还是散点、正点还是反点或是侧点、后点还是前点或是中点，总之都必须点题。

同样运用简单枚举式归纳概括，不仅可以找出好作文的开头的写作方法，而且还可以找出好作文中间和结尾的写作方法。这个方法是好作文写作的一般规律，也就是说，所有的好作文都必须这样做。这个一般规律就是：

　　　开头：点题定位；

　　　中间：承上详写；

　　　结尾：照应深化。

"点题"就是"点"题目（也包括中心、主题），"定位"就是确定下文要写的内容、范围或确定行文的方向、主旨，回答题目"怎么了"、"是什么"等；"承上详写"就是"承接"着开头"定位"详细地、有条理地把中间内容写出来；"照应深化"就是结尾再照应一下开头，并在"照应"的基础上"深化"一下主题（中心、主旨）。

把这个方法告诉学生，让学生按照这个方法学习和写作，学生很快就写出了好作文（满分作文）：

还以上面的试题为例——

汽笛声久久回响

北京一考生

　　列车巡视员老计，每天在深山里走二十多公里路守护铁路，防止落石、滑坡、倒树危及行车安全，每有列车经过他都会敬礼，列车也会鸣笛回应，汽笛声在山谷中久久回响……这久久回响的何止是一种汽笛声，更是对一种精神的敬重，对一种品质的颂扬。

　　（开头点题定位：题目是"汽笛声久久回响"，开头"点题"："汽笛声在山谷中久久回响"；"定位"："这久久回响的何止是一种汽笛声，更是对一种精神的敬重，对一种品质的颂扬"。）

　　这是对坚守岗位、爱岗敬业精神和品质的敬重与颂扬。老计工作在深山，长年累月，枯燥乏味，但他没有嫌弃自己的岗位，而是兢兢业业做好本职工作。我们生活中这样的事例举不胜举。正是有一大批像老计一样爱岗敬业的人，我们共和国才有今天这样辉煌的发展。

我们还记得全国劳模时传祥，他是北京城郊的一位淘粪工人。他"宁肯一人脏，换来万户净"的毫不利己、专门利人、爱岗敬业的崇高精神，曾受到党和人民的高度赞扬；我们还记得雷锋，他干一行爱一行的"钉子精神"曾影响了一代又一代人；我们还记得公交劳模李素丽，她始终如一地模范遵守职业道德，发扬"一心为乘客，服务最光荣"的爱岗敬业的精神，全心全意、真诚热情地为乘客服务……正是这种精神和品质撑起了共和国的脊梁。共和国的列车汽笛长鸣，汽笛声久久回响……

这是对默默无闻、无私奉献精神和品质的敬重和颂扬。长年累月在深山，这需要多大的甘于寂寞和默默奉献的精神啊！尤其是在经济飞速发展、人心浮躁，对所谓实惠趋之若鹜的今天，没有一点像老计一样的大爱和胸襟，如何能经得起如此喧嚣的社会的考验！

我们不曾忘记黎族教师李桂林、陆建芬夫妇，以十九年的坚持，在悬崖绝壁一道狭窄天梯上几千次地来来回回，只为了给一个十几年没有学校的小山村的孩子们搭建通往美好生活的知识桥梁；我们不曾忘记神七航天员翟志刚、刘伯明、景海鹏，他们为了让太空第一次留下中国人的足迹，承受着常人难以想象的压力艰苦训练，终于让五星红旗在浩渺太空高高飘扬；我们更不曾忘记那些镇守偏僻边关海岛的将士们，无论条件多么艰苦，他们都没有放弃坚守祖国的边疆，金钱诱惑不了他们，所谓实惠也动摇不了他们。因为他们心中有汽笛声久久回响……

（中间承上详写：中间"承接"着上边"定位"的"这久久回响的何止是一种汽笛声，更是对一种精神的敬重，对一种品质的颂扬"，从两个方面——"这是对坚守岗位、爱岗敬业精神和品质的敬重与颂扬"、"这是对默默无闻、无私奉献精神和品质的敬重和颂扬"——详细地写了"定位"的内容。）

我们需要老计的精神！我们都需要具有老计的精神！让这种精神和品德发扬光大，让汽笛声久久回响……

（结尾照应深化："汽笛声久久回响"照应开头和题目，"我们需要老计的精神！我们都需要具有老计的精神！让这种精神和品德发扬光大"深化了文章的主题。）

知识链接

简单枚举式归纳概括（即简单枚举归纳推理）的逻辑形式可以表述如下：

S_1 是（或不是）P

S_2 是（或不是）P

S_3 是（或不是）P

············

S_n 是（或不是）P

S_1，S_2，S_3，…，S_n 是 S 类的部分对象，且枚举中未遇反例

所以，所有 S 都是（或不是）P

简单枚举式归纳概括的结论是或然的，因为其结论超出了前提所断定的知识范围。因此，要提高简单枚举式归纳概括的可靠性，必须注意以下两点：（1）枚举的数量要足够多，考察的范围要足够广。（2）考察有无反例。只要有反例，结论就不能成立。比如："张三家的老人有白头发，李四家的老人有白头发，王五家的老人有白头发，赵六家的老人也有白头发……"但是，我们并不能就此得出结论："所以，世界上所有'家'的老人都有白头发"。因为世界上的"家"还有无数个，这其中，绝对存在有的"家"的老人没有白头发。因为有这反例的存在，因此，这个概括是不能进行的。

所以，运用简单枚举式归纳概括，切忌"轻率概括"，一定要使枚举的数量足够多，考察的范围足够广。尽管有其局限性，简单枚举

式归纳概括在日常生活尤其是在探求新知识的过程中，还是具有极为重要的意义的。其作用概括起来有二：

一是具有认识作用。由于这一推理的结论所断定的知识超出了前提的范围，因而它能够给人们提供新的知识。

二是具有辅助论证的作用。虽然这一推理属于或然性推理，其结论不是必然真的，但是它仍可以在论证中在某种程度上对论题起支持作用，从而提高论题的可信度，增强论证说服力。

扩展延伸

【化学】

请你仿照表7—1中的示例，运用简单枚举式归纳概括，由个别到一般，依据化学事实进行比较分析，归纳推理结论，填写表中的所有空格（1）、（2）、（3）。（所填的实验结论不能重复。）

表7—1　　　　　　　依据化学实验进行归纳概括

实验事实（至少举两例）	实验结论
示例：氢氧化钠、氢氧化铜都能与盐酸反应生成盐和水	碱都能与盐酸反应生成盐和水
（1）	（1）
（2）	（2）
（3）	（3）

（参考提示：1. 实验事实：盐酸、稀硫酸使紫色的石蕊试液变红；实验结论：酸溶液能使紫色的石蕊试液变红。2. 实验事实：氯化钠、氯化钾溶液能与硝酸银溶液反应生成不溶于稀硝酸的白色沉淀；实验结论：盐酸盐的溶液都能与硝酸银溶液反应生成不溶于稀硝酸的白色沉淀。3. 实验事实：氢氧化钾溶液、氢氧化钠溶液都能使无色的酚酞试液变红；实验结论：碱溶液都能使无色的酚酞试液变红。）

【数学】

被誉为"数学王冠上的明珠"的"哥德巴赫猜想"，在提出过程中就运用到了简单枚举式归纳推理。

两百多年前，德国数学家哥德巴赫发现，一些奇数都分别等于三个素数之和。例如：

17＝3＋3＋11

41＝11＋13＋17

77＝7＋17＋53

461＝5＋7＋449

哥德巴赫并没有把所有奇数都列举出来（事实上也不可能），只是从少数例子出发就提出了一个猜想：所有大于5的奇数都可以分解为三个素数之和。他把这个猜想告诉了数学家欧拉。欧拉肯定了他的猜想，并补充提出猜想：大于2的偶数都可以分解为两个素数之和。例如：

10＝5＋5

14＝7＋7

18＝7＋11

462＝5＋457

前一个命题可以从这个命题得到证明，这两个命题后来合称为"哥德巴赫猜想"。[①]

再如：

从四边形的一个顶点引出所有的对角线，四边形被分成2个三角形，三角形个数比四边形的边数少2；

从五边形的一个顶点引出所有的对角线，五边形被分成3个三角形，三角形的个数比五边形的边数少2；

从六边形的一个顶点引出所有的对角线，六边形被分成4个三角形，三角形的个数比六边形的边数少2；

…………

（举例中未遇反例。）

所以，从多边形的一个顶点引出所有的对角线所分得的三角

---

① 百度百科．归纳推理．见百度网，2013－06－15。

形的个数总比多边形的边数少 2。

而且，每个三角形的内角和是 180°，因此，n 边形的内角和为 $(n-2) \times 180°$。

【物理】

铜能导电；

银能导电；

锌能导电；

⋯⋯⋯⋯⋯

（实验中未遇反例。）

铜、银、锌都是金属；

所以，金属都能导电。

又如：

人们说话时声带在振动；

蝈蝈叫的时候羽翅在振动；

战鼓雷鸣，鼓皮在振动；

铜镲阵阵响，镲体在振动；

⋯⋯⋯⋯⋯

（举例中未遇反例。）

人说话、蝈蝈叫、战鼓鸣、铜镲响都是在发声；

所以，一切发声都是物体在振动。

【生物】

绿草丛中的蝈蝈为保护自己，体色与环境一致；

北极地区的白熊为保护自己，体色与环境一致；

雷鸟为保护自己，羽色因季节而异、与环境一致；

⋯⋯⋯⋯⋯

（举例中未遇反例。）

蝈蝈、白熊、雷鸟等都是动物；

所以，动物为了保护自己，并利于其避敌、捕食等，其体色与环境的色彩往往相似而不易被其他动物发现。

日常生活中，此例更多。例如：我们买葡萄的时候，往往是先尝一尝。尝了一颗很甜，又尝了一颗还很甜，然后就归纳概括出所要买的所有葡萄都很甜，就放心地买上一大串。

勤思多练

【语文】

1. 请判断以下推理正确与否并简要说明理由。

古代著名诗人都爱种柳，不但写下许多咏柳佳作，而且本人都种柳。陶渊明以"五柳先生"为号说明了他对柳的喜爱。欧阳修也是种柳能手。宋代张邦基在《墨庄漫录》中记载："扬州蜀冈上大明寺平山堂，欧阳文忠手植柳一株，人谓之欧公柳。"白居易外放时也曾不止一次种过柳，他在《忆江柳》一诗中写道："曾栽杨柳江南岸，一别江南两度春。遥忆青青江岸上，不知攀折是何人。"柳宗元用诗记载了他在柳州任刺使时种柳的事。他在《种柳戏题》中写道："柳州柳刺使，种柳柳江边。谈笑为故事，推移成昔年。"

（参考提示：不正确。简单枚举式归纳概括的一条重要原则就是在考察中没有遇到反例。但是，这个推理仅根据部分著名诗人爱种柳的事实，而没注意文学史上存在大量相反的事例，便得出涉及所有古代著名诗人的全称结论，犯了"轻率概括"的逻辑错误。）

2. 请用逻辑知识简要分析一则寓言故事。

一个户籍官员到一个村庄去登记户口，询问的第一个户主叫威廉·威廉斯，接下来第二个、第三个甚至第四个户主也叫这个名字，最后他对自己说："他们显然都叫威廉·威廉斯。我把他们都照这名字登记上，今天好休息。"图省事的结果是他错了，村子里还有一个叫约翰·琼斯的。

（参考提示：这个户籍官员犯了"轻率概括"的错误，他运用简单枚举归纳法，根据部分户主的姓名都一样，没有注意去发现反例，就概括出所有户主姓名都一样的确定结论，其概括是不正确的。）

3. 请用简单枚举式归纳概括法分析《孟子》中节选的文字。

舜发于畎亩之中，傅说举于版筑之间，胶鬲举于鱼盐之中，管夷吾举于士，孙叔敖举于海，百里奚举于市。

故天将降大任于是人也，必先苦其心志，劳其筋骨，饿其体肤，空乏其身，行拂乱其所为，所以动心忍性，曾益其所不能。

（参考提示：选文分两段。第一段列举了六种具有共性的事例，且未遇到反例，因此，第二段便得出一般性结论：艰难困苦，是成就人能够担当"大任"的必备条件。）

三 不完全归纳式概括：科学归纳式概括

教学案例

绝大部分学生都反映，在语文考试中"阅读理解"扣分比较多。究其原因是学生们大多对"阅读理解"的基本解题方法掌握不够。老师们教的基本方法大多也是这样几步：第一，拿到阅读题先把原文细读几遍，弄清楚它说的是什么意思（中心、主旨、主题等）。第二，分一下层次（也就是划分一下段落大意），看一下文章说了几部分内容。第三，把自然段标上序号。第四，把后边的试题都看一遍。第五，拣自己会答的答（也就是先拣容易的答）……但是，用此法解题并不灵。比如下边的 2003 年高考语文卷现代文阅读题：

阅读下面的文字，完成文后题目。

乡土情结

柯灵

①每个人的心里，都有一方魂牵梦萦的土地。得意时想到它，失意时想到它。逢年逢节，触景生情，随时随地想到它。辽阔的空间，悠邈的时间，都不会使这种感情褪色：这就是乡土情结。

②人生旅途崎岖修远，起点站是童年。人第一眼看见的世界，就是生我育我的乡土。他从母亲的怀抱，父亲的眼神，亲族的逗弄中开始体会爱。乡土的一山一水，一草一木，都溶化为童年生活的血肉，不可分割。而且可能祖祖辈辈都植根在这片土地上，有一部悲欢离合的家史，在听祖母讲故事的同时，就种在小小的心坎里。邻里乡亲，早晚在街头巷尾、桥上井边、田塍篱角相见，音容笑貌，闭眼塞耳也彼此了然，横竖呼吸着同一的空气，濡染着同一的风习，千丝万缕沾着边。一个人为自己的一生定音定调定向定位，要经过千磨百折的摸索，前途充满未知数，但童年的烙印，却像春蚕作茧，紧紧地包着自己，又像文身的花纹，一辈子附在身上。

③"金窝银窝，不如家里的草窝。"但人是不安分的动物，多少人仗着年少气盛，横一横心，咬一咬牙，扬一扬手，向恋恋不舍的家乡告别，万里投荒，去寻找理想，追求荣誉，开创事业，富有浪漫气息。有的只是一首朦胧诗——为了闯世界。多数却完全是沉重的现实主义格调：许多稚弱的少男少女，为了维持最低限度的生存要求，被父母含着眼泪打发出门，去串演各种悲剧。人一离开乡土，就成了失根的兰花，逐浪的浮萍，飞舞的秋蓬，因风四散的蒲公英，但乡土的梦，却永远追随着他们。浪荡乾坤的结果，多数是少年子弟江湖老，黄金、美人、虚名、实惠，都成了竹篮打水一场空。

④安土重迁是中华民族的传统。鸟恋旧林，鱼思故渊；树高千丈，落叶归根。但百余年来，许多人依然不得不离乡别井，乃至漂洋过海，谋生异域。有清一代，出国的华工不下一千万，足迹遍于世界。美国南北战争以后，黑奴解放了，我们这些黄皮肤的同胞，恰恰以刻苦、耐劳、廉价的特质，成了奴隶劳动的后续

部队，他们当然做梦也没有想到什么叫人权。为了改变祖国的命运，孙中山领导的革命运动发轫于美国檀香山，第一代中国共产党人，很多曾在法国勤工俭学。改革开放后掀起的出国潮，汹涌澎湃，方兴未艾。还有一种颇似难料而其实易解的矛盾现象：鸦片战争期间被割弃的香港，经过一百五十年的沧桑世变，终将回到祖国的怀抱，这是何等的盛事！而一些生于斯、食于斯、惨淡经营于斯的香港人，却宁愿抛弃家业，纷纷作移民计。这一代又一代炎黄子孙浮海远游的潮流，各有其截然不同的背景、色彩和内涵，不可一概而论，却都是时代浮沉的倒影，历史浩荡前进中飞溅的浪花。民族向心力的凝聚，并不取决于地理距离的远近。我们第一代的华侨，含辛茹苦，寄籍外洋，生儿育女，却世代翘首神州，不忘桑梓之情，当祖国需要的时候，他们都做了慷慨的奉献。香港蕞尔一岛，从普通居民到各业之王、绅士爵士、翰苑名流，对大陆踊跃捐助，表示休戚相关、风雨同舟的情谊，是近在眼前的动人事例。

⑤"美不美，故乡水，亲不亲，故乡人。"此中情味，离故土越远，就体会越深。科学进步使天涯比邻，东西文化的融会交流使心灵相通，地球会变得越来越小。但乡土之恋不会因此而消失。

（1）从文中看，乡土都给人们打下了哪些"童年的烙印"？（不超过28个字。）

（2）作者在第三段中所描写的少年离别家乡的情况有哪几种？请概括说明。

（3）本文第四段写了一代又一代炎黄子孙浮海远游的潮流，并赞颂他们不忘桑梓之情，慷慨奉献，与祖国休戚相关。请你结合乡土情结，分析这样写的作用和好处。

对这几道题而言，用上边所给的五个基本方法怎么回答呢？这会让人有一种摸不着头绪、无从下手的感觉。

其实，问题就出在了施教者或被施教者没有运用逻辑思维找到合理、科学、优化的答题基本方法。

逻辑辨析

　　科学归纳式概括也叫科学归纳推理，它是以科学分析为主要依据，由某类中部分对象与其属性之间所具有的因果联系，概括出该类的全部对象都具有某种属性的归纳推理。

　　就上述教学案例而言，解决文后的三道试题，老师提供的五个"妙招"哪条适用？其实哪条都不适用！但是，我们每次考试却都用这些方法去解题，结果如何能令人满意？

　　其实，如果我们运用科学归纳式概括的方式，对出现"阅读理解"题型的不同试卷进行分析研究，就可以比较科学地找到解题的基本思路。

　　比如，我们分别考察 A、B、C 三份试卷：

　　A 试卷是 2011 年山东省高考语文卷，其"阅读理解"所选文章为《没有天堂》，文后第 19 小题是这样要求的：

　　"作者在文章开头描述东西方宗教中'天堂'的目的是什么？"

　　B 试卷是 2012 年河北省中考语文卷，其"阅读理解"所选文章为《植物的抗旱本领》，其后第 17 小题是这样要求的：

　　"选文运用的最主要的说明方法是什么？有什么作用？"

　　C 试卷是 2013 年北京市西城区高三语文二模试卷，其"阅读理解"所选文章为莫言的《马语》，其后第 20 题是这样要求的：

　　"以第 4 段为例，任选一个角度谈谈作品在语言运用上的妙处。"

　　我们发现，在出现"阅读理解"题型的 A、B、C 三份试卷中，这些试题的内容是不同的，出题的时间是不同的，参与答题的对象也是不同的，但是，其中有一点却是相同的，即在不同试卷的"阅读理解"题型中，都对应试者提出了应遵循的要求（指令），并且，明确并遵循试题中提出的要求（指令），就能正确解题。否则，就不能正确解题。例如：

　　要答好 A 试卷中的这道题，我们必须按照试题的要求去解，首先，答案一定要在文章开头描述的东西方宗教中的"天堂"中去寻找，而不要乱找。其次，这个答案必须针对"这样描述的'目的是什么'"，而不是别的。

要答好 B 试卷中这道题，我们也必须按照试题的要求去解。这道题问的是"说明方法"以及这种方法在本文中所起的"作用"，而不是别的什么方法及其作用。如果我们回答成"修辞手法"方面的内容，那就意味着背离了要求，就不可能得分。

要答好 C 试卷中这道题，同样，我们也必须按照试题的要求去解，也就是必须"以第 4 段为例"，而不能是别的段。如果从别的自然段中去找，就背离要求了；另外，虽然可以任选一个角度，但是，所谈的却必须是"作品在语言运用上的妙处"，如果谈的是文章结构或其他方面的妙处，谈得再好也不会得分。

显然，在所考察的各个试卷中，明确并且遵循试题中提出的要求这个共同点，与正确解题之间，存在着因果联系。这种因果联系是运用求同法获得的。

由此，我们就可以得到一个一般性的结论：在遇到"阅读理解"题型时，要想正确解答好此类题目，就必须首先明确并且遵循试题中提出的要求。这个一般性结论，就是运用科学归纳方法而得出的。它之所以是一个运用科学归纳方法得出的结论，就是因为在考察多个出现"阅读理解"题型的试卷时，运用了求同法，发现了其中存在的因果联系。

所以，我们不能一上来就说"拿到阅读题先把原文细读几遍"，因为，在不知道试题的要求的情况下去读原文，只能是茫然地读、没有目标和针对性地瞎读。在考试时，时间有限，在关键时刻，瞎干蛮干，结果能好么？

这样，我们按照科学归纳式概括的方法，在"求同"的基础上，得出一个答好"阅读理解"类题目的基本方法：

第一，按试卷题序先读第一题，明确要求，带着问题读原文。

第二，根据要求，锁定答案区域。

第三，根据要求，从有关区域的原文中找答案。

第四，按试卷中的题序，按照上述程序依次作答。

现在我们再来看前面的教学案例，如果我们运用通过科学归纳法得到的解题基本方法，解答此题就比较容易了。

下面是解题的过程：

第一，先读第一题，带着问题读原文。

"从文中看，乡土都给人们打下了哪些'童年的烙印'？"

当你看完这个问题，解题就有了针对性，阅读就不会盲目。而且你会发现，解决第一个问题不需要把全文读完，也不需要总结什么中心、主旨、主题，起码现在不需要，只需要关注"童年的烙印"，带着这个问题读原文，锁定答案的区域即可。

第二，锁定答案区域。

由于有了针对性，你会很快找到第二段中"童年的烙印"一词，你会马上断定，第二段就是本题答案的区域。锁定了答案的区域，你就可以从区域所限定的原文中找答案。

第三，从原文中找答案。

通过阅读答案区域所锁定的原文，经过"分析、综合、筛选、整合"文章提供的信息，你马上就会得出"童年的烙印"有哪些："父母亲族的爱、家乡的山水草木、悲欢离合的家史、邻里乡情"。这就是标准答案。按照这种方法，解题是何等迅速准确，而原来的方法是何等误工误事。

由此可见，如何进行"阅读理解"？如何在有限时间内把试题回答得更加接近标准答案？只有建立在解决问题的基础上才能进行。如何建立在解决问题的基础上？那就是带着问题去阅读。

第四，按题序依次作答。

解决了第一题，就做第二题。为什么不先做第三题？因为按照顺序做题符合出题人的思路。所以，要按题序依次作答。答题的方法和步骤同上。

所以，对于第二题"作者在第三段中所描写的少年离别家乡的情况有哪几种？请概括说明"，我们应先读题，带着问题读原文，这样就会马上发现信息区域的所在：第三段。然后从原文中找答案，经过"分析、综合、筛选、整合信息"，答案很快便会找出："不少人富有浪漫气息，为追求理想、开创事业去闯世界；多数人是沉重的现实主义格调，为维持最低生活被打发出门"。这是何等快捷的一种方法！

对于第三题"本文第四段写了一代又一代炎黄子孙浮海远游的潮

流，并赞颂他们不忘桑梓之情，慷慨奉献，与祖国休戚相关。请你结合乡土情结，分析这样写的作用和好处"，很明显，答案区域在第四段。此题有一定难度，但运用科学方法解题也能做到八九不离十。那就是带着问题读原文，从原文中找答案。

根据题干提示的两部分内容——一是"一代又一代炎黄子孙浮海远游的潮流"，一是"赞颂他们不忘桑梓之情，慷慨奉献，与祖国休戚相关"，我们从原文中找出对应的内容：从此段开头到"历史浩荡前进中飞溅的浪花"对应第一部分内容；从"民族向心力的凝聚，并不取决于地理距离的远近"到此段结尾对应第二部分内容。

然后结合乡土情结"整合"信息，便得出以下结论，也就是答案："把乡土情结提高到民族凝聚力的高度来认识，丰富并深化了乡土情结的内涵；具体说明乡土情结不因时间的悠远（历史）和空间的阻隔（地理）而褪色；既照应了前文，也使本文的主题得到深化"。

📖 知识链接

科学归纳式概括表述形式如下：

S_1 是 P

S_2 是 P

S_3 是 P

…………

S_n 是 P

S_1，S_2，S_3，…，S_n 是 S 类的部分对象，S 和 P 之间有通过运用求同法，或求异法，或求同求异并用法，或共变法，或剩余法而获得的因果联系

所以，所有 S 都是 P

它与简单枚举式归纳概括不同的是，简单枚举式归纳概括是以经验认识为根据，在列举出某类中部分对象之后，只要这些对象都具有或都不具有某种属性并未遇反例即可得出一般性结论，而科学归纳式

概括则是以科学分析为主要依据，也就是在列举出某类中部分对象之后，并不只是停留在对事物的经验的重复上，而是深入进行科学分析，通过运用五种寻求因果联系的方法（即求同法、求异法、求同求异并用法、共变法、剩余法①），先揭示出这些部分对象与其属性之间所具有的因果联系，再做出一般性结论。因此，科学归纳式概括的结论比简单枚举式归纳概括的结论更可靠。

所谓因果联系是指原因和结果之间的联系。俗话说，有因必有果，有果必有因，原因和结果是自然界和社会领域中普遍存在的一种必然联系。所以，当归纳概括能够揭示出事物之间的因果联系时，其结论自然就更可靠。因为它在向事物的本质深入。所以，这就要求我们必须具有一定的科学理论知识，以便能给对象与其属性之间的因果联系以理论方面的解释。

扩展延伸

【物理】

手捏气球，气球变形，因为用力；

风吹树枝，树枝弯曲，因为用力；

网球撞击网球拍，使网球拍变形，因为用力；

…………

这些现象是物体改变形状的部分对象，通过求同法得知，这些现象都与用力有因果关系：力具有使物体获得加速度、改变方向或者发生形变的作用；

所以，力能改变物体的形状。

【政治】

十月革命前的俄国沙皇是纸老虎；

———————

① 关于寻求因果联系的五种常用方法，本书不做专门介绍，请读者参阅有关逻辑学著作。

希特勒是纸老虎；

墨索里尼是纸老虎；

日本帝国主义者是纸老虎；

············

俄国沙皇、希特勒、墨索里尼、日本帝国主义者都是反动派，他们之所以是纸老虎，是因为他们的阶级地位和阶级本质决定了他们是反人民的，是得不到人民支持和拥护的，因而是没有力量的；

所以，一切反动派都是纸老虎。

勤思多练

【语文】

请用科学归纳式概括的原理分析下边的故事。

佛教《百喻经》中有一则故事：从前有一位富翁想吃芒果，打发他的仆人到果园去买，并告诉他："要甜的、好吃的，你才买。"仆人拿上钱就去了。到了果园，园主说："我这里树上的芒果个个都是甜的，你尝一个看看。"仆人说："我尝一个怎能知道全体呢？我应当个个都尝过，尝一个买一个，这样最可靠。"仆人于是自己动手摘芒果，摘一个尝一口，甜的就都买回去。带回家去后，富翁见了，很不高兴，把芒果全都扔了。

（参考提示：这则故事非常有讽刺意味地说明了这位仆人不会运用科学归纳式概括方法办事的问题。买芒果何须个个都尝！当我们观察到一些S具有属性P后，应当开始思考，为什么这些S都会有属性P呢？也就是去弄清楚S和P究竟有没有因果联系。

比如，我们可以"窥一斑而知全豹"，尝几个芒果而知一树芒果的甜酸。如果是甜，我们就可以联想到，其甜和园中土壤、日照等因素有因果联系，同一座园、同一日照下、同一棵树上的芒果也应该都甜。买，何须都尝！）

【物理】

请用科学归纳式概括的原理分析其中的因果联系。

金受热后体积膨胀；

银受热后体积膨胀；

铜受热后体积膨胀；

铁受热后体积膨胀；

_____

_____

所以，所有金属受热后体积都膨胀。

（参考提示：因为金属受热后，分子的凝聚力减弱，分子运动加速，分子彼此距离加大，从而导致膨胀，而金、银、铜、铁都是金属。）

【化学】

请阅读下面一段材料，然后回答问题。

意大利的那不勒斯城附近有个石灰岩洞，人们带着牛、马等大牲畜，可以安全出入，但狗、猫、鼠、鸡等小动物走进洞中，就会倒地死去。后来人们对这一现象进行观察、实验和科学分析，了解到小动物之所以死去，是因为它们的头部比较靠近地面，而岩洞的地面上浮动着比重较大的二氧化碳，缺少氧气。所以是石灰岩洞的缺氧地面，造成头部离地面较近的小动物死亡。由此得出小动物进入石灰岩洞必然会死亡的结论。

请问这属于归纳式概括中的哪一种？请简述理由。

（参考提示：属于科学归纳式概括。上述的概括并不只停留在事实的简单重复上，它还运用求同法对事物与其属性之间的必然联系进行了科学分析。）

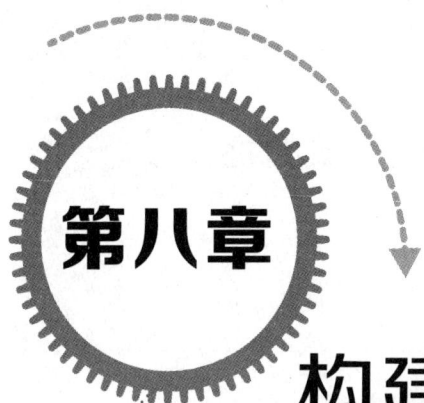

第八章

构建模型式概括

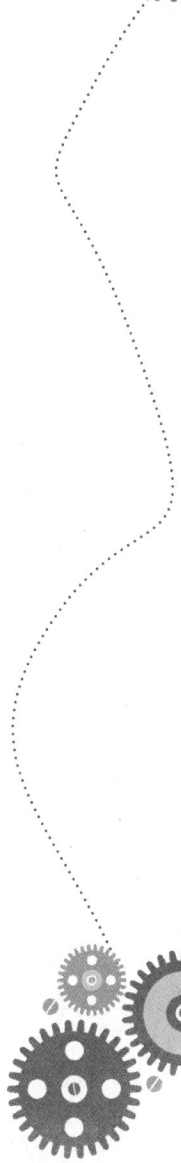

一 物理模型式概括

教学案例

在学习"杠杆"概念这一内容时，可以有以下两种引入方式：

第一种：古希腊哲学家阿基米德曾说过："给我一个支点，我就能撬动整个地球。"利用阿基米德撬地球的图片，让学生注意到人的手作用在硬棒上使棒转动的力、地球压在硬棒上阻碍硬棒转动的力，中间还有一个支撑着杠杆的点，从而引出杠杆。

然后介绍几个基本概念——支点（O）：杠杆绕着转动的固定点；动力（F_1）：使杠杆转动的力；阻力（F_2）：阻碍杠杆转动的力；动力臂（L_1）：支点到动力作用线的距离；阻力臂（L_2）：支点到阻力作用线的距离。

第二种：通过生活中的事物和场景图片，让学生观察、讨论它们有什么共同的特征。然后抽象概括出杠杆、支点、动力、阻力的概念（见图8—1）。

观察图8—2，根据图片抽象概括出力臂的概念和表示方法。

续前图

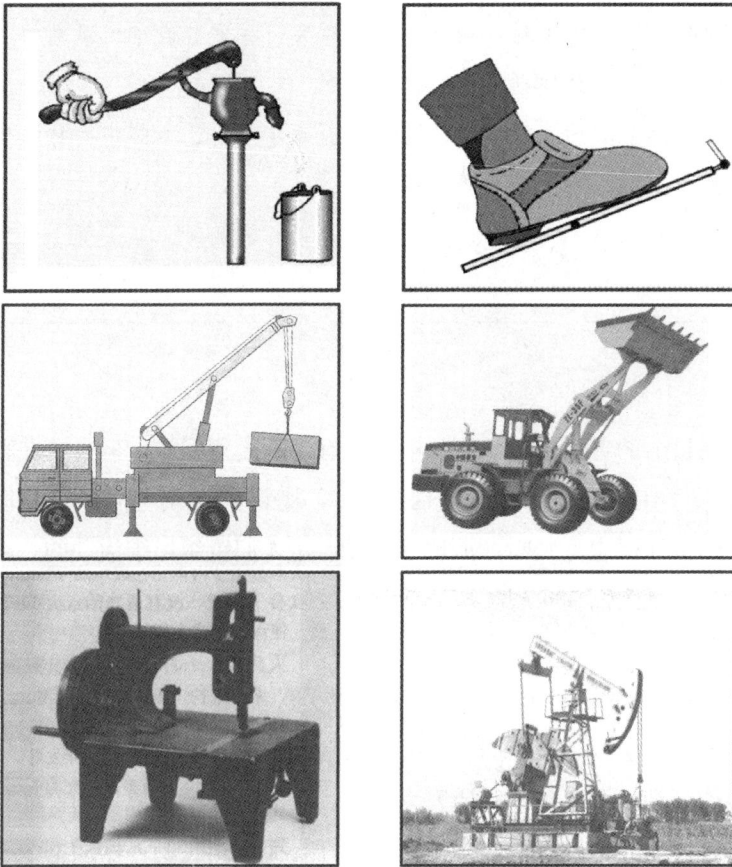

图 8—1 生活中的"杠杆"现象

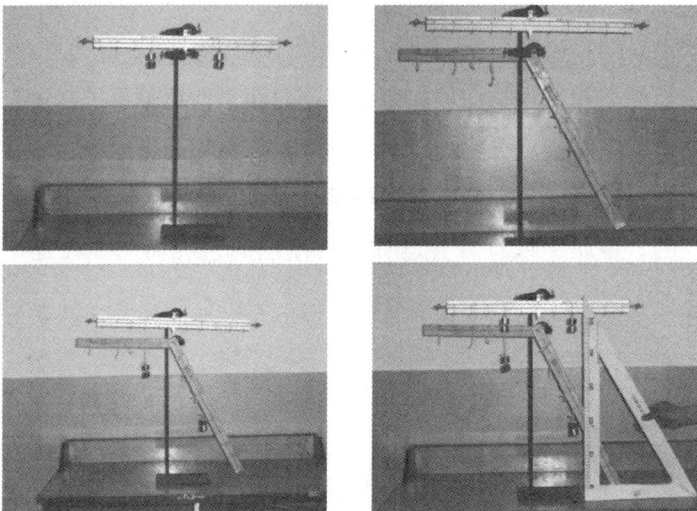

图 8—2 力臂演示

在探究杠杆平衡的条件时，设计实验，明确实验步骤、注意事项、探究方法后，由学生自主探究。在实验表中记录数据、分析数据、归纳概括得出结论。

然后利用实验所得的结论，引导学生讨论实际中的杠杆哪些是省力的、哪些是省距离的。

逻辑辨析

在目前的普通逻辑学教材中，没有讲到模型问题，但是，在科学逻辑①、辩证逻辑②和科学方法论③中，则讲到了模型问题。我们认为，模型和概念、判断、推理等一样，是人们组织思维活动的一种思维形式，是人们在实现提炼概括时不可缺少的一种思维形式，具有重要的作用。

"模型"是相对于"原型"来说的。原型是我们要实际研究的客观对象。原型或者在空间上太大，或者涉及太多的外部联系，或者内部结构复杂，不容易进行研究。于是，我们就需要把原型的许多外部的、次要的、个别性的因素都暂时撇开，而把内在的、本质的、普遍性的因素抽取出来，概括成规律性的认识，从而在一种比较理想化的状态中形成一个原型的替代物。这个在理想化状态下形成的原型的替代物就是模型。由此，我们可以看到模型具有三个显著特点：第一，它必须与原型相似，是在理想化状态下对原型的近似反映；第二，它必须是对原型的提炼概括，以简明的形式表示出原型中各主要因素间的逻辑关系；第三，它是可以通过实践检验的。④ 了解了模型，也就从内在的、本质的或具有普遍性、规律性的角度简明扼要地了解了原型。

① 参见张巨青主编：《科学逻辑》，115～124 页。
② 参见金顺福，汪馥郁主编：《辩证思维论》，154～184 页，285～415 页，北京，北京燕山出版社，1996。
③ 参见于祺明，汪馥郁主编：《科学发现模型论》，139～241 页，北京，中央民族大学出版社，2006。
④ 同上书，151 页。

建立模型的过程是一个逻辑思维的过程。第一，需要对原型进行分析，了解原型的组成因素及其在整体中的作用；第二，需要对原型中外部的、次要的、个别性的因素和内在的、本质的、具有普遍性与规律性的因素进行区分；第三，需要在思维中假定性地撇开原型中外部的、次要的、个别性的因素；第四，需要在理想化状态下把原型中内在的、本质的、普遍性的因素抽取出来；第五，需要提炼概括出原型中内在的、本质的、普遍性的因素之间的逻辑关系，形成一种对原型内在规律的描述。当然，实际建立模型的过程远比这里所叙述的要复杂得多，我们不过是指出了建立模型过程中最主要的部分。但仅就这几个部分来说，也足以显示出：脱离了逻辑思维活动就根本不可能建立模型。

人们对模型这个概念和模型方法的认识，经历了"从漠视到关注"、"从关注形式说明到研究功能特性"、"从模型在科学研究中的作用到模型在整个人类认知中的作用"的转变①，现在，模型这个概念和模型方法已经被越来越广泛地运用在人们学习、工作甚至生活的方方面面。

模型可以分为实物模型和思想模型两大类。

在实物模型中，又可以细分为天然实物模型和人工实物模型。前者如：在老鼠身上进行一些药物试验，以研究这些药物对人的影响。在此，药物对人的影响是原型，而对老鼠的药物试验就是模型。后者如：为了设计和制造出真实的无人飞机，人们可以先制造出无人飞机模型。通过对无人飞机模型的试验，取得数据和经验，为设计和制造真实的无人飞机开辟道路。人工实物模型还可进一步细分为：物理模型、化学模型、生物模型等。

在思想模型中，又可以细分为：（1）形象思想模型。例如：对于原子的结构，汤姆逊就提出"西瓜式"模型，或者称为"枣糕模型"。（2）形式模型。例如：针对事物之间的数量关系和空间关系等，用字母、数字和其他数学符号构成的等式或不等式，或用图表、图像、框图等形式化的数学语言，对原型主要特征、关系、结构、功能所做出

---

① 参见于祺明，汪馥郁主编：《科学发现模型论》，157 页。

的一种概括的、近似的表达或描述，可以构造出不同的数学模型。（3）理想模型。例如力学中的质点、刚体等。（4）理论模型。例如：可以运用生产力与生产关系、经济基础与上层建筑的矛盾，构成社会的基本矛盾这个理论模型，来说明社会性质的变化和社会经济、政治、文化的发展方向。

在上面的教学案例中，我们可以比较"杠杆"教学的两种引入方式，第一种通过一个例子给出相关概念，实际上就是直接给出，学生必须接受、记忆。而第二种则通过若干个实例引导学生抽象出它们的本质特征，从而概括出一个物理模型——杠杆及相关概念，再通过实验的方法抽象概括出力臂的概念，既帮助学生学习了知识，又发展了学生的思维能力，同时也能使知识掌握得更牢。

引导学生学会建立物理模型的方法，是物理教学中科学方法教育的一项重要内容。能建立正确合理的模型，能透过现象识别、发现模型是解题的关键所在。可以从以下几个方面引导学生建立物理模型：

一是通过实验引导。

实验是物理学的基础，所以在建立物理模型时离不开实验。其一般方法是先做有关实验，使学生在脑海中留下一个直观的、具体形象的物理实物模型，在此基础上做抽象引导，形成一种思维轮廓，变成具有思维特征的物理思想模型。然后再利用学生思维中已经建立起来的物理模型去解决一些实际问题。这样建立起来的物理模型会让学生印象深刻。如本案例中的杠杆平衡条件的探究。

二是通过定义引导。

有些物理模型的建立没有实验可做，学生的感性知识又少，模型本身很抽象，这就需要从模型本身的特点先给予定义，然后在运用中进一步体会模型的内涵。例如建立"理想气体"模型，首先给出一个框架，严格遵守气体实验定律的气体称为理想气体。然后分析实际气体与理想气体的区别，并说明实际气体在压强不太大（与大气压强相比）、温度不太低（与室温相比）的情况下，可以近似视为理想气体。最后运用理想气体的定义处理具体问题。经过一段时间的运用之后，学生就会更加清晰地理解理想气体的内涵，达到熟练掌握的程度。

三是通过举例引导。

物理问题来源于生活实际，可以在学生已有知识和生活经验的基础上，通过举例的方法，引导学生抽象出它们的本质特征，建立物理模型。如本例中的杠杆概念的建立。

知识链接

所谓物理模型，是人们为了研究物理问题的方便和探讨物理事物本身而对研究对象所做的一种简化描述，是以观察和实验为基础，采用理想化的办法所创造的，能再现事物本质和内在特性的一种简化模型。理想化的物理模型既是物理学赖以建立的基本思想方法，也是物理学在应用中解决实际问题的重要途径和方法，这种方法的思维过程要求学生在分析实际问题时研究对象的条件、物理过程的特征，建立与之相适应的物理模型，通过模型思维进行推理。

物理模型大致可分为以下几种：

一是"物理对象模型"。

实际物体在某些特定条件下往往可抽象为理想的研究对象，即物理对象模型。常见物理对象的理想模型有：质点、理想流体、点电荷、点磁荷、点光源等。如研究竖直放置在光滑圆弧形轨道上的物体做小幅度运动时，就可以把它等效为单摆模型处理；研究跳水运动员时，就可以把他看作全部质量集中在其重心的一个质点模型。

二是"物理过程模型"。

将实际物理过程进行处理，忽视次要因素而考虑主要因素，忽略个性而考虑共性，使之成为典型过程，即过程模型。比如：匀速直线运动、匀变速直线运动、抛体运动、匀速圆周运动、简谐运动、质点的自由落体运动，电学中的稳恒电流、等幅振荡，热学中的等温变化、等容变化、等压变化、绝热变化等都是物理过程、物理状态的模型。比如：发射炮弹时炮弹在炮筒里的运动、火车和汽车等交通工具在开动后或停止前的一段时间内的运动、石块从不太高的地方下落的运动，由于都很接近匀变速直线运动，我们可以把这些运动当作匀变速直线运动来处理。

三是"理想化实验模型"。

在实验的基础上，抓住主要矛盾，忽略次要矛盾，根据逻辑推理法则，对过程进一步分析、推理，找出其规律。伽利略就是在斜槽上滚下的小球滚上另一个斜槽，后者倾角越小，小球滚得越远的实验基础上，提出了他的理想实验，从而推倒了延续两千年的"力是维持运动不可缺少的原因"的结论，为惯性定律的产生奠定了基础。

四是"模拟式模型"。

物理概念和规律在形式上是抽象的，在内容上是具体的，因此，我们可以用模拟式模型来描述。比如：电场和磁场中引入的电场线、等势面和磁感线等就是模拟式模型。其实，电场线、等势面和磁感线都是为了研究电场和磁场而引入的一系列假想曲线（面），但是这些曲线（面）并非人们单凭主观愿望臆造出来的，用电场线、等势面和磁感线这些模拟式模型能使一些看不见、摸不着的客观事物变得具体化、形象化。

在物理教学中，学生们常常反映物理难学，尤其是解题难。当然，难的原因很多，但其中很重要的一个原因就是学生对题目的物理过程不理解，不能把题目中的过程和物体简化成理想的物理模型。建立物理模型在解答物理题目中经常起着决定性的作用。例如，在题目中出现"接触面光滑"，其意思就是不考虑摩擦；"两物体间的距离远大于它的线度"，其意思就是物体可以视为质点；"轻质弹簧"或"轻绳"，其意思就是不考虑弹簧或绳的质量……学生若不知道这些模型所包含的物理意义，就不能正确解答有关题目。事实告诉我们，千变万化的物理题目都是根据一定的物理模型，结合某些物理关系，给出一定的条件，提出需要求的物理量的，而我们解题的过程就是将题目隐含的物理模型还原、求结果的过程。所以教师在例题的教学中应该注意着重引导分析，首先让学生理解题中的物理图景，明确题中涉及的物理模型，然后再用相应的模型来解题。

扩展延伸

【物理】

　　举重运动是力量和技巧充分结合的体育项目。就"抓举"而言，其技术动作可分为预备、提杠铃、发力、下蹲支撑、起立、放下杠铃六个步骤，图8—3所示照片表示了其中的几个状态。现测得轮子在照片中的直径为1.0cm，已知运动员所举杠铃的直径是45cm，质量为150kg，运动员从发力到支撑历时0.8s，试估测从发力到支撑杠铃被举起的高度h_1，并估算这个过程中杠铃向上运动的最大速度。若将运动员发力时的作用力简化成恒力，则该恒力有多大？（在照片上量得$h_1=1.33$cm，$h_2=1.1$cm。）

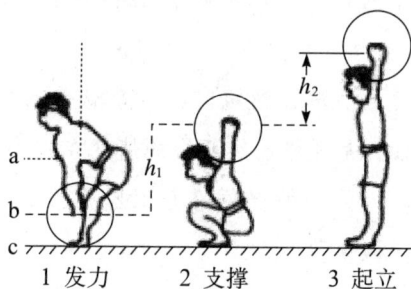

图8—3　抓举运动

　　解析：1. 认真审题。区分背景材料与有用信息，推敲关键字句，全面正确地理解题意。题目描述的举重的实际背景，要理想化为典型的物理情景。

　　抓举中，举起杠铃分两个阶段完成。第一阶段：从发力到下蹲支撑举起高度h_1；第二阶段：从支撑到起立举起另一高度h_2。

　　本题只涉及第一阶段（见图8—4），人的运动太复杂，选杠铃为研究对象。

　　关键字句：杠铃的直径是45cm，在照片上量得$h_1=1.33$cm，发力时的作用力简化成恒力。

　　2. 建立清晰的物理情景，养成画示意图的习惯。示意图化

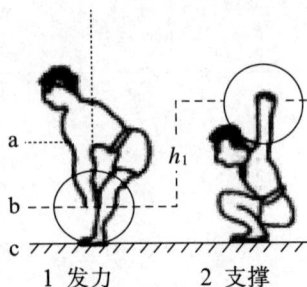

图8—4 发力与支撑

抽象为形象，可以帮助展示物理过程。例如画受力图和准确捕捉关键画面是解决动态题的制胜法宝。

3. 模型识别与转换。把题目中的信息抽取出来激活大脑中的相关记忆代码，寻找最佳的匹配，把复杂的、困难的或未见过的问题转换为简单的、容易的或已经解决的问题或物理模型。

（1）对杠铃施加一个力（发力），使杠铃做加速运动，建立匀加速模型。

（2）在运动员下蹲、翻腕时，可以认为人对杠铃没有作用力，这段时间杠铃是凭借已经获得的速度在减速上升，当杠铃的速度减为零时，人的相关部位恰好到达杠铃的下方完成支撑动作，建立竖直上抛模型。

画出草图（见图8—5）。

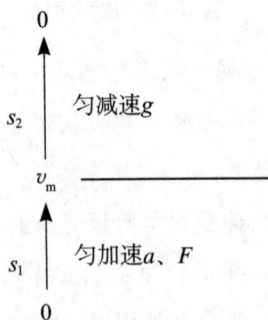

图8—5 运动过程分析

4. 根据起点、目标，选择适当的定理、定律布列方程式。

5. 运算及验证结果。

解：设杠铃在该过程中的最大速度为 v_m，

由运动学公式 $h_1 = \dfrac{v_m}{2}t$，得 $v_m = \dfrac{2h_1}{t} = 1.50\text{m/s}$，

减速运动时间为 $t_1 = \dfrac{v_m}{g} = 0.15\text{s}$，

加速运动的位移 $s_1 = \dfrac{v_m}{2}(t - t_1) = 0.49\text{m}$，

由运动学公式 $v_m{}^2 = 2as_1$，解得 $a = 2.30\text{m/s}^2$，

根据牛顿第二定律，有 $F - mg = ma$，解得 $F = 1\,845\text{N}$。

此题中将举重的实际情景抽象概括成物理模型，是解答的难点和关键，能否建立物理模型是能力高低的表现。[①]

又如：

一小圆盘静止在桌面上，位于一方桌的水平桌面的中央。桌布的一边与桌的 AB 边重合，如图 8—6 所示。已知盘与桌布间的动摩擦因数为 μ_1，盘与桌面间的动摩擦因数为 μ_2。现突然以恒定加速度 a 将桌布抽离桌面，加速度方向是水平的且垂直于 AB 边。若圆盘最终未从桌面掉下，则加速度 a 满足的条件是什么？（以 g 表示重力加速度。）

解析：根据题意可做出物块的速度图像，如图 8—7 所示。

设圆盘的质量为 m，桌边长为 L，在桌布从圆盘下抽出的过程中，盘的加速度为 a_1，有 $\mu_1 mg = ma_1$，

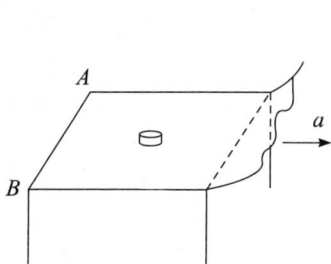

图 8—6　圆盘与桌

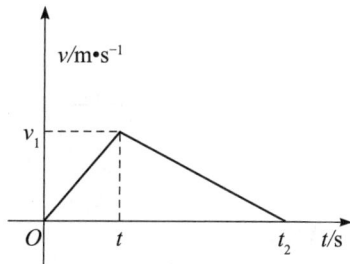

图 8—7　物块速度图像

桌布抽出后，盘在桌面上做匀减速运动，以 a_2 表示加速度的大小，有 $\mu_2 mg = ma_2$，

[①] 刘熠：《例析中学物理解题中的构建理想模型法》，载《数理化学习》（高中版），2008（1）。

设盘刚离开桌布时的速度为 v_1，移动的距离为 x_1，离开桌布后在桌面上再运动距离 x_2 后便停下，由匀变速直线运动的规律可得：

$$v_1^2 = 2a_1x_1 \tag{8—1}$$

$$v_1^2 = 2a_2x_2 \tag{8—2}$$

盘没有从桌面上掉下的条件是：$x_1 + x_2 \leqslant \dfrac{L}{2}$ $\qquad$ (8—3)

设桌布从盘下抽出所经历时间为 t，在这段时间内桌布移动的距离为 x，有：

$$x = \frac{1}{2}at^2, \quad x_1 = \frac{1}{2}a_1t^2, \text{ 而 } x - x_1 = \frac{L}{2}, \text{ 求得：}$$

$$t = \sqrt{\frac{L}{a - a_1}}, \text{ 及 } v_1 = a_1t = a_1\sqrt{\frac{L}{a - a_1}},$$

联立解得 $a \geqslant \dfrac{(\mu_1 + 2\mu_2)\,\mu_1 g}{\mu_2}$。

物体先加速后减速的问题是运动学中典型的综合问题，求解这类问题时一定要注意前一过程的末速度是下一过程的初速度，如能画出速度图像就会更明确过程。

由以上几个实例可以看出，解决问题时通常可以考虑从以下四个方面建立物理模型：（1）明确物理过程；（2）挖掘隐含条件；（3）紧扣关键词句；（4）抓住问题本质特征。

勤思多练

【物理】

分析下面问题，并指出解决该问题需要建立哪些物理模型。

有一跳水运动员从离水面 10 米高的平台上向上跃起，举双臂直体离开地面，此时重心位于从手到脚全长的中点，跃起后重心能升高到最高点，落水时身体竖直，手先入水（在此过程中运动员水平方向的运动可忽略不计）。从离开跳台到手触水面，他可用于完成空中动作的时间是多少？

（参考提示：这涉及质点和匀加速运动模型，它们分别属于物理对象模型和物理过程模型。）

二 数学模型式概括

以下面的习题教学为例：

两条笔直的公路在某处交会，其夹角为30°，其中一条公路旁有一所中学，距交会点160m。某一拖拉机的速度为18km/h。假设拖拉机行驶时，周围100m以内会受到影响，那么拖拉机在另一条公路行驶时，学校是否会受到噪声的影响？请说明理由。如果受影响，那么学校受影响的时间为多长？

教师引导学生分析问题中所涉及的数学知识有角、线段长等，那么可将问题背景抽象成数学图形即建立图形模型。假设学校的占地面积和公路的宽度可以忽略不计。如图8—8所示，两条笔直的

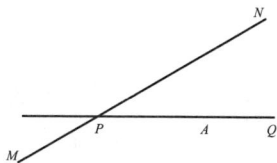

图8—8 公路交会图

公路抽象为直线 MN 和 PQ，在点 P 处交会，且 $\angle QPN=30°$，直线 PQ 上一点 A 表示中学，$AP=160$m。那么，拖拉机在公路 MN 上行驶，可抽象为直线 MN 上一点 B 在直线上运动。

根据数学知识，可知点 B 在运动过程中与点 A 的距离是由远到近的，到 $AB \perp MN$ 时为最近，之后又由近到远。点 A 到直线 MN 的距离 d 就是拖拉机离学校最近时的距离，当且仅当 $d<100$ 时，学校会受影响。通过建立直角三角形并进行计算可得 $d=80<100$，所以学校会受影响。

再通过计算确定两次 $AB=100$ 时 B 点的位置，即可计算出学校受影响时拖拉机所走的距离，进而得出影响时间。

逻辑辨析

这是一道实际问题，我们把它作为原型。为了有利于对原型问题的解决，我们可以进行如下思考：

第一，问题分析。即分析实际问题中的实际背景，如学校、公路等，以及所涉及的数量关系和变化规律，如笔直的公路、夹角为30°、距交会点160m、周围100m以内等。

第二，进行抽象。即把原型中次要的、个别的、非本质的因素暂时撇开，而只抽取出原型中主要的、普遍的、本质的因素。例如，我们可以把学校的占地面积、公路的宽度、拖拉机的体积等都看作问题中次要的因素，从而假定这些因素可以忽略不计。这样，学校和拖拉机就被抽象为一个点，而公路就被抽象为一条直线。

第三，研究逻辑关系。即发现实际问题中主要的、普遍的、本质的因素，如夹角为30°、距交会点160m、周围100m以内等之间的逻辑关系。

第四，模型建立。根据问题的要求和假设，应用适当的数学方法把问题化为数学研究的对象，即数学模型。

第五，模型求解。运用恰当的方法解决单纯的数学问题，复杂的数学模型可以借助计算机来计算。

第六，解决问题及推广。讨论模型的解是否符合实际问题，模型的各个环节都可能影响模型的结果，例如假设是否合适、归结为数学问题时推理是否正确、求解所用的方法是否恰当、数据是否满足一定的精确度要求等，都应该在讨论的范围之内。然后通过数学模型的解决对实际问题进行预测、分析、优化、解释、决策等。

在此，从问题抽象出数学模型，并用数学结果解决实际问题时，蕴含了充要条件假言推理，如：

当且仅当 $d < 100$ 时，学校会受影响；

$d = 80 < 100$；

所以，学校会受影响。

事实上，利用数学模型的结果分析解决实际问题，一般都会蕴含充要条件假言推理或充分条件假言推理。这种内在的逻辑关系既保证了数学问题的解对实际问题有帮助，又揭示了怎样由数学问题的解来分析实际问题。

知识链接

数学模型是一种模拟，是用数学符号、数学公式、程序、图形、图表等对实际课题本质属性的抽象而又简洁的刻画，它或能解释某些客观现象，或能预测未来的发展规律，或能为控制某一现象的发展提供某种意义上的最优策略或较好策略。数学模型一般并非现实问题的直接翻版，它的建立常常既需要人们对现实问题深入细致的观察和分析，又需要人们灵活巧妙地利用各种数学知识。这种应用知识从实际课题中抽象、提炼出数学模型的过程就称为数学建模。不论是用数学方法在科技和生产领域解决某类实际问题，还是与其他学科相结合形成交叉学科，首要的和关键的一步是建立研究对象的数学模型，并加以计算求解（通常借助计算机）。[①]

建立数学模型的过程，大体有如下几个步骤：

第一，建模准备。了解问题的实际背景，明确其实际意义，掌握对象的各种信息，进而用数学语言来描述问题。

第二，模型假设。根据实际对象的特征和建模的目的，对问题进行必要的简化，并用精确的语言提出一些恰当的假设。

第三，模型建立。在假设的基础上，利用适当的数学工具来刻画各变量、常量之间的数学关系，建立相应的数学结构（尽量用简单的数学工具）。

第四，模型求解。利用获取的数据资料，对模型的所有参数做出计算（或近似计算）。

第五，模型分析。对所要确立的思路进行阐述，对所得的结果进

---

① 参见百度百科．数学建模．见百度网，2013－09－17。

行数学上的分析。

第六，模型检验。将模型分析结果与实际情形进行比较，以此来验证模型的准确性、合理性和适用性。如果模型与实际较吻合，则要对计算结果给出其实际含义，并进行解释；如果模型与实际不太吻合，则应该修改假设，再次重复建模过程。

第七，模型应用与推广。应用方式因问题的性质和建模的目的而异。①

扩展延伸

【数学】

一个星级旅馆有 150 个客房。经过一段时间的经营实践，旅馆经理得到一些数据：如果每间客房定价为 160 元，住房率为 55％；每间客房定价为 140 元，住房率为 65％；每间客房定价为 120 元，住房率为 75％；每间客房定价为 100 元，住房率为 85％。欲使每天的收入最高，问每间客房的定价应是多少？

教师引导学生分析，本问题中住房率随着客房定价的变化而变化，收入也就随之变化，符合数学中的函数定义，可以确定建立函数模型。

这里我们做了如下两个假设：

假设一，各间客房定价相等。此点在情景中虽然没有给出，但是情景中也没有给出各间客房定价不等，因此，我们做出此假设。另外，做出这个假设也是为了使计算简化。

假设二，住房率随房价下降而线性增长，这是原先情景中没有的。这个假设使得我们可以具体地写出旅馆一天的总收入函数的表达式。同时要注意到这个假设是合理的，其合理性容易从经理给出的数据中看出：房价每下降 20 元，住房率就增加 10 个百

---

① 参见百度百科·数学建模。

分点。

在建立模型时，首先设每间客房的定价为 x 元，则根据题目所提供的数据和所做的假设，可以得到住房率为 $55\% + 0.5(160 - x)\%$，旅馆总收入记为 W，则 $W = 150x\,[55\% + 0.5(160 - x)\%] = 202.5x - 0.75x^2$。为了使住房率大于 0 且不大于 100%，自变量的取值范围为 $70 \leqslant x < 270$。用所学二次函数知识容易求得，当 $x = 135$ 时，W 取最大值。

由此就可以估计此问题的解，并可以进一步思考将这个函数模型应用于类似的问题。

下面的问题也可以应用函数模型来求解：

某地区不同身高的未成年男性的体重平均值如表 8—1。

表 8—1　　某地区不同身高的未成年男性的体重平均值

身高/cm	60	70	80	90	100	110	120	130	140	150	160	170
体重/kg	6.13	7.90	9.99	12.15	15.02	17.50	20.92	26.86	31.11	38.85	47.25	55.05

（1）根据表中提供的数据，能否建立恰当的数学模型，使它能比较近似地反映这个地区未成年男性体重 y（kg）与身高 x（cm）的函数关系？试写出这个函数模型的解析式。

（2）若体重超过相同身高男性体重平均值的 1.2 倍为偏胖，低于 0.8 为偏瘦，那么这一地区一名身高为 175cm、体重为 78kg 的在校男生体重是否正常？

分析：由表中的数据不能直接发现数量关系，需要利用散点图探寻问题的函数模型，由画出的散点图，观察发现，这些点的连线是一条向上弯曲的曲线，根据这些点的分布情况（快速增长），可以考虑用增长的函数模型来近似地刻画这个地区未成年男性体重 y 与身高 x 的函数关系。

（1）身高为横坐标，体重为纵坐标，画出散点图（见图 8—9）。

（2）根据点的分布特征可以考虑以 $y = a \cdot b^x$ 作为刻画这个地区未成年男性的体重与身高关系的函数模型。

（3）选取表中两组数据（70, 7.90），（160, 47.25）代入 $y = a \cdot b^x$ 可得到函数模型：$y = 2 \times 1.02^x$。

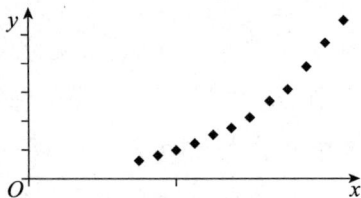

图 8—9　散点图

（4）将已知数据代入上述解析式，或做出上述函数模型的图像（见图 8—10），可以发现这个函数模型与已知数据的拟合度较好，这说明它能较好地反映这个地区未成年男性体重与身高的关系。

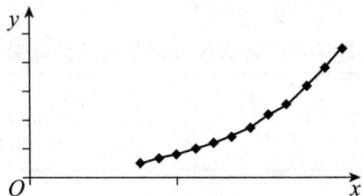

图 8—10　指数函数

（5）如何应用模型判断某男生的体重是否正常？将 $x=175$ 代入 $y=2\times1.02^x$，得 $y\approx63.98$，由于 $78\div63.98\approx1.22>1.2$，所以，该男生偏胖。

（6）还可考虑使用其他增长函数模型：教师还可以指导学生考虑使用幂函数 $y=ax^a$、二次函数 $y=ax^2+bx+c$、四次函数 $y=ax^4+bx^3+cx^2+dx+e$ 来刻画该地区未成年男性体重与身高的关系。

幂函数 $y=ax^a$（见图 8—11）：

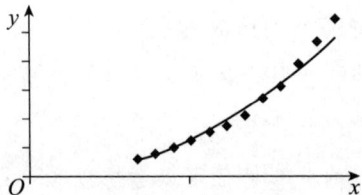

图 8—11　幂函数

二次函数 $y=ax^2+bx+c$（见图 8—12）：

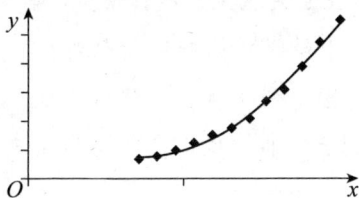

图 8—12 二次函数

四次函数 $y = ax^4 + bx^3 + cx^2 + dx + e$（见图 8—13）：

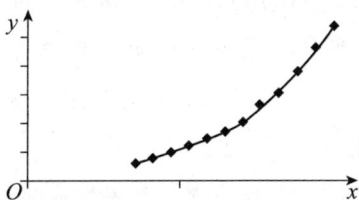

图 8—13 四次函数

可以看出，这些函数模型都能较好地反映该地区未成年男性体重与身高的关系，因此都是正确的。

由上面的例子可以得出，建立函数模型有以下几个关键点：

（1）可由题目中的数量关系直接写出函数关系式，或者用描点法猜想函数类型，再根据几点确定函数关系式。

（2）要根据实际情况确定函数的定义域，使函数与实际问题保持一致。

（3）常常借助函数的某一性质，如过某一点、最值等，来解决实际问题。

又如，在学习抽样调查的相关知识时，可以进行如下教学：

例题：某人承包了一个池塘养鱼，他想估计一下收入情况，于是让他上中学的儿子聪聪帮忙。聪聪先让他父亲从鱼塘里随意打捞上了 60 条鱼，把每条鱼都做上标记，放回鱼塘；过了两天，聪聪又让他父亲从鱼塘里打捞上了 50 条鱼，结果里面有两条带有标记的。请利用你所学的统计知识帮他估计一下鱼塘里有多少条鱼。

教师引导学生分析，这个问题可以用统计的相关知识来解决，问题中实际上已经抽象出统计模型，需要我们做的是分析统计的过程，并利用结果对问题进行估计。这里聪聪采用了抽样调查的方式，则要分析出总体、样本及它们共同的属性，进而用样本来估计总体。此问题中的总体是鱼塘里所有的鱼，这些鱼中有一些是被做上标记的，即它们具有某种属性。我们想通过分析样本中有百分之几具有这种属性，而得到总体即鱼塘里所有的鱼有百分之几具有这种属性，进而求出总体的容量。那么，样本就是第二次打捞上的50条鱼，而不是第一次打捞上的60条做标记的鱼。统计模型是比较容易想到的，但是在建立过程中，样本是易错点。分析清楚后，即可利用数学知识估计出鱼塘里共有1 500条鱼。

这里运用了统计归纳推理，是根据被分析的样本中有百分之几的对象具有（或不具有）某种属性，从而推出总体中有百分之几的对象具有（或不具有）某种属性的推理。教师只有明确了它的概念，才能带领学生准确地分析出样本是什么。

此外，教师还要引发学生思考：为什么是"估计"？因为是从样本过渡到总体，结论的范围超出了前提的范围，所以结论是或然性的。为什么要两天后再打捞？这是要使做标记的鱼充分混合到全体鱼中，保证抽样的客观性，以提高结论的可靠性。

这个思考问题体现了统计归纳推理结论的或然性和提高结论的可靠程度的一种方法。

由上述问题可以得出，在建立统计模型时，要明确调查对象，然后根据实际情况选择好调查方式，做全面调查或抽样调查，再进行数据的收集、筛选、整理、描述，最后分析所得数据，使得统计结果对实际问题有估计、分析、预测等作用。

勤思多练

【数学】

1. 尝试建立不同的数学模型解决下述问题。

有一池塘（见图8—14），要测量池塘的两端 AB 的距离，直接测量有障碍，能用什么方法测出 AB 的长度？

（参考提示：可考虑三角形中位线、平行四边形等模型。）

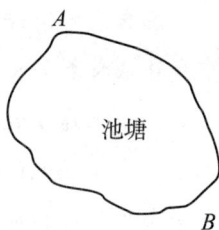

图8—14　池塘

2. 尝试建立数学模型解决下述问题。

某商品现在的售价为每件60元，每星期可卖出300件。市场调查反映：每涨价1元，每星期少卖出10件；每降价1元，每星期可多卖出20件。已知商品的进价为每件40元，如何定价才能使利润最大？

（参考提示：需要根据条件建立函数模型，列出函数解析式。）

3. 分析下述问题，其中需要做哪些模型假设？可以建立什么样的数学模型？

你正在为你父母的投资选择充当顾问，你的父母早就想改善住房条件，5年前在银行开设5年期零存整取账户，坚持每月在工资发放当天存入现金1 000元，从没间断，今年刚好到期。最近，你的父母看中一套价值20万元的房子，决定从银行取出这笔存款，不足部分再向银行申请按揭贷款，那么，你的父母还需要向银行贷多少款？你父母向银行申请为期10年的贷款13万元，结果只批准贷款10万元，请你解释这是为什么？

（参考提示：为简化问题，可假设银行利率不变，以现在利率计算，设最高可贷 x 元，建立不等式模型，即可解决问题。）

4. 分别举出蕴含充要条件假言推理和充分条件假言推理的数学建模实例。

（参考提示：蕴含充要条件假言推理的数学建模实例——研究者可以针对"一辆小汽车与一辆大卡车在一段只能一车行驶的狭路上相遇，如何才能解决继续通行问题"这个现实情况建立数学模型，寻找较为合理的解决方案，其中就蕴含着以"当且仅当采取倒车的办法时，能较为合理地解决继续通行问题"这个假言命题为前提的充要条件假言推理。

蕴含充分条件假言推理的数学建模实例——研究者可以针对"青少年违法犯罪与父母教育子女方法之间的关系"设立课题，在调查统计的基础上建立数学模型。其中就蕴含着以"如果父母教育子女方法不当，青少年就比较容易走向违法犯罪道路"这个假言命题为前提的充分条件假言推理。）

5. 举出一个蕴含统计归纳推理的数学建模实例，结合实例说明应从哪几方面注意提高统计归纳推理结论的可靠性。

（参考提示：可从样本的数量、样本的范围、抽样的客观性、统计平均数的求法等方面，提高统计归纳推理结论的可靠性。）

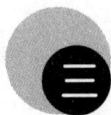

三 理论模型式概括

教学案例

人教版义务教育教科书《生物学》七年级下册的"人体生命活动的调节"一章中，介绍了非条件反射和条件反射。教师设计了这样的实验：

教师："我请两位同学来帮助我完成一项实验。甲同学，请你闭上眼，向前伸出你的手臂。"

教师拿出一个课前准备好的"刺激盒"给乙同学看：盒是红色的，两面颜色一样，其中一面有由里向外刺出的几个图钉尖。然后将有刺尖的一面对着甲学生手指，举在距指尖 20cm～30cm 处。"甲同学，现在请你慢慢向前方走，手臂要伸平。"

当甲同学的手指无意中碰到盒上的刺尖时，他会突然缩回手臂并睁眼察看情况。这一切被旁观者们看个明白。这时教师问大家："发生了什么?"然后请被试者甲同学看一下有刺尖的红盒子，但注意不要让他看到另一面。

教师对甲同学说："现在，如果我让你睁开眼睛，再伸直手臂，我用这个有刺尖的盒子再碰你的指尖，你会怎么样呢? 现在我们就来试试。"这次教师只让乙同学看清，使用盒子没有刺的一面来继续做实验。

教师对甲同学说："你不用紧张，我并不用力，只是轻轻地……"然后突然用刺激盒敲向甲同学的手指。于是引起他再次缩回手臂。但可能盒子还没有碰到手指。"现在大家又看到了什么？"

然后，教师请乙同学将他看到的情况介绍给全体观察者。

学生们从刚才的实验中看到了甲同学的两次"缩手"反应，可以分析出这先后两次缩手的反应有什么不同，从而体会条件反射与非条件反射的区别。

这个实验能使学生感知到关于反射的知识，实际上，正是著名的巴甫洛夫实验研究得出了条件反应的作用过程理论。

巴甫洛夫在研究狗的唾液分泌时注意到，当把食物放到狗的嘴里时，狗总是会分泌唾液。他也注意到当他与同一只狗反复多次打交道后，这只狗也会对与食物相连的刺激分泌唾液——仅仅是看到食物盘子或是定期给它喂食的主人，甚至是听到主人到来的脚步声。

巴甫洛夫和他的助手将不同的中性刺激进行配对，如声音与食物，来考察狗是否会对单一的中性刺激分泌唾液。为消除无关刺激的可能影响，他们把狗单独关到一间小房间里，给它系紧绳子，并戴上一个测量装置，使它的唾液分泌朝向测量装置。他们可以从隔壁房间提供食物，在确定的时间用碗装肉末送到狗的嘴里。恰恰在食物放入狗的嘴里到狗分泌唾液之前，巴甫洛夫敲响一个声音。在声音和食物成对出现几次之后，在期待肉末的过程中，狗开始单独对声音分泌唾液。运用这一程序，巴甫洛夫也采用了其他刺激来进行狗分泌唾液的条件反射实验——蜂鸣器、灯光、对腿部的触摸，甚至是看见一个圆环。

因为食物在口中引发唾液分泌是无须学习的，所以巴甫洛夫称之为"无条件反应"。食物在嘴里自动地、无条件地引起狗分泌唾液，因此巴甫洛夫称这一食物为"无条件刺激"。对声音也能分泌唾液，则是狗对食物与声音联结的条件化学习，因此，巴甫洛夫称这一分泌为"条件反射"，称这一学会的反应为"条件反应"。先前无关的声音刺激现在能引起条件性的分泌，我们称之为"条件刺激"。巴甫洛夫等人的实验得出了五种主要的条件反射作用过程：习得、消退、自然恢复、泛化和分化。

逻辑辨析

什么是理论模型？人们为了探究复杂客观对象（原型），在观察、实验和调查研究的基础上，通过运用分析、抽象、归纳、溯因、概括等逻辑方法，形成了一种能够近似地反映、解释、预测原型的假定性简要描述，这种对原型的假定性简要描述就是理论模型。理论模型一般都表现为一种理论系统，它由两个最基本的部分组成：一是理论的核心部分，即提炼概括出的反映、解释原型的一些最基本的概念、基本的命题以及表述定律的基本关系式；二是理论的辅助部分，即核心理论的应用、通过核心理论做出的预测，以及为核心理论的合理存在而进行的理论辩护。以牛顿第一定律（惯性定律）这个理论模型来说："运动"、"惯性"、"力"等基本概念，"运动是物体的一种属性，物体的运动不需要力来维持"，"一切物体总保持匀速直线运动状态或静止状态，直到有外力迫使它改变这种状态为止"，"力是改变物体运动状态的原因，是使物体产生加速度的原因"，"物体保持原来的匀速直线运动状态或静止状态的性质叫作惯性"，"惯性是物体的固有属性，与物体的受力情况及运动状态无关"等基本命题，就构成了牛顿第一定律这个理论模型的核心部分。而对"行驶在公路上的汽车刹车时，人的上身会前倾"等各种惯性现象的解释，就属于理论的辅助部分。一个理论模型，应该而且可以在实践中进行检验。在实践检验中，理论模型将逐步完善，或者可以通过不断修正理论的辅助部分，来保护理论的核心部分。理论模型是人们认识客观对象的重要思维形式，是人们深入分析、解释客观对象的工具。

对于自然科学领域的理论模型，人们可能已经比较熟悉。例如，伽利略的自由落体运动、法拉第的磁力线理论、麦克斯韦的电磁场方程、玻尔的原子结构等都是物理学中的理论模型；细胞膜结构、DNA双螺旋结构、光合作用、血糖调节、孟德尔遗传定律等都是生物学中的理论模型；元素周期律、化学键、化合反应、分解反应、置换反应、复分解反应等都是化学中的理论模型。但是，对于人文社会科学领域的理论模型，人们似乎还不太熟悉。其实，在人文社会科学领域，人们已经建立了许多理论模型。例如，马克思的剩余价值理论、凯恩斯的经济周期理论、马斯洛的需求层次理论、波特钻石理论、关系营销理论、熊彼特的创新理论、吉尔福特的智力结构理论等理论模型，用以反映、解释、描述各种人文社会科学领域的研究对象。

中国著名经济学家林毅夫教授在《论经济学方法》一书中曾多次明确提到"理论模型"。例如，他说："理论模型无非是帮助我们了解社会经济现象的工具"，"理论模型不是真实社会，真实社会里有成千上万的变量，每个理论模型中都只保留几个变量而已，所以理论本身绝不是真实的社会"，"理论模型中的假设越接近现实，模型就越复杂，要复杂到什么程度，取决于理论模型是否能够解释、预测所观察到的现象"[①]。

理论模型的建立一般有两种方式。

一种是上面案例中以观察、实验等经验方法研究自然和社会现象，归纳概括出理论模型。一般经由以下步骤：（1）不做理论假设而直接进入实地研究阶段。（2）描述实际发生的现象和事实，用一系列经验命题的方式加以陈述。（3）在大量观察的基础上找出最有概括性的命题，由此提出具有普遍意义的模式。

另一种是从非经验的角度，通过分析、综合、归纳、类比、假设、抽象、推演等多种理论思维的方式，对某些问题进行探索，对学科自身发展中的一些问题进行反思，从而概括出理论模型。一般经由以下步骤：（1）确定理论的基本主题内容和范围，明确理论要解释什么现象。例如，建立一种社会结构理论，首先要对社会结构做出明确定义，并说明它是解释普遍的宏观结构还是个人交往层次上的微观结

---

① 转引自崔建军：《论经济研究过程中的理论模型与经验实证》，载《陕西师范大学学报（哲学社会科学版）》，2012（3）。

构，是各种社会形态的社会结构还是特定社会制度中的社会结构。（2）了解与主题有关的经验知识。通过探索性研究或对以往经验研究的考察，掌握现有的各种经验概括。（3）提出新的中心概念来组织理论命题。这一中心概念称为理论构建的"运算符"。中心概念的提出要运用创造性的洞察力和思辨方法。（4）对中心概念和其他基本概念做出明晰、具体的操作定义，即用变量和指标来表述概念的内涵。（5）建立命题演绎系统。明确阐述一些作为公理的假定，并推导出一系列定理，最后结合各种经验命题，发展一套抽象层次不同的命题等级系统。（6）用经验资料检验理论。主要方法是从理论命题严格推演出假设，然后根据假设来搜集新的经验资料，检验理论。

知识链接

在各个学科领域中，理论模型非常多，应用也很广泛。中学教学中虽然不一定深入讲解这些理论模型，但是很多知识点是可以找到相应的理论模型的，了解这些理论模型的概括建立过程，对教学中设计相关活动、理解知识有很大帮助。在社会科学方面，《社会科学理论模型图典》[①] 收录了诸多理论工具，它们涉及范围广、应用范围广。读者可以从这本书中了解到有什么样的工具可以帮助建构分析框架，了解到这一理论工具的大概内容，了解到从何处找到更为翔实的描述资料等。

扩展延伸

【政治】

人教版普通高中课程标准实验教科书《思想政治》（选修）第二册的"马克思的剩余价值理论"一节中，通过设计以下几个内容揭示了剩余价值理论的概括过程，它符合理论形成的思维过程，加深了学

---

① 齐港主编：《社会科学理论模型图典》，北京，经济管理出版社，2012。

生对该理论的理解。

首先分析资本总公式及其矛盾。货币作为交换媒介时的流通公式是：W—G—W；作为资本时的流通公式是：G—W—G。两个公式具有共同点：都是由买和卖两个阶段组成；每一阶段都有商品和货币相对立；都有三个流通当事人登场。但两个公式也有区别：流通的目的、内容和限度不同。在 W—G—W 中，是为买而卖，目的是获得另一种使用价值，满足生活消费，是两个质不同而价值量相等的使用价值相交换，流通是有限度的。在 G—W—G 中，是为卖而买，目的是获得更多的货币，实现价值增殖，它是两个质相同而价值量不等的货币相交换，因此完整形式应该是：G—W—G′，G′＝G＋ΔG，马克思把 ΔG 叫作剩余价值。可见，一般货币与资本货币的本质区别是：资本货币经过流通能带来剩余价值，而一般货币则不能。资本的流通是无止境的。

按照价值规律的要求，资本流通不应该产生剩余价值，但在事实上却产生了价值增殖，这就是资本总公式 G′＝G＋ΔG 的矛盾。解决它的条件是：剩余价值不能在流通中产生但又不能离开流通而产生。因为在流通中，不论等价交换还是不等价交换，都不能产生剩余价值；在流通之外，商品生产者只同自己的商品发生关系，他们的劳动只能形成价值，不能除此之外再增加价值。价值增殖只有可能发生在 G—W 阶段的商品上。因此劳动力成为商品是解决资本总公式矛盾的关键。

接着分析劳动力商品的买卖关系。从理论上说，劳动力商品的价值和其他商品一样，也是由社会必要劳动时间决定的，但实际上是由生产和再生产劳动力所需要的生活资料的价值决定的。劳动力商品的使用价值即劳动，劳动是价值的源泉，它不仅能创造本身的价值，而且能创造比自身价值更大的价值，即剩余价值。所以劳动力是一种特殊商品。

通过以上的分析，就使学生明确了剩余价值生产的前提。再通过举例分析资本主义生产过程是劳动过程与价值增殖过程的统一。由此就可以得出剩余价值的概念及其生产过程的理论概括：

（1）剩余价值是雇佣工人创造的被资本家无偿占有的超过劳

动力价值的价值。通常用 m 表示。

（2）剩余价值是在资本主义生产过程中产生的，劳动力成为商品是它产生的前提条件。

（3）在资本主义生产过程中，雇佣工人的劳动具有二重性，具体劳动生产新商品转移旧价值，抽象劳动凝结于新商品形成新价值。

（4）资本主义劳动过程的特点决定了资本家总是利用当时当地最大限度的时间让工人进行劳动，只要资本家把工人的劳动时间延长到为补偿劳动力价值所需要的时间以上，就会产生剩余价值。

（5）资本主义生产过程中，雇佣工人的劳动时间分为必要劳动时间和剩余劳动时间两部分，前者生产劳动力价值，后者创造剩余价值。

勤思多练

【综合】

请举出学科中某一理论模型，并描述它的建立过程。

（参考提示：可以物理学中卢瑟福提出的原子模型为例，描述理论模型的建立过程。一个理论模型的建立，大致要经历如下几个阶段：发现问题；针对问题，提出解决问题的假定性解释或称假说；验证假说；确立模型等。）

四 解题模型式概括

教学案例

在复习初三几何综合题时，有这样一类对角互补的四边形中的问题：

1. 教师提出问题：如图 8—15，在四边形 $ABCD$ 中，$\angle B+\angle D=180°$，AC 平分 $\angle DAB$，$\angle DAB=60°$，你可以得到哪些结论？

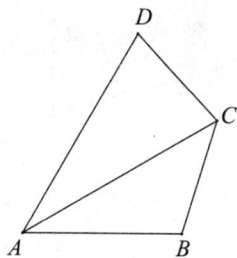

图 8—15 四边形 $ABCD$

学生通过画图、计算、探究可得到：

（1）$BC=DC$。

（2）$AB+AD=\sqrt{3}AC$。

2. 思考：若在四边形 $ABCD$ 中，$\angle B+\angle D=180°$，$BC=DC$，$\angle DAB=60°$，则：（1）AC 平分 $\angle DAB$，（2）$AB+AD=\sqrt{3}AC$ 是否还成立？

3. 再思考：若在四边形 $ABCD$ 中，$BC=DC$，$\angle DAB=60°$，AC 平分 $\angle DAB$，则：（1）$\angle B+\angle D=180°$，（2）$AB+AD=\sqrt{3}AC$ 是否还成立？

4. 拓展问题：已知 $\angle MAN$，AC 平分 $\angle MAN$，则：

（1）在图 8—16 中，若 $\angle MAN=60°$，$\angle ABC+\angle ADC=180°$，则 $AB+AD=\underline{\hspace{2cm}}AC$。

（2）在图 8—17 中，若 $\angle MAN=120°$，$\angle ABC+\angle ADC=180°$，则 $AB+AD=\underline{\hspace{2cm}}AC$。

（3）在图 8—18 中，若 $\angle MAN=90°$，$\angle ABC+\angle ADC=180°$，则 $AB+AD=\underline{\hspace{2cm}}AC$。

（4）试探究，若 $\angle MAN=\alpha$（见图 8—19，$0°<\alpha<180°$），$\angle ABC+\angle ADC=180°$，则 $AB+AD=\underline{\hspace{2cm}}AC$（用含 α 的式子表示）。

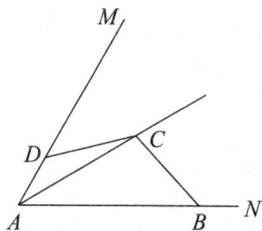

图 8—16 $\angle MAN=60°$

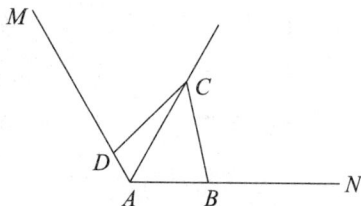

图 8—17 $\angle MAN=120°$

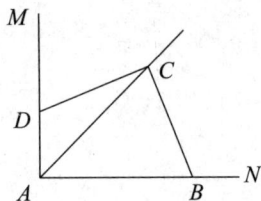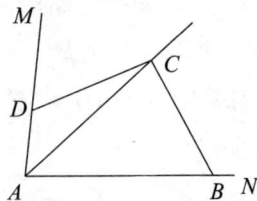

图8—18 ∠MAN=90°　　图8—19 ∠MAN=α

通过以上四个问题的自主解决，教师可引导学生回顾总结：这几个图形可以通过两种方式添加辅助线解决：（1）做双高构造轴对称（见图8—20）。（2）构造等腰三角形（见图8—21）。

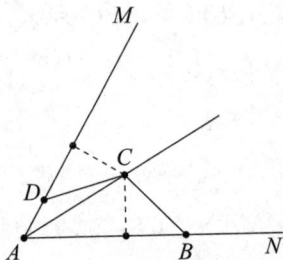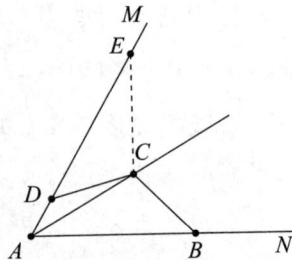

图8—20 做双高构造轴对称　　图8—21 构造等腰三角形

教师应进一步引导学生思考：为什么可以有这两种做法？第一种做法是由已知条件中的角平分线想到的，因为角平分线所在的直线是角的对称轴，所以可以利用它构造轴对称三角形。而角平分线定理是关于两个轴对称的直角三角形的，所以做双高应用角平分线定理。

第二种做法首先是由$AB+AD$想到补短，得到某一条线段长度恰好等于$AB+AD$，进而猜想到是将△ABC绕点C旋转到△EDC的位置。为了证明条件充分，辅助线定为构造等腰△ACE，这样可以得到三角形全等的条件。

总结解题方法之后，教师要再引导学生得到题目的本质特征，即四边形对角线平分一个内角（这是做辅助线的根本原因）、对角互补（以保证三角形全等）。这就是明确了如果图形中具有这样的条件，即可运用此解题模型。

接下来进行实践应用：

1. 正方形 $ABCD$ 中，点 O 是对角线 AC 的中点，P 是对角线 AC 上一动点，过点 P 做 $PF \perp CD$ 于点 F，如图 8—22，当点 P 与点 O 重合时，显然有 $DF = CF$。

（1）如图 8—23，若点 P 在线段 AO 上（不与点 A、O 重合），$PE \perp PB$ 且 PE 交 CD 于点 E。

①求证：$DF = EF$。

②写出线段 PC、PA、CE 之间的一个等量关系，并证明你的结论。

（2）若点 P 在线段 OC 上（不与点 O、C 重合），$PE \perp PB$ 且 PE 交直线 CD 于点 E。请完成图 8—24 并判断（1）中的结论①、②是否分别成立？若不成立，写出相应的结论。

（所写结论均不必证明。）

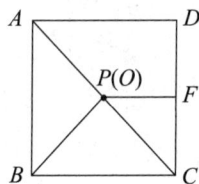

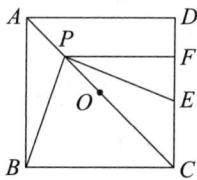

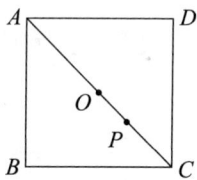

图 8—22 P 与 O 重合　　图 8—23 P 在线段 AO 上　　图 8—24 P 在线段 OC 上

2. 已知 $\angle AOB = 90°$，OM 是 $\angle AOB$ 的平分线，按以下要求解答问题：

（1）将三角板的直角顶点 P 在射线 OM 上移动，两直角边分别与边 OA、OB 交于点 C、D。

①在图 8—25 中，当 $OP = 4$ 时，求证：四边形 $PCOD$ 的面积为定值。

②在图 8—26 中，点 G 是 CD 与 OP 的交点，且 $\dfrac{PG}{PD} = \dfrac{\sqrt{3}}{2}$，求 $\dfrac{PC}{OP}$。

（2）若 $OD = 3\sqrt{2}$，且满足 $\angle GDO = 30°$，求 OP 的长。（图 8—27 为备用图。）

若 $OP = 4$，$PD = 3$，求 OD 的长。

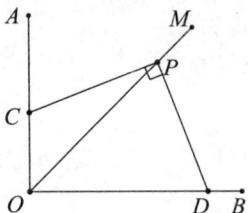

图 8—25　当 *OP*=4 时　　图 8—26　当点 *G* 是 *CD*　　图 8—27　备用图
　　　　　　　　　　　　　　　与 *OP* 的交点时

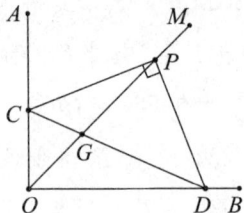

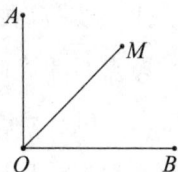

逻辑辨析

　　在目前的中学教学中，学生埋头于题海的现象仍然相当严重地存在。学生起早贪黑地做完一道题又做一道题，在六年的中学学习中，每位学生大概要做成千上万道题。虽然如此辛苦，但只要题目稍作变化，很多学生就感到不会应对了，于是在考试时仍然考不出好成绩。这是为什么？根本原因在于，题海战术使学生的思维陷于个别性、零散性、孤立性的状态。他们没有学会对这一系列看似个别、零散、孤立的习题进行思维的加工，从中提炼概括出具有普遍性的、相互联系的内容，他们没有去发现其中规律性的东西。其实，每一学科中可以做的习题，不管在表现形式上如何千变万化，都有一些普遍性的规律。作为教师，就是要引导学生从个别性、零散性、孤立性的思维中摆脱出来，把普遍性的内容提炼概括出来，掌握每一种类型题目的解题规律。这种从千变万化的众多习题中提炼概括出来的普遍性、规律性内容，就构成了解题模型。例如，物理学中，在做有关运动与力方面的习题时，我们就可以把众多的题目概括为如下几种解题模型：追及、相遇模型，先加速后减速模型，斜面模型，挂件模型，弹簧模型等。所以，教师引导学生学会提炼解题模型，是培养学生逻辑概括能力的重要方面。

　　在这个教学案例中，教师先给出题目让学生自己动手解决，再引导学生反思总结解决过程，抓住此类问题的本质，概括出解题模型。

　　由此可以得到概括解题模型的一种教学方式：

　　（1）由几道具有相同本质的题目引入，师生共同或学生自主探究解决。

（2）反思几道题目的解决过程，利用不完全归纳总结出解题模型。

（3）利用学科知识进行演绎推理，分析此模型的合理性及所需背景条件。

（4）总结分析此类题目的本质特征或条件。

（5）将解题模型应用到具体题目中，深入体会，灵活运用。

知识链接

美籍匈牙利数学家波利亚曾著有《怎样解题》、《数学的发现》、《数学与猜想》等，它们被译成多种文字，广为流传。波利亚主张数学教育的主要目的之一是发展学生的解决问题的能力，教会学生思考。他1944年在美国出版了《怎样解题》，其中"怎样解题"表总结了人类解决数学问题的一般规律和程序。[1]

他在《怎样解题》一书中提出的包括"弄清问题"、"拟订计划"、"实现计划"和"回顾反思"四大步骤的解题全过程的解题表，实际上就是一个最基本的解题模型，书中还提出了20个"需要独创性和别出心裁"去解决的问题，希望通过解决这些问题"揭示出解答的关键性念头"[2]，也就是提炼概括出解题的一般规律，形成解题模型。这对数学解题研究有着深远影响。

此书已被译成至少17种语言广为传播，可说是一部现代数学名著。他随后又写了两部这类书：其一是1954年出版的两卷本《数学与合情推理》，再次阐述了在《怎样解题》以及其他论文中所提到的启发式原理，被译成6种语言；其二是出版了两卷本《数学的发现》，1962年出版第一卷，1965年出版第二卷，1981年又合成一卷再版，被译成8种语言。这些著作一经出版，立刻在美国引起轰动，很快风行世界，使波利亚成为当代的数学方法论、解题研究与启发式教学的

---

[1] 参见百度百科．波利亚．见百度网，2013-08-04。

[2] ［美］波利亚：《怎样解题》，4～10页，124～126页，北京，科学出版社，1982。

先驱。70 与 80 年代，中国陆续翻译出版了波利亚的上述著作，随之在中国掀起一股"波利亚热"，促进了中国数学教学的改革，提高了中国数学解题研究的水平。

1959 年，波利亚以"数学作为学习合情推理的学科"为题，在美国《数学教师》杂志上发表论文，提出"合情推理"概念，认为在数学研究与数学教学中合情推理占有很重要的地位。随后在《数学与合情推理》第二卷中，进一步阐述了合情推理及其模式。波利亚的合情推理是指借助归纳、模拟、限定、推广、猜测、检验等思维活动来认识事物、发现真理的推理形式。例如，我们知道，在充分条件下，如果命题 A 可推出命题 B，且命题 A 是真的，则命题 B 必真。反过来，如果命题 B 是真的，那么能否推出命题 A 为真呢？演绎推理认为不能必然推出命题 A 真。但波利亚认为，B 真对增大 A 真的可能性会产生影响，他认为若 A 可推出 B_1、B_2 等，且 B_1、B_2 等均为真，则 A 真的可靠性将大大提高。由于他在合情推理中使用了"命题的可靠性"概念，因此，很想利用概率论方法来研究合情推理，但是他遇到了困难。虽然如此，这仍不愧为对数学方法论的重要贡献。[1]

扩展延伸

【数学】

利用平移和轴对称变换求线段和（差）最值。

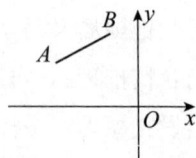

如图 8—28，在直角坐标系中有四个点 A $(-6, 3)$，B $(-2, 5)$，C $(0, m)$，D $(n, 0)$。

（1）要使 △ABC 周长最短，求 C 点坐标。

图 8—28　直角坐标系

（2）要使四边形 $ABCD$ 的周长最短，在图中做出符合要求的 C、D 两点（简要叙述做法），并求出 m、n

---

[1]　参见百度百科．波利亚。

的值。

教师引导学生分析：在第一题中，因为 AB 的长度固定，当且仅当 $AC+BC$ 最短时，$\triangle ABC$ 周长最短；$AC+BC$ 最短，可以联想到"两点之间，线段最短"。怎样才能使 $AC+BC$ 是 AB 两点之间的线段呢？需要做其中一个点关于 y 轴的对称点，如 B 点的对称点 B'。由此，BC 转化为 $B'C$，当 C 点在线段 AB' 上时，$AC+B'C$ 即 $AC+BC$ 最短，则可以由两直线交点确定 C 点的位置。

变式一：在直角坐标系中，A（-6，3），B（-2，5），长为 2 的线段 CD 在 x 轴上滑动，问 CD 滑到什么位置时，四边形 $ABCD$ 的周长最短？

变式二：在直角坐标系中有三个点 A（-6，3），B（-2，5），E（n，0），长为 1 的线段 CD 在 y 轴上滑动，问 CD 滑动到什么位置时，五边形 $ABCDE$ 的周长最短？

变式三：在直角坐标系中有两个点 A（-6，3），B（-2，5），长度为 2 的线段 CD 在 y 轴上滑动，长度为 1 的线段 EF 在 x 轴上滑动，问当线段 CD、EF 滑动到什么位置时，六边形 $ABCDEF$ 的周长最短？

通过几道问题的解决，教师可以引导学生概括出：要想求线段和的最小值，可以将两定点平移或对称，将线段和转化为两定点间的折线和，利用"两点之间，线段最短"确定最短距离。

实战练习：在平面直角坐标系 xOy 中，关于 y 轴对称的抛物线 $y=-\dfrac{m-1}{3}x^2+(m-2)x+4m-7$ 与 x 轴交于 A、B 两点（点 A 在点 B 的左侧），与 y 轴交于点 C，P 是这条抛物线上的一点（点 P 不在坐标轴上），且点 P 关于直线 BC 的对称点在 x 轴上，D（0，3）是 y 轴上的一点。

（1）求抛物线的解析式及点 P 的坐标。

（2）若 E、F 是 y 轴负半轴上的两个动点（点 E 在点 F 的上面），且 $EF=2$，当四边形 $PBEF$ 的周长最小时，求点 E、F 的坐标。

这个教学案例是通过解决问题概括出求线段和的最值的一般方

法，类比此类问题还可以得到线段差的最值。与前一个案例略有不同，由于题目是学生难以入手的，所以由老师引导学生进行分析得到一个解决方法（但并没有形成解题模型），学生再以此思路解决此类较复杂的题目，最后进行总结概括，抓住题目的本质特征及解决的主要思路，这样做一是为了让学生形成解题模型，二是加深学生对解题思路的理解，以更好地应用。

【物理】

初三物理教学中，常常要涉及电学综合题的讲解和分析，这也是中考的压轴题之一。

如图 8—29 所示的电路中，电源两端电压 U 不变，灯 L 上标有"4V 2W"字样，不计灯丝电阻受温度的影响。当开关 S_1 闭合、S_2 断开时，灯泡正常发光，电压表 V_1 与 V_2 的示数之比为 $6:7$，电路消耗总功率为 P；当开关 S_1、S_2 均闭合时，电路消耗的总功率改变 ΔP，且 $\Delta P = \dfrac{4}{5}P$。求：

（1）当开关 S_1、S_2 均闭合时，电路中的电流；

（2）电阻 R_1 与 R_2 的阻值；

（3）当开关 S_1、S_2 均闭合时，电阻 R_2 在 1min 内消耗的电能 W。

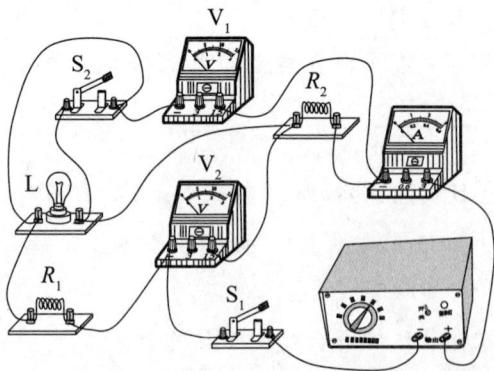

图 8—29　实物图

由于是难度较高的综合题，应由老师引导学生解决。首先认真仔细阅读题目，找到题目中的两种状态，即"开关 S_1 闭合、S_2 断开"和"开关 S_1、S_2 均闭合"。

　　然后在两种状态下，去掉无关的实物，利用所学的流向法、节点法分析电路，画出等效电路图：当开关 S_1 闭合、S_2 断开时，电路如图 8—30 所示，电压表 V_1 与 V_2 的示数分别为 U_1、U_2，电路中的电流为 I；当开关 S_1、S_2 均闭合时，电路如图 8—31 所示，此时电路中的电流为 I'。也就是将实际问题抽象概括出物理模型。

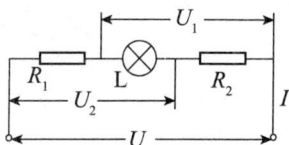

图 8—30　等效电路图甲　　　图 8—31　等效电路图乙

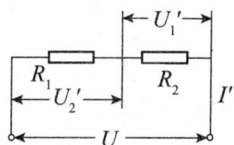

　　根据两个电路图和题中所给数据写出关系式，注意找出某个不变的物理量，如某个电阻或总电压、串联电路中的电流、并联电路中的电压等。

　　最后找出各个关系式之间的关系，要充分利用题目中的已知或已经求出的比例达到减少未知量的目的，避免试图将每个物理量都求出来。

　　（1）小灯泡正常工作时的电阻 $R_L = \dfrac{U_L^2}{P_L} = \dfrac{(4V)^2}{2W} = 8\Omega$，

　　电流 $I = \dfrac{P_L}{U_L} = \dfrac{2W}{4V} = 0.5A$，

　　$P = UI$，$P' = UI'$，

　　依题意 $\Delta P = \dfrac{4}{5}P$，$P' > P$，

　　则 $P' = \dfrac{9}{5}P$，$UI' = \dfrac{9}{5}UI$，$I' = \dfrac{9}{5}I$，

　　解得 $I' = 0.9A$。

　　（2）由图 8—30，$\dfrac{U_1}{U_2} = \dfrac{R_2 + R_L}{R_1 + R_L} = \dfrac{6}{7}$，

　　解得 $6R_1 - 7R_2 = 8\Omega$　　　　　　　　　　　　　　　（8—4）

　　$I = \dfrac{U}{R_1 + R_2 + R_L}$，$I' = \dfrac{U}{R_1 + R_2}$，

　　$\dfrac{U}{R_1 + R_2} = \dfrac{9}{5}\dfrac{U}{R_1 + R_2 + R_L}$，

解得 $R_1 + R_2 = 10\Omega$ (8—5)

由（8—4）、（8—5）两式解得 $R_1 = 6\Omega$，$R_2 = 4\Omega$。

（3）电阻 R_2 在 1min 内消耗的电能

$W = I'^2 R_2 t = (0.9A)^2 \times 4\Omega \times 60s = 194.4J$。

在解决完此问题后，可以回顾解题思路，概括解题模型：

看（认真仔细地阅读题目）；画（正确画出等效电路图）；写（就每一个电路图写出关系式）；找（找出各个关系式之间的关系）。

实战练习：

如图 8—32 所示，电源两端电压 U 保持不变。当开关 S_1 闭合、S_2 断开，滑动变阻器接入电路中的电阻为 R_A 时，电压表的示数为 U_1，电流表的示数为 I_1，电阻 R_1 的电功率为 P_1，电阻 R_A 的电功率为 P_A；当开关 S_1、S_2 都闭合，滑动变阻器接入电路中的电阻为 R_B 时，电压表的示数 U_2 为 2V，电流表的示数为 I_2，电阻 R_B 的电功率为 P_B；当开关 S_1 闭合、S_2 断开，滑动变阻器滑片 P 位于最右端时，电阻 R_2 的电功率为 8W。已知：$R_1 : R_2 = 2 : 1$，$P_1 : P_B = 1 : 10$，$U_1 : U_2 = 3 : 2$。求：

（1）电源两端的电压 U；

（2）电阻 R_2 的阻值；

（3）电阻 R_A 的电功率 P_A。

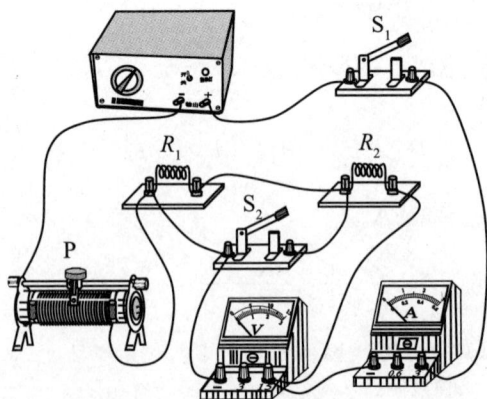

图 8—32 实物图

这个教学案例是分析难度较大的综合题，其实是由多个解题过程归纳概括得到的，在这里只列举出了一题。通过解决多个题目，不仅能够分析出题目的本质特征、总结出解题的基本步骤，也概括了每一步骤所用到的方法和注意的事项。

面对众多的练习题，教师要引导学生不要死做题，而是要善于把一些具有共同特点的题进行归类，从中找出普遍性、规律性的思路，并适当分析思路的合理性和必要性，从而构建一个正确、合理、适用的解题模型。掌握了某种题的解题模型就能举一反三，就不会陷于题海之中茫然无措。

勤思多练

【综合】

举出两个教学中概括解题模型的例子，并分析其中蕴含的逻辑知识。

（参考提示：在进行物理学中"运动和力"的教学时，就可以引导学生把许多题目归纳为"追及、相遇模型"、"先加速后减速模型"等解题模型。在构建解题模型时，一般要用到比较、分析、抽象、归纳、概括等逻辑方法。）

第九章

掌握提炼式概括

一 核心概念（关键词）提炼

教学案例

【案例一】

人教版义务教育教科书《生物学》七年级上册的第二单元"生物和细胞"开篇处有如下一段话：

> 有人说，如果把生物体比作一座房子，细胞就相当于建造这座房子的砖块。这个比喻并不十分恰当，因为细胞是活的。它会与外界进行物质交换，能从小长大，能由一个变成两个，也有衰老和凋亡……许许多多活细胞有组织有秩序地结合在一起，形成生物体的各种结构，构成一个个充满生命活力的生物。细胞是生物体结构和功能的基本单位，要想探索生物的奥秘，必须要了解细胞。

在此基础上，陆续展开了第一章"观察细胞的结构"和第二章"细胞的生活"。在生物课本第二单元的全部论述过程中，始终有一个起着统领作用的概念——"细胞"。整个第二单元就是围绕着"细胞"这个概念来展开的。"细胞"这个概念成为第二单元中的核心概念。

【案例二】

人教版普通高中课程标准实验教科书《数学》（必修）第一册第三章"函数的应用"中，"函数的零点"是课标教材新增内容，复习时应抓住这个核心概念。这个核心概念在整个高中代数课程中起着非常重要的作用，它把函数、方程、不等式联系在一起，使得函数问题可以转化为方程问题或不等式问题来解决，也可以将方程、不等式的两边都看成函数，将其转化为函数问题来解决。[1]

———————————————————————————————— 逻辑辨析

　　概括能力是一种重要的逻辑思维能力。为了实现概括这一目的，人们采用了多种具体的方法。在本章前面，已经分别介绍了归纳式概括和模型式概括。本章要介绍的是一种新的概括方法——提炼式概括，即通过提炼而实现的逻辑概括。

　　什么是"提炼"？在《应用汉语词典》中，对"提炼"做出了两种解释："将化合物或混合物中的有用成分用化学方法或物理方法提取出来"，"经过对事物去粗取精、去伪存真的分析、概括后提取（精粹的事理）"[2]。在百度百科中，也对"提炼"做出了两种解释："用化学或物理方法使化合物或混合物纯净，或从中提取所需的东西"，"比喻文艺创作和语言艺术等弃芜求精的过程，从芜杂的事物中找出有概括性的东西"[3]。从这些解释中，我们可以看到，作为认识领域中的提炼，就是一个去粗取精、去伪存真、形成概括的过程。在这个过程中，大体要经历如下思维活动：首先是对需要提炼的对象进行整体分析，分别对其中的各个部分或要素进行研究和了解；其次是对经过分析的各个部分或要素进行比较，区分出当前需要的东西和不需要的东西；再次就是对经过比较和区分的对象进行抽象，把当前不需要的东西在思维中暂时撇开，而把当前需要的东西在思维中单独抽取出来；最后，抽象出来的东西要被概括为对象中具有普遍性、共同性的本质的东西。这个进行提炼而实现概括的思维活动过程，显然是一个逻辑思维活动的过程，其中综合地运用到了分析、比较、抽象等逻辑方法。

　　根据实践的需要，人们可以进行不同方式的提炼。本章主要介绍

————————————————

① 参见杨子林，王荣：《抓住核心概念，提炼核心思想方法》，载《数学通讯》（教师刊），2011（11）。

② 商务印书馆辞书研究中心编：《应用汉语词典（大字本）》，1232 页。

③ 百度百科．提炼．见百度网，2012－01－05。

核心概念提炼、主题提炼、要点提炼和特征提炼四种提炼的方式。提炼的东西要用概括的语言表达，概括表达的东西则要由通过提炼的逻辑思维活动过程而获得。因此，提炼的方式不同，就形成了不同类型的提炼式概括。我们先介绍核心概念提炼式概括。

什么是"核心概念"？据张颖之、刘恩山等人的研究，在英文文献中，"核心概念"与"基本概念"、"主要概念"含义是相近的。戴伊指出，核心概念是某个知识领域的中心。费德恩等人认为，核心概念是一种教师希望学生理解并能在忘记其非本质信息或周边信息之后，仍然能应用的概念性知识，他们认为，核心概念必须清楚地呈现给学生。美国课程专家埃里克森认为，核心概念是指居于学科中心，具有超越课堂之外的持久价值和迁移价值的关键性概念、原理或方法。这些核心概念具有广阔的解释空间，源于学科中的各种概念、理论、原理和解释体系，为该领域的发展提供了深入的视角，还为学科之间提供了联系。赫德进一步提出，核心概念的选择不是随意的，而是一定要展现学科的逻辑结构，即这些核心概念能够有效地组织起大量的事实和其他概念。不仅如此，这些核心概念应具有一定的前沿性，因为这些内容将延续在学习者以后的生活中，并且极有可能会影响学习者对新知识的探索和获取，从而进一步影响未来的科学。[①]

我们知道，概念是人们反映客观对象本质属性的一种思维形式。中学各个学科的知识，都是以知识系统的形式存在的。知识系统可能比较大，也可能比较小，具有相对性。但是，不管是什么样的知识系统，都是由一系列概念组成的。因此，从本质上说，学生学习各个学科的知识，主要就是了解和理解不同学科知识系统中的一系列概念，并且通过对概念的学习加深对客观事物之间联系的认识。在组成各学科知识系统的一系列概念中，有一些概念处于主导地位，对其他概念起着统领作用。其他概念或者靠这些概念来定义，或者借助这些概念来进行解释，或者从这些概念中延伸出来。这种在一个学科知识系统中能够被用来定义、解释、理解其他概念，能够延伸或派生出其他概

---

① 参见张颖之，刘恩山：《核心概念在理科教学中的地位和作用》，载《教育学报》，2010（2）。

念，居于主导地位、起着统领作用的概念，就是核心概念。

核心概念具备基础性、系统性、统领性和一致性等特性。基础性是指核心概念是知识系统发展的起点，知识系统中的其他概念都可以从核心概念中派生、拓展、延伸出来，都可以运用核心概念来定义或解释；系统性是指以核心概念为中心，可以把某个领域中分散的不同概念联系起来，形成一个具有严密逻辑关系的知识系统；统领性是指理解了核心概念，就能够理解知识系统中其他许多概念，否则，其他概念就不可能得到真正理解，理解其他概念必须先理解核心概念；一致性是指核心概念可以保证学科知识系统不会因为知识点的变化、发展、深化而形成逻辑上的不协调。所以，抓住了某个学科的核心概念就等于抓住了其知识系统的命脉，掌握了某个学科的核心概念就等于掌握了其知识系统的精华。因此，核心概念教学就显得至关重要。

由于核心概念必须运用一定的语词来表达，因此，从语词角度看，核心概念在一定意义上也可称为关键词，而关键词也可以被认为是指一段或者一篇文本中叙述的核心概念。在这个意义上，核心概念提炼，也可称为关键词提炼。

上述教学案例就涉及实现逻辑概括的一种方式——核心概念（关键词）提炼式概括。在教学中，引导学生准确提炼出文本中的核心概念，是培养学生逻辑概括能力的重要方法。一般说来，引导学生提炼概括出文本中的核心概念，主要有两种途径：（1）有些文本中，已经明确包含了所论述的核心概念，比如案例一，在生物课本的这部分内容中，"细胞"这个核心概念已经存在，在教学中则需要教师引导学生去发现和提出这个核心概念。（2）有些文本中，并没有明确包含所论述的核心概念，此时就需要教师引导学生首先认真阅读文本，深入理解文本中心论述，舍弃一些次要的、局部性的、派生性的内容，提炼出核心概念，最后选择恰当的关键词加以表达。

知识链接

"关键词"源于英文"keywords"，特指单个媒体在制作使用索引时所用到的词汇，也是图书馆学中的词汇。在互联网高速发展的时代，关键词索引已被越来越广泛地使用。

无论是直接从题目中抽取的名词，还是从小标题、正文或摘要里抽取的部分词汇，都必须标注某一确切的概念，切忌几个概念的混合或杂糅，因此，我们在选取关键词时，一定要对所选的词或词组进行界定。①

扩展延伸

核心概念（关键词）提炼除了在文本阅读过程（输入过程）中至关重要外，写作过程（输出过程）中也有不少教师运用核心概念（关键词）教学法。近年来，在语文和外语写作教学中都有大量的教学实践和教学研究涌现。例如：广西师范大学梁英柏2007年的硕士论文《"关键词"策略在高中英语写作教学中的实验研究》、上海师范大学刘娴2011年的硕士论文《语文教学关键词教学法》等，就从不同角度论述了在本学科教学中关注关键词的意义和作用。

同样，理科的教学过程中核心概念（关键词）也无处不在。围绕核心概念（关键词）的概括思维活动，也以不同的形式在教学中存在。比如在定理、公式的教学中，无论是符号还是词汇都可以是概括知识的关键词。曲阜师范大学赵欣2012年的硕士论文《高中数学核心概念的课程与教学研究》一文指出，核心概念作为数学概念体系的中心和主干，更是数学教学领域研究的关键内容。事实上，各个学科都需要面对从核心概念（关键词）入手，串联知识点，形成知识体系的问题。找出核心概念（关键词）是第一步，如何理解和运用核心概念（关键词）则是更进一步的见仁见智的问题。

---

① 参见百度百科．关键词．见百度网，2013－08－06。

勤思多练

【语文】

近些年，一些高考语文试卷中曾出现过寻找核心概念（关键词）的题型，虽然这种题型不是全国各省市高考的统一题型，但是用来训练学生核心概念（关键词）提炼的能力则是可取的。教学过程中，教师可以根据实际情况选择适合自己学生的、有趣味性的、不同难度的材料，不一定找繁难偏怪的材料。以下列举高考语文卷中出现过的一些题目，供读者参考。

1.（2005 年高考语文全国卷）提取下面一段话的主要信息，写出四个关键词。

据报道，我国国家图书馆浩瀚的馆藏古籍中，仅 1.6 万卷"敦煌遗书"就有 5 000 余米长卷需要修复，而国图从事古籍修复的专业人员不过 10 人；各地图书馆、博物馆收藏的古籍文献共计 3 000 万册，残损情况也相当严重，亟待抢救性修复，但全国的古籍修复人才总共还不足百人。以这样少的人数去完成如此浩大的修复工程，即使夜以继日地工作也需要近千年。

（参考提示："古籍"、"修复"、"人才"、"不足"。）

2.（2006 年高考语文广东 A 卷）提取下面一段话的主要信息，写出四个关键词语。

从甲骨文到草书、行书的各种书法艺术，间接地反映了现实某些方面的属性，将具体的形式集中概括为抽象的意象，通过视觉来启发人们的想象力，调动人们的情感，使人们从意象中体味到其间所蕴含的美。这也就是一些讲书法的文章里常说的"舍貌取神"——舍弃客观事物的具体现象特征，而摄取其神髓。

（参考提示："意象"、"体味"、"神髓"、"书法"。）

3.（安徽省重点中学 2006 届高考语文模拟试题）根据要求提取下面一段话的主要信息，写出六个关键词（可以是短语）。

由于司马迁认识到了历史终归是"人"的历史，不是"天"的意志史，于是以"绍圣《春秋》"为使命的司马迁抛弃了孔子既定的历史纪年法——编年体，而改用纪传体。这绝不是一个技术问题，而是观念问题。他对那冰冷的历史巨轮投以轻蔑的一哂，然后满怀慈悲地去关心轮子下的那些泣血的生灵。从而，我们看到，一代一代的人物以及他们对历史必然性的反抗，对自身命运的体认，构成了《史记》的主色调。史学成了人学，必然性成了戏剧性，逻辑的链条崩溃了，生命的热血喷涌而出……

（1）历史纪年法的史学观。

（2）人学的史学观。

（参考提示：1. "冰冷"、"必然性"或"历史必然性"、"逻辑"；2. "慈悲"、"戏剧性"、"生灵"或"命运"或"生命的热血"。）

二　主题提炼

教学案例

【案例一】

以浙江省 2012 年高职升学模拟考试语文试卷阅读题为例：

阅读下面的小说，回答文后问题。

对我一生很重要

查一路

看着他剖鱼，我无法容忍他慢腾腾的速度，只好用反语提醒，你的速度太快了，可能是这个菜市场最快的。

他听了，直起腰，忽然眼睛一亮，你也是这么认为啊，刚才也有个人这么说，看来我还真是慢不了！

我听他这么说，差点没笑出声来。

这个卖鱼的男人，苍白瘦削，矮小的身子弯得像一张弓，好像有重重的心事，言谈间多有抱怨。

当他重新蹲下身，我看到了另一种速度。仿佛神站立在他的手臂上，有一种超乎想象的飞快。好像这种速度，在他的双手蛰伏已久，突然间爆发出来。

随后几天，我从他鱼摊边走过，留心观察了一下，发现他的状态变化很大。他不再向人抱怨，而是埋着头，剖鱼的动作越来越快，越来越专业，一招一式似乎都在渲染专业意识。

我再次买鱼时，他很牛气地跟我说，我仔细观察了一下，整个菜市场就我剖鱼的速度最快。他奋力地努着嘴，说，不信你看看，你看看。当他蹲下身子的时候，他停住了手中的刀说，请帮我一个忙。

我能帮他什么呢？我纳闷儿。他说，你能不能把你那天说的话，在我老婆面前再说一遍？我点点头。他站起身，无限醋意地看着老婆和相邻摊位的一个男人聊天，忽然大叫一声，拿个塑料袋过来！

词是现成的。我故作惊讶，你这人剖鱼的动作怎么这么快呀？是全菜市场最快的，你太专业了！他蹲下身，用动作配合着我的赞美，眼睛偷偷向一边瞥，享受妻子投过来的欣赏的目光。这样的场景，让我意识到，这男人特别在意妻子对他的看法。

几天后，他见了我，执意要送我几条鱼，我坚辞不受。鱼被重新扔进盆里，哧溜溜向前游去。他叹一口气，你那天说的话，对我一生都很重要。

我跟他开玩笑，我是在沙漠中发现了甘泉，在荒山里找到了矿脉。

他扫一眼妻子，说，我说的是真话，我老婆总是骂我一无是处，现在知道我很专业啦，对我的态度也比以前好多啦！

我劝慰他，我老婆也天天骂我。

他摇头否认，扫一眼邻摊的那大汉，说，不是你说的那种。

我只能同情地拍拍他的肩膀，老兄，别想得太多！

这个瘦小又自卑的男人，我不便去揣测他是否陷入了一场感情危机，或者只是臆想中的妄加猜测，抑或深度自卑导致出悲观结论。但我知道，他确实需要来自外界的某种肯定。

苦弱的心，在黑暗中泅渡，需要一根意外漂来的横木，或者不经意点亮的渔火。

（1）是什么对"我"一生很重要？"对我一生很重要"是谁说的？为什么对"我"一生很重要？

（2）此文给你什么启发？

问题一的前两小问在文中相应位置可以直接找到答案；第三小问"为什么对'我'一生很重要？"在文中找不到任何一句话可以明确回答，这就需要阅读者对文章进行主题的提炼概括。该文虽然没有直接的文字直指主题，但是有些语句是理解该文主题的关键，例如，第九自然段第四、第五句话"眼睛偷偷向一边瞥，享受妻子投过来的欣赏的目光"，"这样的场景，让我意识到，这男人特别在意妻子对他的看法"，便是理解为什么对"我"很重要的关键句。因为男人的妻子认为他一无是处，而他特别在意妻子的看法。他需要别人的赞美来引起妻子的注意，赢得妻子的尊敬。当买鱼的人成人之美，说了赞美他的话后，他的妻子对他的态度比以前好了很多，他因此很感激买鱼的人。问题二是关于此文给阅读者的启发。这似乎是个比较开放的问题。但这种问题的回答，也应该围绕文章主题——即文章主题给读者的启发。文章的主题针对两个人，从买鱼的人的角度，可以围绕"赠人玫瑰，手有余香"这样的意思作答。从鱼贩的角度，可以围绕"一个生活中的弱者或是遭受打击和挫折的人，得到来自别人的鼓励、帮助和支持，就会重拾生活的信心"的意思作答。

从以上阅读题目的两个问题可以看出，准确把握文章主题是理解文章的关键，无论出题者的角度如何变换，只要能理解文章主题，并且能够围绕主旨作答，就达到了阅读理解题目的最根本要求。

对于如何把握文章的主题，从逻辑学上讲是一个概括、抽象的过程。语文教学中对阅读能力的训练，重点就是训练阅读者对文章主题的把握。也许每个老师都有自成体系的"阅读法则"，但一些基本的方法却是共通的。比如按照意群给文章分段、寻找关键词和关键句、透过文字寻找主题，更难一些的文本采用反复阅读的方式也有助于把握主题。

【案例二】

初中历史"中国近现代史"的"抗日战争"部分，各版本课本都提到了"南京大屠杀"这一史实，但鲜有课本撰写过专题。北京市上地实验学校陈亚东老师基于这一客观情况，为了引导当今青少年能够多角度、深层次地认识这一重要史实，开设了"屠、生、佛——南京大屠杀"专题课。这是一节主题课，也是教师按照主题提炼知识的典型案例之一。

这节课除了讲述南京大屠杀最基本的史实，如背景、地点、时间等要素外，还扩展延伸出日本的军国主义传统、天皇制、神道教等内容；在日军屠杀中国民众的一个半月里，在南京这座人间地狱中致力于营救中国人的外国人士的伟大举动；在战后为了报道和披露"南京大屠杀"这一历史事件做出重要贡献的人士的故事。继而从"屠、生、佛"三个角度向学生阐释了南京大屠杀这一主题。

学生了解到日军残忍屠杀的根本原因——对天皇的崇拜、神道教、军国主义的毒害。在日军的兽行下，诸多国际友人的救助行为闪烁着人性的光辉，几十万中国人在他们的庇护下幸免于难。二战结束后，随着时间的流逝，虽然有些人可能淡忘了日军在南京的暴行，但许多了解真相的人，则振臂高呼——不能忘记历史，并积极为揭露日军在南京的暴行和批判日本右翼势力歪曲史实的丑恶行径而奔走。他们用自己的笔、自己的摄影镜头，甚至是自己的生命披露历史真相，警示世人铭记历史、以史为鉴，警示人类应当不忘战争的灾难，远离战争。他们用理智呼唤和平，反对战争。

陈亚东老师这堂"屠、生、佛——南京大屠杀"主题课，是按如下逻辑步骤展开的：

（1）确定主题：选择"南京大屠杀"的授课内容；

（2）从多角度演绎主题：从"屠、生、佛"三个角度阐释历史；

（3）深化主题：引导学生对"屠、生、佛"的史实进行归因。

【案例三】

这个案例来自北京市一零一中学陈默老师的美术课。陈老师这节课是一节美学启蒙的专题课，是特为高三学生开设的一节艺术通识课。高三是没有美术课的，这节课是语文老师邀请陈老师专门为学生讲的，目的是激发学生对美的感悟，从美学的角度观察和理解事物。

课的主题是"艺术美"。包括"什么是艺术美"、"如何理解艺术美"两个方面。围绕该主题，陈老师设置了如下六个环节：（1）通过摄影作品和名言的引导，让学生对什么是艺术展开探讨；（2）怎样欣赏生活中的艺术；（3）怎样追求艺术的生活（首先要求"让我们的眼睛慢下来"）；（4）什么是艺术修养；（5）从诗歌美与绘画美、雕塑美中感悟三种艺术形式中美的共同和不同之处；（6）从不同类型（优美、崇高、悲剧、喜剧、荒诞）的美中感悟人性美：真、善，即大美。通过这六个环节的逐步展开，让学生领悟这节课的主题，感受艺术之美。

陈默老师这堂"艺术美"主题课，是按如下逻辑步骤展开的：

（1）确定主题：根据学生的实际情况，设计"艺术美"主题课；

（2）从多角度演绎主题：从"什么是艺术美"、"怎样欣赏生活中的艺术"、"怎样追求艺术的生活"等方面阐释主题；

（3）深化主题：引导学生分析不同类型美的共性，揭示艺术美中的人性美。

逻辑辨析

什么是"主题"?

《应用汉语词典》对"主题"有如下解释:一是"文学艺术作品中通过具体的艺术形象表现出来的中心思想";二是"一般文章中所表现的中心意思或中心论点";三是"泛指某些活动的主要内容或中心问题"[1]。

《现代汉语词典》对"主题"有如下解释:一是"文学、艺术作品中所表现的中心思想,是作品思想内容的核心";二是"泛指谈话、文件、会议等的主要内容";三是"主标题"[2]。

由此我们可以认识到,主题可以有广义和狭义上的不同理解。广义理解的主题,就是体现在作品(文学的、艺术的、科学理论的……)中或活动中的"中心思想"、"核心观点",包括主题公园、主题游园活动、主题班会等泛指围绕某核心内容展开的活动。狭义理解的主题,专指学习过程中需要把握的分散地渗透在各个知识点或材料中的中心思想或核心思想。本章所指的主题,是狭义理解的主题。

本书是在"逻辑概括"中谈主题,即把主题提炼作为一种实现逻辑概括的方式。之所以能把主题提炼作为一种实现逻辑概括的方式,是因为主题是通过对各个分散的知识点或材料进行分析比较后,撇开其中个别性、局部性的内容,抽象出渗透于其中的共性或核心的内容,由此被发现和提炼出来的,它对各个分散知识点或材料具有统摄作用,具有很强的概括性。

在教学活动中,主题提炼式概括一般有两种表现形式:

第一种形式是,先有一系列分散的知识点或材料,然后对它们进行分析比较,把渗透于其中的共同点或核心点抽取出来,由此获得能够统摄这些分散的知识点或材料的中心思想或核心思想,亦即主题。

---

① 商务印书馆辞书研究中心编:《应用汉语词典(大字本)》,1657 页。
② 中国社会科学院语言研究所词典编辑室编:《现代汉语词典》,1701 页。

简单地说，这就是从分散的知识点或材料中去寻找主题的形式。我们可以把这种形式称为"发现主题"。前述案例一就属于"发现主题"形式的主题提炼式概括。这种从某一文本或众多文本中，归纳出一个主题的概括，我们称之为归纳式主题提炼法。归纳式主题提炼是中学阶段阅读能力培养的重点，甚至也是高考阅读能力考查的基本功。

第二种形式是，根据一定的需要，先确定一个中心思想或核心思想，即主题（可以自己确定，也可以由别人确定），然后围绕主题去寻找能够体现、阐释主题的相关知识点或材料，并且对这些知识点或材料进行分门别类的整理，由此获得一个在主题统摄下的知识系统。简单地说，就是在主题指引下去收集和整理知识点或材料的形式。我们可以把这种形式称为"主题设计"。这种"主题设计"形式的主题提炼，从思维进程上看，正好与前一种归纳式提炼相反，我们可将其称为演绎式提炼。前述案例二和案例三，就属于演绎式主题提炼。教学过程中的主题设计是教师运用最频繁的逻辑概括思维能力之一。

知识链接

基于主题的教学应用场合，包括在教师的教学设计、教学资源建设、教师的授课和学生的学习等方面。20世纪80年代初，著名教育专家顾明远教授率先发表文章，提出学生既是教育的客体，又是教育的主体的重要观点，引发我国新时期教育改革的思想解放运动。随后，黄济、王策三、孙喜亭、王道俊等一些著名教授纷纷发表见解，进一步阐发学生是教育主体的观点。90年代，北京师范大学裴娣娜教授组织了全国范围的主体教育实验研究，华东师范大学叶澜教授提出了新基础教育理论。我国在2001年进行了基础教育的新一轮改革。新课程主要是以"学生发展为本"为核心理念，改变学科本位的观念，注重科学探究，提倡学习方式多样化。在新课程的内容上，按照学习领域、主题等来划分，要求突破以学科为中心的传统模式，关注学生的兴趣与经验。将教科书内容与学生生活以及现代社会、科技发展紧密联系，打破单纯地强调学科自身的系统性、逻辑性的局限，尽可能体现义务教育阶段各学科课程应首先服务于学生发展的功能。具体的实施，则是各个地区按照新课程课标，结合自己的实际情况，设计相应的本土化课程。主题式教学在新课程改革倡导以学生为中心、培养学生的探究能力这一时代背景的要求下被逐渐重视起来。

主题式教学是符合新课改精神的教学模式之一，同时又符合探究性课程的设计要求，当前对主题教学模式的探索和设计是十分必要的，一是由于目前探究性课程没有统一的主题课程教材，要求教师根据新课程改革的标准灵活设计，设计各类主题式教学活动；二是由于主题学习既适应跨学科教学，也可渗入专门学科的教学中，无论用于哪类教学形式，都需要来自广泛知识领域的教学资源作为支持，这是主题学习的要素之一。[①]

主题式教学在文理不同学科中都有应用，没有统一的模式与固定的方法，但在各学科内部还是有规律可循的。首先，主题教学中的主题，是根据教学目标和教学实践通过探究而确立的；其次，主题一般是针对具有普遍性和代表性的问题而提出的；再次，主题确立后，应该围绕主题从不同的角度选择丰富的材料阐释主题；最后，通过不同角度的学习，达到深入理解主题的效果。主题教学的进行，有利于教师集中力量攻克较难的、较大的、较专业的主题知识，有助于学生对某一主题有更深刻、更完整、更系统的理解和认识，以使学生更深入地了解和探究专门问题，开阔视野，提升学习兴趣。

扩展延伸

在阅读过程中，对阅读材料主题的提炼，又称为概括中心思想，

---

① 参见百度百科．主题教学．见百度网，2010－07－02。

无论是对闲暇时的审美式阅读，还是对考试时紧张的提炼式阅读，都有助于高效地获得信息。关注文章主题的组织方式和在阅读中做标记，可以大大提高主题的概括效率。阅读实验结果显示，读者对按照某一特征组织的文章主题信息的把握优于对随机组织的文章主题信息的把握。[①] 所以，在阅读过程中高效获取信息常采用这样两种方法：一是迅速把握文章的组织结构，例如在阅读一篇说明文的过程中，需要迅速把握段落之间的逻辑关系，是并列式、递进式或其他；二是在阅读过程中用不同的符号标记，这样不仅可以理清段落之间的组织结构，还可以把不同部分的关键词找到。两种方法配合使用，可以在短时间内完成对阅读材料主题的提炼。

勤思多练

【语文】

按照文学体裁和教师自身的专长，设计一个主题课程。例如："我眼中的杜甫和杜诗"、"经典散文阅读"、"欧·亨利的短篇小说"、"初（高）中议论文的写作与修改"等。

【历史】

1. 以历史人物为主题，设计一个主题课程。例如："中国古代的改革家们"、"秦皇汉武和唐宗宋祖"、"抗日战争中的英雄人物"、"近代中国史上的关键人物"、"中国的思想家们"等。

2. 以政治或经济发展史为主题，设计一个主题课程。例如："浅谈中国古代的经济发展简史"等。

【地理】

根据学生的兴趣，设计一个地理课的主题课程。例如："走近火

---

① 参见何先友，莫雷：《文章主题的组织方式对文章标记效应的影响》，载《心理发展与教育》，2000（3）。

山"、"常见地质灾害"、"神奇的矿石"、"徐霞客去过的地方"、"古今中外的地理学家们"等。

【生物】

根据学生兴趣，设计一个生物课的主题课程。例如："显微镜下的世界"、"澳大利亚的动物"、"热带的植物"、"探索深海的未知领域"等。

【美术】

以提高学生的审美水平和鉴赏能力为目的，设计一个美术课的主题课程。例如："古代中国人眼中的美"、"欧洲版画赏析"、"现代美术流派"等。

【音乐】

以感受古典音乐美为主题，设计一节音乐主题课。例如："音乐神童莫扎特和他的音乐"、"交响乐之父——海顿"、"走近乐圣——贝多芬"等。

【综合】

1. 综合自然科学多个学科，设计一个以近代科学的建立为主题的课程，这个主题课程可以由多学科教师合作开课，在共同的主题下，分设小专题。例如："近代物理学的发展小史"、"近代数学的开端"、"近代化学家"、"近代生物学的诞生"等。

2. 运用"迅速把握文章组织形式"和"做标记"的方法阅读报纸或杂志上的文章，并概括其主题。

（参考提示：前面八题是对演绎式的主题提炼概括的训练。最后一题是对归纳式的主题提炼概括的训练。）

三 要点提炼

教学案例

【案例一】

以初中历史课涉及的"百家争鸣"为例：

初中历史课讲到春秋时期思想活跃和战国时期百家争鸣时，要求学生了解各家思想。各家思想究竟包括哪些具体内容呢？教师的教学设计可能是千变万化的，选择的材料也会因学生的差异而不尽相同。但是千百年来，人们对各家思想要点的认识相对稳定，几乎没有太大的变化。儒家思想的要点概括出来是仁、礼、孝、德等；道家思想的要点是无为而治、崇尚自然等；墨家思想概括为兼爱、非攻、尚贤、尚俭等；法家思想的要点则是尚刑、集权等。

【案例二】

以初中地理课涉及的"地球的自转和公转"为例：

初中地理课讲到地球的自转时，通常从以下三个要点来认识：自转的规律、自转产生的昼夜交替、自转产生的时差。地球公转也同样有以下要点：公转的规律、公转产生的地理现象（四季的变化、五带的划分）。

【案例三】

以初中思想品德课涉及的"计划生育基本国策"为例：

初中思想品德课讲到了计划生育这一基本国策，要从以下要点把握这一内容：实施计划生育的原因——人口基数大、增长快，影响经济发展；计划生育政策的具体要求——晚婚、晚育、少生、优生；计划生育的意义——有利于发展社会主义生产力，有利于增强国家综合国力，有利于提高人民生活水平。

【案例四】

以初中生物课涉及的"生物的多样性"为例：

初中生物课讲到认识生物的多样性时，主要从生物多样性的概念出发，从三个方面阐释了其内涵，分别是：生物种类的多样性、基因的多样性、生态系统的多样性。保护生物的多样性从两个要点出发：第一，生物多样性面临的威胁及其原因；第二，保护生物多样性的途径。

【案例五】

以初高中历史课涉及的"商鞅变法"为例：

初高中历史课都会讲商鞅变法，要把握这样一个历史事实，我们一般先要了解商鞅变法的背景——诸侯国纷纷变法图强，以求在争霸中立于不败之地；然后了解变法的内容——编户、尚刑罚、奖励耕织、奖励军功、推行县制等；最后了解变法的影响——达到了富国强兵的目的，为统一六国奠定了基础。

逻辑辨析

要点提炼是实现逻辑概括的一种常用方式。

何谓"要点"？《应用汉语词典》给出了两种解释：一是指"主要部分、主要方面"；二是指"重要的据点"[1]。百度百科在"要点"词条中也给出了近似的解释。[2] 我们这里所使用的"要点"，仅涉及前一方面的含义，而不涉及后一方面的含义。也就是说，这里的"要

---

[1] 商务印书馆辞书研究中心编：《应用汉语词典（大字本）》，1462页。
[2] 参见百度百科．要点．见百度网，2013－01－12。

点"，仅指存在于各种书面文本或口头表达中的最主要内容或重要信息点。

要点需要通过提炼而获得。因为，任何一种书面文本或口头表达，涉及的内容都是多方面的。其中有特殊性的内容，也有普遍性的内容；有重要的内容，也有次要的内容；有现象方面的内容，也有本质方面的内容。一种书面文本或口头表达并不会直接告诉人们什么是其中的要点，人们要想获得其中的要点，就必须在对书面文本或口头表达进行分析的基础上，把其中个别性的、次要的、现象的内容暂时撇开，而把普遍性的、重要的、本质的内容提取出来。这个提炼要点的过程，是一个运用分析、抽象等逻辑方法进行思维活动的过程。在中学的课堂上，授课的要点既可以由老师事先给出，然后由老师引导学生论证这些要点的得出过程，也可以按新课标要求，在老师的引导下，由学生通过探究活动自主得出。

要点提炼在各学科中都有运用，虽然所概括的知识五花八门，但在逻辑上有许多共同之处。无论哪个学科的知识，大致都可以分为两类，即陈述性知识和过程性知识。对这两类知识而言，要点提炼运用的逻辑思维方法各有侧重。

陈述性知识大多提炼其概念内涵的要点。例如，案例一中，儒家思想的内涵包括了仁、礼、孝、德等要点；案例四中，认识生物多样性这一概念，其内涵有三个要点，即生物种类多样性、基因多样性、生态系统多样性。

过程性知识大多从这一事件的发生、发展、结果整个过程中把握要点，体现出事物发展过程中内在的因果关系。例如，案例二中的地球自转，首先是现象的要点——方向，其次是过程——昼夜交替，再次是地球自转过程带给人类的直接影响是时差的出现。案例三中，讲到计划生育政策，首先是制定政策的原因，其次是政策执行过程——具体要求，再次是执行计划生育政策的影响——三个"有利于"。案例五中讲商鞅变法，变法背景可以理解成变法的原因，变法内容即变法的过程，变法影响即变法结果。当然，在过程性知识要点的提炼过程中，有些知识点侧重于对事件原因的探究，有些知识点则侧重于对事件过程的探究，还有些知识点侧重于对事件影响的探究。但是，基本的逻辑规律主要是这三个方面。

知识链接

在现代文阅读中，"概括要点"是一项重要的阅读能力，是阅读题每年都要涉及的考查内容，也是学生们备考时的一大重点。在现代文阅读中对概括要点能力的考查，不受文体限制，且出题角度多样，考查范围广泛，所以关注概括要点常见的考查题型和知识点，尤为重要。

所谓"概括要点"，是在阅读、理解文章内容之后，经过提炼概括，用简明扼要的语言准确转述文章重要内容的一种形式。其中，提炼概括的过程就是理解的过程；提炼概括的结果标志着理解的准确程度和深入程度；而提炼概括的形式，可以包括直接摘引原句、选词组句或自行组织语言等。

概括要点题在各种文体中的考查角度与范围大体有以下几种：

（1）对文章、文段的思路、层次或层意的分析、理解与提炼概括。

（2）对文意、段意或文章主旨、文段中心的提炼概括。

（3）对文中情节、事件及其成因、过程的提炼概括。

（4）归纳内容要点，拟写内容提要、文章标题。

（5）筛选并提取总说句、中心句、主旨句、过渡句、结论句。

（6）对文章线索的提炼，对文中某种表达规律的提炼概括。

（7）概括人物的性格特点、人物事迹的各个方面，概括说明对象的主要特征。

（8）对作者思想观点、情感态度的理解、分析与提炼概括。

在阅读题考试中，概括要点题属常见题，其身影几乎无卷不在，复习时要善于总结规律，在整体把握文意、初步理清思路、弄清作者写作意图的前提下，掌握一定的方法。如善于发现文中标志性的语句，包括文章标题中心句、主旨句、过渡句、总说句和结论句；采用归并法，将若干内容要点归纳合并；等等。这样，学生们面对概括要点题，就能从容应答。①

扩展延伸

教师可指导学生绘制"要点整合图"。

与学生学的过程相比较，教师对所教授的知识的理解和熟悉程度使其对要点的记忆十分深刻，而学生对要点的把握则需要相对长的时间。学生在学习课本知识的过程中，对知识要点要经历从知道、了解，进而理解、运用等不同的阶段，对知识要点需要逐渐领悟，对各个要点间的关系需要琢磨和体会，最后新知识才会完全融入他们的原有知识体系。

学生在复习阶段，需要对所有知识点进行归纳总结。这时候不妨训练学生用思维导图或者概念图的形式，将所有要点整合成一个相对完整的知识体系。教师可以在学生完成要点整合后，给出自己的整合图，供学生比较、参考和修改，或是对学生的整合图提出意见和建议。

勤思多练

【语文】

1. 人教版普通高中课程标准实验教科书《语文》（必修）第二册中马丁·路德·金的《我有一个梦想》有如下叙述：

朋友们，今天我对你们说，在现在和未来，我们虽然遭受种种困难和挫折，我仍然有一个梦想。这个梦想是深深扎根于美国的梦想中的。

我梦想有一天，这个国家会奋起，真正实现其信条的真谛："我们认为这些真理是不言而喻的：人人生而平等。"

---

① 参见百度文库.中考语文阅读全攻略——概括要点.见百度网，2011-01-18。

我梦想有一天，在佐治亚的红山上，昔日奴隶的儿子将能够和昔日奴隶主的儿子坐在一起，共叙兄弟情谊。

我梦想有一天，甚至连密西西比州这个正义匿迹、压迫成风的地方，也将变成自由和正义的绿洲。

我梦想有一天，我的四个孩子将在一个不是以他们的肤色，而是以他们的品格优劣来评价他们的国度里生活。

我今天有一个梦想。

我梦想有一天，亚拉巴马州能够有所转变，尽管该州州长现在仍然满口异议，反对联邦法令，但有朝一日，那里的黑人男孩和女孩将能与白人男孩和女孩情同骨肉，携手并进。

我今天有一个梦想。

我梦想有一天，幽谷上升，高山下降，坎坷曲折之路成坦途，圣光披露，满照人间。

这就是我们的希望。

请提炼概括出马丁·路德·金关于"梦想"的内容要点。[①]

（参考提示：其内容要点可提炼概括为全美国人人都平等、实现自由与正义、消除种族歧视。）

2. 人教版全日制普通高级中学教科书《语文》（必修）第一册中史怀哲的《我的呼吁》的前两段内容如下：

我要呼吁全人类，重视尊重生命的伦理。这种伦理，反对将所有的生物分为有价值的与没有价值的、高等的与低等的。这种伦理否定这些分别，因为评判生物当中何者较有普遍妥当性所根据的标准，是以人类对于生物亲疏远近的观感为出发点的。这标准是纯主观的，我们谁能确知他种生物本身有什么意义？对全世界又有何意义？这种分别必然产生一种见解，以为世上真有无价值的生物存在，我们能随意破坏或者伤害它们。由于环境的关系，昆虫或原生动物往往被认为没有价值。但事实上，我们的直觉意识到自己是有生存意志的生命，环绕我们

---

① 参见陈帮明：《现代文阅读归纳要点的步骤与方法》，载《语文教学与研究》，2006（3）。

周围的，也是有生存意志的生命。这种对生命的全然肯定是一种精神工作，有了这种认识，我们才能一改以往的生活态度，而开始尊重自己的生命，使其得到真正的价值。同时，获得这种想法的人会觉得需要对一切具有生存意志的生命采取尊重的态度，就像对自己一样。这时候，我们便进入另一种迥然不同的人生经验。

这时候，善就是：爱护并促进生命，把具有发展能力的生命提升到最有价值的地位。恶就是：伤害并破坏生命，阻碍生命的发展。这是道德上绝对需要考虑的原则。由于尊重生命的伦理，我们将和全世界产生精神上的关连。平时我都尽力保持清新的思考和感觉，而怀着善的信念，时时依据事实和我的经验去从事真理的研究。

这两段文字阐述的是什么是"尊重生命的伦理"。请提炼概括"尊重生命的伦理"的内容要点。[①]

（参考提示：其内容要点可提炼概括为——人不尊重生命的原因之一是以人自身的亲疏远近作为出发点，人要对一切有生存意志的生命采取尊重的态度，就要从伦理道德的高度去爱护并促进生命。）

【综合】

1. 根据"逻辑辨析"中针对陈述性知识和过程性知识的两种要点提炼形式，在本学科内分别寻找两个要点提炼的案例。

（参考提示：陈述性知识的要点提炼——"自然界的水"可以提炼出"水的组成"、"水的物理性质"、"水的净化"、"水的分布与储量"、"水资源的保护"等要点。过程性知识的要点提炼——"粗盐的提纯"可以提炼出"溶解"、"过滤"、"蒸发"、"回收晶体"等要点。）

2. 提炼课本某一单元的知识要点，形成一幅整合图。

（参考提示：以初中物理"力"这一单元为例，可将知识要点整合如图9—1。）

---

① 参见陈帮明：《现代文阅读归纳要点的步骤与方法》。

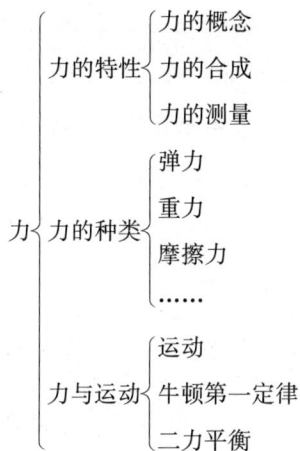

图 9—1　"力"的单元知识要点整合图

四 特征提炼

教学案例

【案例一】

数学中，二次函数在代数和几何两方面都具有一些特征，于是，在观察和总结这些特征的基础上，得出了二次函数的定义和性质。比如，在下面几种情况中人们发现了类似的特征：

情况一：正方体的六个面是全等的正方形，设正方形的棱长为 x，表面积为 y，显然，对于 x 的每一个值，y 都有一个对应值，即 y 是 x 的函数，它们的具体关系可以表示为 $y=6x^2$。

情况二：多边形的对角线数与边数有什么关系？如果多边形有 n 条边，那么它有 n 个顶点，从一个顶点出发，连接与这点不相邻的各个顶点，有 $n-3$ 条对角线，所以多边形的对角线总数 $d=\dfrac{1}{2}n\,(n-3)$，即 $d=\dfrac{1}{2}n^2-\dfrac{3}{2}n$，上式表示了多边形的对角线总数 d 与边数 n 之间的关系，对于 n 的每一个值，d 都有一个对应值，即 d 是 n 的函数。

情况三：某工厂一种产品现在的年产量是 20 件，计划今后两年增加产量，如果每年都比上一年的产量增加 x 倍，那么两年后这种产品的产量 y 将随着计划所定的 x 的值而确定，y 与 x 之间的关系应该怎样表示？应是 $y=20(1+x)^2$，即 $y=20x^2+40x+20$。

类似的情况还有许多。通过观察 $y=6x^2$，$d=\dfrac{1}{2}n^2-\dfrac{3}{2}n$，$y=20x^2+40x+20$ 这几个关系式，可以发现它们都是用自变量的二次式表示的。

所以，一般说来，形如 $y=ax^2+bx+c$（a、b、c 是常数，$a\neq0$）的函数，叫作二次函数，其中，x 是自变量，y 是因变量，a、b、c 分别是函数表达式的二次项系数、一次项系数和常数项。

在描点作图的基础上，我们还可以了解到二次函数的一些几何特性，比如其图像是抛物线，通过计算和观察，我们可以了解到它的开口方向、对称轴、定点坐标、增减性。

【案例二】

以初中地理课涉及的"中国气候特征"为例：

初中地理课讲到中国气候特征的时候，将其概括为两点：一是复杂多样，体现在气温南北差异大，降水从东南向西北逐渐递减；二是季风气候显著，表现为气候类型多样，有温带大陆性气候、温带季风气候、亚热带季风气候、热带季风气候、高山气候五个气候类型。

【案例三】

以初中生物课涉及的"具有社会行为的动物"为例：

初中生物课讲到了具有社会行为的动物，概括出它们具有如下三种特征：第一，群体内部往往形成一定的组织；第二，成员之间有明确的分工；第三，有的群体中还形成了等级。

逻辑辨析

　　什么是"特征"？《应用汉语词典》将其解释为"人或事物所特有的征象"[1]。百度百科则将其解释为"可以作为标志的显著特点"或"一事物异于其他事物的特点"[2]。这就表明，特征就是使一对象区别于其他对象的标志性特点。

　　和前面说过的"核心概念"、"主题"、"要点"需要通过提炼而获得一样，特征也需要通过提炼而获得。这是因为，任何一个或一类客观对象，都呈现出许许多多的性质，在这些性质中，有的是其他客观对象也同样具有的，有的则是其他客观对象所不具有而只有该对象或该类对象才具有的。有的虽然也是该对象或该类对象才具有的，但却只是表面的或短暂的。当我们刚开始认识某个或某类客观对象时，客观对象的许许多多性质是混合交织在一起的，如何才能从这众多性质中抓住客观对象的特征呢？我们首先需要对客观对象进行分析，对它的众多性质进行区分，把其他对象也具有的和那些表面的、短暂的性质撇开，把客观对象所独有，而且是其内在、普遍、稳定的性质抽取出来，从而完成了一个提炼的逻辑思维过程。这些被提炼出来的内在、普遍、稳定的性质，就概括为这个或这类客观对象的特征。

　　需要指出的是，这里的客观对象，可以指某一类具体的事物，也可以指某类图形、某类关系式，还可以指某种旋律、节奏，甚至是思维方式等。

　　特征提炼在教与学的过程中是被普遍使用的逻辑概括方法之一。

　　在教材编写过程中，在教学设计中，教师只有时刻把握知识的特征，才能在教学中做到深入浅出，游刃有余。在某些科目中，只有从特征入手，才能有效地引导学生压缩题海，而不至于淹没其中。比如数学学科，代数与几何中都有大量具有共同特征的关系式和图形。把

---

[1]　商务印书馆辞书研究中心编：《应用汉语词典（大字本）》，1229 页。

[2]　百度百科．特征．见百度网，2013－08－09。

握它们的共同特征，有利于以类的形式掌握知识，提高认识水平，同时增强学生学习的能力，提高学习的效率，帮助学生学会总结归纳题型，提高自主学习的能动性。

前述案例一中，对二次函数的定义过程，就是从众多类似的数量关系中提炼概括出来的。观察这些数量关系具有一些共同的特征，可以用 $y=ax^2+bx+c$（a、b、c 是常数，$a\neq0$）的函数来表达，这就是二次函数的关系式。这是一个归纳概括的结果。

案例二中，气候学家根据长期的气候记录，通过对中国各地区气温和降水数据的分析研究，提炼出了南北温差大、降水从东南向西北递减的规律。同理，按照季风对气温和降水影响的不同，将我国气候划分为五个类型。

案例三中，生物学家在研究了大量动物行为的基础上，比较有社会行为和无社会行为的动物的活动的差异，得出有社会行为的动物，如蚂蚁、蜜蜂等，具有一些共同的特征。在这个特征提炼的过程中，运用了分析、比较和归纳等逻辑思维方法。

知识链接

特征提炼过程中往往会用到"划分"这种方法。划分在逻辑学中指的是把一个概念的外延分为几个小类。定义的作用主要在于从内涵方面来明确概念，而划分则主要是从外延方面来明确概念。

划分的规则有三条：第一，划分的各子项应当互不相容；第二，各子项之和必须穷尽母项；第三，每次划分必须按同一标准进行。

有一种特别的划分叫作"二分法"。例如，把手机划分为安卓系统手机和非安卓系统手机，把建筑物划分为居民楼和非居民楼。二分法适用于集中研究一个类别中的某些事物，我们用二分法把这些事物作为一个子项，而把这个类别中的所有其他事物作为另一个子项。它的缺点是对于"非"的那一类事物的属性不够明确。比如我们只能明确安卓系统手机这一子项事物的属性，而非安卓系统手机这一子项事物具有的特征则是模糊的。

扩展延伸

特征提炼广泛运用在数学、物理、化学等科目的教学中。例如，许多数学教师往往首先从许多题目中提炼不同的题目类型，然后提炼出某一类题型的共同特征，指出这类题型的解题原理及方法。这种特征提炼的教学方法，起到了为学生在题海中导航的作用，大大压缩了浩如烟海的题目。运用特征提炼的方法，能帮助学生找到各类题目的特征，归纳得到相应的解题方法，提高学生识别题目类型的能力，迅速找到解题方法。如果师生都主动运用特征提炼的方法去解答和归纳题目，就不会终日迷陷于题海之中了。

对于这种方法，一些研究成果值得借鉴。比如，《找寻题目特征，提炼解题方法》一文总结了发现题目中数字分布规律特征、研究题目中外形结构特征、审视题目中隐含条件特征、留意题目特殊因素特征四种找寻题目特征的方法来解题。[①]《巧用特征分析法解元素推断题》一文提出了位置特征的分析、价态特征的分析、结构特征的分析、数值特征的分析四个特征分析的方法。[②]

近年来北京地区数学考卷中的最后一道题目，往往是能够提炼出某一不变特征，而其他条件则动态变化的题型。这种题型的难度在于抽象的特征提炼。除了考知识外，对考生抽象的归纳能力提出了越来越高的要求。

勤思多练

【语文】

请提炼《祝福》中祥林嫂的性格特征。

---

① 参见罗忠元：《找寻题目特征，提炼解题方法》，载《数学教学研究》，1996（2）。

② 参见孙艳芳：《巧用特征分析法解元素推断题》，载《新高考（高三理化生）》，2011（4）。

（参考提示：勤劳顽强、善良质朴、安分守己、温顺软弱、屈服于封建礼教。）

【英语】

请提炼出英语词汇中的比较级与最高级的特征。

（参考提示：第一，一般说来，比较级和最高级是在形容词或副词后加-er 和-est；第二，以不发音-e 结尾的形容词或副词直接加-r 和-st；第三，重读闭音节词尾是一个辅音字母的，需双写该辅音字母，再加-er 和-est；第四，以辅音字母加 y 结尾的形容词或副词，把 y 变 i，再加-er 和-est；第五，一些双音节及多音节形容词或副词前要加 more 和 most。）

【物理】

请指出弹力、摩擦力作为被动力的主要特征。

（参考提示：主要特征有被动性和适应性。）

【历史】

请提炼概括中国古代秦、汉、隋、唐、元、明、清这些大一统王朝的共同特征。

（参考提示：比如中央集权统治、军事力量的统一、经济制度的统一、思想文化的统一等。）

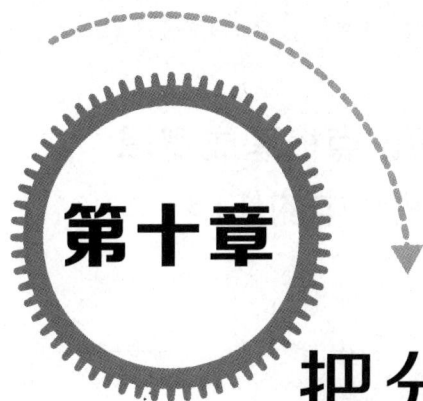

第十章

把分散的知识点
梳理成逻辑系统

一 把分散的知识点梳理成逻辑系统在教学中的作用

教学案例

> 许多城市都有能代表其文化特征并具有传承价值的事物，这些事物可以称作该城市的符号。故宫、四合院是北京的符号；天桥的杂耍、胡同小贩的吆喝是北京的符号；琉璃厂的书画、老舍的作品是北京的符号；王府井商业街、中关村科技园是北京的符号……随着时代的发展，今后还会不断涌现出新的北京符号。保留以往的符号，创造新的符号，是北京人的心愿。
>
> 对此，请以"北京的符号"为题，写一篇文章，谈谈你的感受或看法。除诗歌外，文体不限，不少于800字。

这是2006年北京地区高考作文题。

据中国经济网2006年6月13日报道："考生对作文'北京的符号'没信心，七成认为难写。"另据《新京报》记者的采访报道，有学生一出考场就说"没想到"、"完了完了"，还有学生说"看到这个题目感到无所适从"。回顾此次作文整体情况，学生反映出的比较普遍的问题之一，就是能够运用到作文中的材料甚少。难道真是"材料甚少"吗？其实，我们只要认真看一下人教版高中语文教材，就能马上发现，教材中提供的材料已经相当多了。

请看人教版普通高中课程标准实验教科书《语文》必修教材及选修教材中的有关材料（见表10—1）。

表 10—1　　　　人教版语文教材中关于"北京的符号"的材料

对象：北京的符号	必修教材	选修教材
写人记事散文	鲁迅的《记念刘和珍君》 巴金的《小狗包弟》 梁实秋的《记梁任公先生的一次演讲》	史铁生的《合欢树》
写景状物散文	朱自清的《荷塘月色》 郁达夫的《故都的秋》 陆蠡的《囚绿记》	林语堂的《动人的北平》
小说	曹雪芹的《林黛玉进贾府》	
影视名作		影视名作《城南旧事》、《故宫》
民俗文化		邓云乡的《老北京的四合院》、老舍的《北京的春节》
演讲	蔡元培的《就任北京大学校长之演说》	
诗歌		食指的《这是四点零八分的北京》

　　在学习过的教材中，实际上已经提供了相当丰富的材料，为什么学生们却仍然感到能够运用的材料甚少和无所适从呢？根本的原因在于，老师和学生没有经历对已经学习过的知识加以梳理整合形成知识的逻辑系统的过程。

　　这些文章，在教材编写过程中按照文体特征的不同被编者分散在不同年级、不同学期的语文课本中。教师在教学过程中，必然是一篇篇地引导学生去学习的，这是教学的客观规律决定的。正因为这样，有关北京的材料就只能在不同学期、不同年级的课文中分别地、分散地学习到。但是，教师的教和学生的学不能就到此为止。遵循文体特征把有关北京的材料分散在不同学期、不同年级的课文中进行教学，这只是教师教和学生学所要完成的任务中的第一部分。对于教师和学生来说，更重要的是要善于对这些分散学习的文章进行整合。比如，教材中的这些文章，每一篇都只是涉及北京的一个侧面，都只是有关北京的一个知识点，但是，如果把教材中所有关于北京的文章中的各个知识点都加以梳理整合，形成逻辑系统，就会呈现出一幅有关北京的整体画面。经过这样的梳理，它们就不难成为"北京的符号"中坚实的材料了。掌握了这种经过梳理而形成的知识的逻辑系统，作文材料的问题就会迎刃而解。

所以，学生在考试中感到的"难写"和"无所适从"，并不是真的无材料可用，而是在教与学的过程中对分散存在的知识点缺乏梳理整合的功夫，没有把分散在不同学期和不同年级课文中有关北京的知识点串联在一起成为一个知识的逻辑系统。

下面，我们就试着运用教材中所提供的材料，写一篇《北京的符号》：

北京的符号

窦雪松

什么是北京的符号？是鳞次栉比的高楼？熙熙攘攘的街巷？行色匆匆的过客？还是阜成门上已凋零的梅花？西直门前曾潺潺流淌的泉水？老北京人充满礼数的寒暄？逝去的真的会永远逝去么？留在心底的，真的只有缕缕淡淡的痛么？"北京的符号"，唤醒了多少人尘封的记忆，又勾起了多少人对明日的幻想。

面对着古老的北京城，面对着要被浓缩成符号的祭奠，我想轻轻告诉你——

北京的符号是朱自清眼中曲曲折折的荷塘，那里有袅娜地开着的，也有羞涩地打着朵儿的亭亭玉立的荷花；有朦胧的月光静静地泻在每一片叶子和花上；有树上的蝉声与水里的蛙声演奏的小夜曲；亦有笼着轻纱的梦。那样一片天地，会带给内心如佩弦一样的人桃花源样的淡泊与宁静。

北京的符号是老舍笔下古色古香的茶馆，那里有老王掌柜的"没伤过人，没害过人"的处世哲学；那里有常四爷"我爱咱们的大清国，可谁爱我啊"的悲愤与正义的相濡以沫；那里也有"莫谈国事"的屈辱辛酸。那浸润心脾的一缕茶香，会带给我们一个世纪的沧桑酝酿。

那是曹雪芹在西山红叶间留下的"无才可去补苍天，枉入红尘若许年"的披肝沥胆。

那是史铁生在坍圮的琉璃、淡褪的朱红间完成的凤凰涅槃。

那亦是郁达夫面对着秋色中的一湾芦花，共君一醉一陶然的怀念。

记得钱钟书先生走的时候，一位热爱他的读者说："这个世上唯一的钱钟书走了。"是的，这个时代再也没有了如曹雪芹、钱钟书、史铁生、郁达夫一样"心在焉"的大师们，但，是不是也因为这个时代不再寂静？

轻轻地合上如故纸堆一样泛黄的思想，想起了刘禹锡的那句"沉舟侧畔千帆过，病树前头万木春"。我无法回避新生的北京还会有更多的符号、更美的符号，但在我心间那些大师们绝代的风华、那些大师们恪守完整人格的刚毅坚卓，作为这座古都的符号永远都不会褪色。

"就像他多次描写过的长在北京城墙砖缝中的小枣树一样，土壤、营养都贫乏到极点，可是它依附在母亲——雄伟古城的胸口上，顽强地硬钻了出来，骄傲地长成了树。"这是舒乙在回忆老舍先生时写下的一段话，我把它放在文章的结尾，希望那些在我们视野中渐渐淡去的北京符号，终有一天，还会顽强地硬钻了出来，骄傲地长成了树。

逻辑辨析

所谓把分散的知识点梳理成逻辑系统，就是指将学科内分散的知识点按照一定的逻辑关系加以梳理、归类和整合，形成相对完整的知识体系，建立起知识的网络。

为什么要把分散的知识点梳理成知识的逻辑系统？

每一个学科都有一套知识的逻辑系统，但在实施教学时，却要把知识系统按照学生的特点和时间的顺序拆分在不同的年级、不同的学期、不同的时间段中，分别地引导学生学习。因为，时间是一维的，在一个时间点上，教师只能引导学生把一个知识点学习清楚，然后，在下一个时间点上，再把另一个知识点学习清楚。如果在同一个时间点上，教师引导学生同时涉及几个知识点，那就哪一个知识点也学习不清楚了。于是，在教学过程中，一个完整的、相互联系的知识系统就被分解为一个个分散的知识点，许多概念间原有的逻辑联系被隔断了，一个知识点与另一个知识点之间原有的逻辑推导关系不见了。应该说，在教学的一定阶段，这种状况的存在是不可避免的，否则，就不可能进行教学。因为人的思维不可能在同一时间里去认识一个系统的许多方面。正如列宁在《谈谈辩证法问题》一文中所说："人的认识不是直线（也就是说，不是沿着直线进行的），而是无限地近似于一串圆圈、近似于螺旋的曲线。"[①]列宁在引用了黑格尔所说的"造成困难的从来就是思维，因为思维把一个对象的实际联结在一起的各个环节彼此区分开来"这句名言之后，又接着指出："如果不把不间断的东西割断，不使活生生的东西简单化、粗陋化，不加以划分，不使之僵化，那么我们就不能想象、表达、测量、描述运动。思想对运动的描述，总是粗陋化、僵化。不仅思想是这样，而且感觉也是这样；不仅对运动是这样，而且对任何概念也都是这样。"[②] 但是，仅仅把客观对象分隔地、割碎地、僵化地进行考察，这并不是人们认识的目的。人们在不得不先对客观对象分隔地、割碎地、僵化地进行考察之后，还是要回到相互联系中、回到运动变化中去认识客观对象整体。这就是人的思维活动的辩证规律。根据这种规律，一个成功的教学过程，并不是只有一个阶段，而是必须要完成前后相接的两个阶段：

（1）学科知识系统 $\xrightarrow{\text{通过分解}}$ 一章一节的一个个知识点。

（2）一章一节的一个个知识点 $\xrightarrow{\text{通过梳理整合}}$ 学科知识系统。

没有教学过程的第一阶段，就不可能有教学过程的第二阶段。但是，只完成第一阶段，而没有完成第二阶段，就不是一个完整的教学过程，更不是一个成功的教学过程。因为知识本身是一个系统，各个知识点之间都不是孤立的、分离的。因此，教师在教学过程中一个知识点一个知识点地把内容逐步展开之后，必须再回过头来把各个知识点整合在一起。也就是说，既要让学生对每个知识点有较好的理解，

---

① 列宁：《哲学笔记》，2 版，311 页，北京，人民出版社，1993。

② 同上书，219 页。

又要让学生懂得每次学到的知识点在知识整体中处于什么位置，还要让学生知道这个知识点与邻近的其他知识点有何区别和联系。打个形象的比方，给学生一个一个的知识点，就好比是给学生一颗颗珍珠，但珍珠还是珍珠，不是项链。只有用一定方式把珍珠串起来，才能成为项链。把分散的知识点梳理成知识的逻辑系统，就是在学生分别地获得了一颗颗珍珠（知识点）后，再引导学生把珍珠串成项链（整合为知识系统）。

现在的问题是，有一些教师，他们所组织的教学活动，就到第一阶段为止。他们没有再往前发展一步，即没有想办法把在前一阶段教学过程中被隔断、分散的概念间的逻辑联系再重新联结起来，把前一阶段教学过程中被淹没了的逻辑推导关系再展示出来，把一个个知识点再重新整合成一个知识的逻辑系统。在这样的教学引导下，学生们所掌握的知识始终是孤立的、分散的。处于这种状态的学生，对概念的理解及应用总会出现似是而非的情况，因此就不太知道如何延伸、扩展和迁移所学的知识，不太知道如何在实践中具体运用所学知识。同时，不清楚知识的适用范围，却一味地通过练习进行巩固提升，强调信息的量，而忽略了理解的质，结果只能是劳心劳力、精疲力竭，更为严重的是如此反复地练习，而不及时调整，往往会将错误模式化。

正是为了克服这种知识分离而缺乏整合的严重弊端，教师必须学会把分散的知识点梳理成逻辑系统。

结合上述案例，面对教材所提供的如此丰富的材料资源，却不能用进作文中，从逻辑的角度而言大概存在着这样几方面的问题：

首先，教学本身缺少形成梳理知识的逻辑系统这一环节。逻辑系统要求各个知识点按照一定的逻辑关系构成一个整体，每个知识点在系统中都有相应的位置。如果教学过程忽略了这一环节，那么学生以往所掌握的知识点就只能以孤立的形式存在。

其次，在构建逻辑系统时，只从某一个角度进行梳理而忽略了其他角度。教材各部分内容之间都潜含着共同因素，共同因素使它们之间有机地联系着，通常来说，这些共同因素并不是唯一的，这也就是我们所说的联系的多维性，即知识点可以通过不同的维度与其他知识点相联系。如能从不同维度、不同角度挖掘出各种因素，学生就会把所学的知识按照不同的标准或特点进行多次梳理、分类、整合，就会在头脑中强化出"由点到面"的过程，从而促进思维的系统化。

再次，构建完系统后，忽略了系统的开放性特点。具体表现是教师不注重指导学生发散拓展，推进旧知向新知转化。只有指导学生将已知迁移到未知、将新知识同化到旧知识，让学生用已获得的判断进行推理，再获得新的判断，才能不断扩展他们的认知结构。完善的逻辑系统应具备的特征是，随着学习的不断深入，新的知识点可以不断地进入到原来的网络系统中，知识点间的联系更加广泛，系统中的内容更加丰富。

基于这种情况，教师就需要掌握一些逻辑方法。本章所要介绍的把分散的知识点梳理成逻辑系统的主要方法，包括"通过核心概念延伸实现知识系统化"、"运用概念图实现知识系统化"、"运用思维导图实现知识系统化"等。

知识链接

教学原则——不论我们选教什么学科，要教授学生懂一门学问的基本结构和主要概念，而不是没完没了地记诵资料，不要把孩童训练成为一个活动的图书馆，要培养他们能像数学家般思考、历史学家般研究问题。

——美国著名心理学家布鲁纳

我们去一个遥远而又陌生的地方时，通常都要带上一张地图，一路上看地图，明方向，定目标，选择最佳路线，才能少走冤枉路，节省时间，顺利到达。学语文的时候，学生也应该有这样一张"地图"，目标才明确，才能少走冤枉路，走的路程越远，地图就显得越重要。

——魏书生《语文知识树》

知识体系构建是指在复习某一部分内容时，先提炼出该部分知识的若干个要点，然后再分别对各个要点的相关知识进行分析与整合，以把纷繁零碎的知识点建立成一个相对完整的知识体系的过程。要点提炼式知识体系构建的基本模式如图 10—1 所示：先从所要复习的该部分知识中提炼出 A、B、C、D 等要点，再分别对各要点加以分析，最终形成一个知识体系。[①]

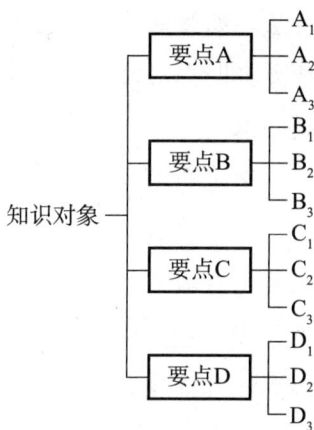

图 10—1　知识体系图

要点提炼式知识体系构建的关键在于我们要能提炼出足够重要、能够"拎"得起较多的知识的"要点"，即"点"一定要找准。只有这样，才能够以点带面、化繁为简，真正起到提纲挈领的作用，更好地帮助我们从宏观上把握知识体系。所以，我们在平时的复习中要重视并善于提炼知识的要点。

知识的系统化则可以分为四个层次，即知识点结构系统化、单元知识系统化、专题知识系统化和学科知识系统化。

知识点结构系统化，就是通过对知识点的条理的分析整理，将其内容简单明了地表达出来，如高中历史课所讲的"十月革命胜利的历史意义"，可以简明地概括为"三个开辟、两个胜利和两条通路"。对于高中任何学科的任何一个知识点，我们都可以做如同上述的加工处理，使之系统化。

单元知识系统化，就是把相对独立的每个教学单元和知识内容加以归纳、总结，使之系统化，这一层次的系统化主要利用知识点结构系统化的成果，可以将知识点连成知识链，也可以列出细目或是结成知识网。教科书后面的单元小结，应很好地利用。

专题知识系统化，主要是指在复习中打破教科书的章节体系，把同一性质、同一类别的知识归纳在一起，使之成为一个系统。如高中历史中，改革变法专题可用列表方式，展示中国古代历次改革

---

① 参见王国芳：《知识体系构建的 N 种模式》，载《求学》，2008（2）。

变法，如商鞅变法和王安石变法的原因、内容、代表人物、作用与要点。同样，数学等学科中的问题也可列成专题。总之，要善于总结归纳。

学科知识系统化，指的是从总体上把握学科的知识结构，即把一个学科看作一个系统，这一系统由几个子系统组成，每个子系统可分成几个更小的子系统……直至充分地涵盖这一学科的所有知识。如高中数学，可以分为代数和几何，就几何而言，又分为立体几何和解析几何，而立体几何和解析几何又分为若干个知识点。通过这种方法我们就能掌握基本的数学思想、理论和方法等。①

扩展延伸

【政治】

在复习经济常识"市场经济"这一内容时，可以通过如下方式把分散的知识点梳理成逻辑系统：

> 我们可以先提炼出市场经济的含义、市场经济的一般特征、市场经济的基本内容、市场经济的类型四个要点。然后再对这四个要点做具体分析，便可形成如图10—2所示的知识体系。首先，关于市场经济的含义，除了要掌握概念外，还应搞清市场经济与商品经济、市场经济与市场这两对关系。其次，关于市场经济的一般特征，要了解四个特征的一些具体内容，并掌握四个特征之间的相互关系。再次，关于市场经济的基本内容，应明确现代市场经济包括市场调节和国家宏观调控两部分，并进一步掌握市场调节的作用和国家宏观调控的含义、原因、目标、手段等内容。最后，关于市场经济的类型，应包括资本主义市场经济和社会主义市场经济两种，特别要掌握社会主义市场经济的有

---

① 参见静水流深．怎样才能把知识系统化．见天星教育网，2008 - 02 - 09。

关内容：一是我国发展社会主义市场经济的必要性，二是社会主义市场经济的基本特征。这样，通过四个要点的提炼和分析，就把整个市场经济的有关内容都串起来形成了一个比较完整的知识体系。[①]

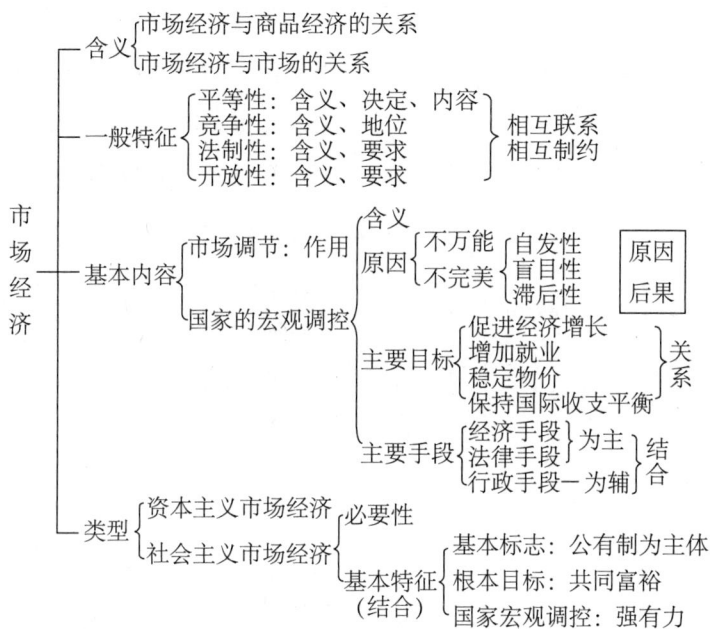

图 10—2 "市场经济"知识体系

又如，哲学常识第一课讲了辩证唯物论中很重要的一部分内容，在复习中运用逻辑递进式来构建该课的知识体系，效果是非常不错的。

首先，我们可把物质和意识两个概念当作逻辑起点，先对这两个概念进行分析：对于物质这个知识点主要应把握其概念，明确其地位（物质是世界的本原）；对于意识这个知识点主要应把握其概念，掌握不同的人对同一客观事物产生不同意识的原因和要求。其次，在这一分析的基础上，推出物质和意识的辩证关系这一问题，并对这一问题进行具体分析：一方面是物质决定意识，无论从意识的起源还是本质看，意识都离不开物质，要依赖

---

① 王国芳：《知识体系构建的 N 种模式》。

于物质，所以说物质决定意识；另一方面是意识对物质具有能动作用，意识的能动作用首先表现在意识能正确反映事物，意识的能动作用突出表现在意识对物质具有反作用（主要包括反作用的含义、表现、要求）。再次，再由物质和意识的辩证关系推出"一切从实际出发"这一知识点，其具体内容主要包括一切从实际出发的含义、重要性和要求（包括理论层面的要求：正确把握客观实际、反对从主观出发；也包括实践层面的要求：了解国情、立足国情）。可将这些内容梳理为如图10—3所示的知识体系。[1]

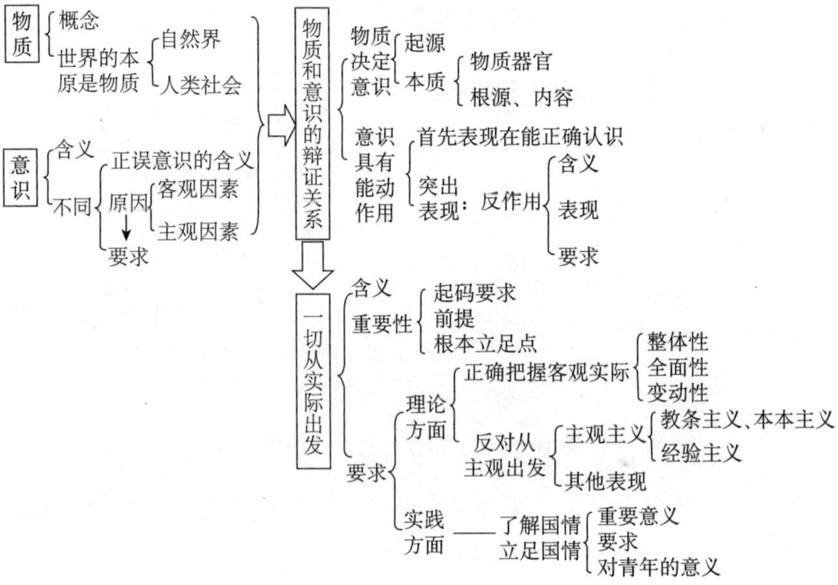

图10—3　物质与意识

勤思多练

【地理】

人教版普通高中课程标准实验教科书《地理》（必修）第一册中

---

① 王国芳：《知识体系构建的 N 种模式》。

的"地球的运动"一节，一直以来都是学生学习的难点，答题时经常混淆。请结合本节相关内容帮助学生梳理这一部分知识。

（参考提示：如图10—4。）①

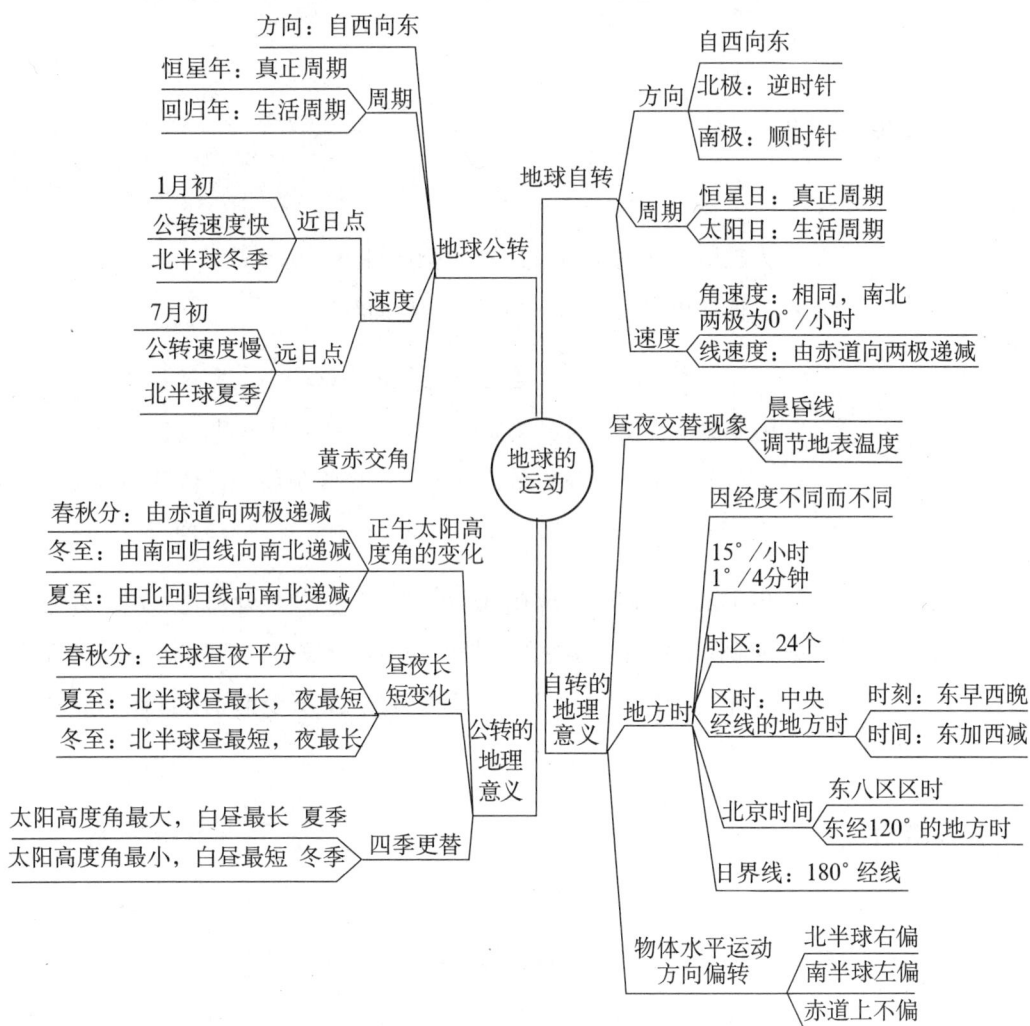

方向：自西向东

恒星年：真正周期
回归年：生活周期 — 周期

1月初
公转速度快 — 近日点
北半球冬季

7月初
公转速度慢 — 远日点
北半球夏季 — 速度

黄赤交角 — 地球公转

地球自转
方向
　自西向东
　北极：逆时针
　南极：顺时针

周期
　恒星日：真正周期
　太阳日：生活周期

速度
　角速度：相同，南北两极为0°/小时
　线速度：由赤道向两极递减

地球的运动

昼夜交替现象
　晨昏线
　调节地表温度

正午太阳高度角的变化
春秋分：由赤道向两极递减
冬至：由南回归线向南北递减
夏至：由北回归线向南北递减

昼夜长短变化
春秋分：全球昼夜平分
夏至：北半球昼最长，夜最短
冬至：北半球昼最短，夜最长

公转的地理意义

太阳高度角最大，白昼最长 夏季
太阳高度角最小，白昼最短 冬季 — 四季更替

自转的地理意义

地方时
　因经度不同而不同
　15°/小时
　1°/4分钟
　时区：24个
　区时：中央经线的地方时
　　时刻：东早西晚
　　时间：东加西减
　北京时间
　　东八区区时
　　东经120°的地方时
　日界线：180°经线

物体水平运动方向偏转
　北半球右偏
　南半球左偏
　赤道上不偏

图10—4 思维导图"地球的运动"

① 参见薛东阳：《运用思维导图培养学生的地理思维能力》，载《中学地理教学参考》，2009（9）。

二 通过核心概念延伸实现知识系统化

教学案例

人教版普通高中课程标准实验教科书《思想政治》（必修）第一册第一课开篇讲了"揭开货币的神秘面纱"：

> 教材从人们日常生活中需要购买吃、穿、用等各类物品这一基本事实出发，引出了货币、商品等一系列知识。其中涉及商品、商品的使用价值和价值、货币、一般等价物、价值尺度、流通手段、价格、商品流通、纸币、通货膨胀、通货紧缩等许多概念。

由于全部内容被分散在五个小节之中，并且分别在不同的课时里讲解和学习，因此，学生所掌握的知识是分散的、孤立的。为了使学生对内容有一个整体性的了解，就需要将分散在五个小节中的知识系统化。

逻辑辨析

我们学习的知识，都是作为一个逻辑系统而存在的。知识的逻辑系统可能比较大，也可能比较小，具有相对性。但是，不管是什么样的知识逻辑系统，都是由许多概念组成的。在组成每个学科知识逻辑系统的一系列概念中，有一些概念处于主导地位，对其他概念起着统领作用。其他概念或者靠这些概念来定义，或者借助这些概念来进行解释，或者从这些概念中延伸出来。只有理解了这个或这几个概念，才能理解其他概念。这种在一个学科知识系统中能够用来定义、解释、理解其他概念，能够延伸或派生出其他概念的一类居于主导地位、起着统领作用的概念，就是核心概念。在一个知识系统中，可以只有一个核心概念，也可以有若干个核心概念。掌握了核心概念，就能够把知识系统中其他许多概念有序地串联起来，形成一个知识整体。

使分散地获得的知识系统化，可以有多种方式。对于上述案例，就可以通过核心概念的延伸来实现知识系统化。这里的所谓"核心概念延伸"，其实质就是从核心概念中合乎逻辑地推导出其他概念。例如，我们可以把"商品"这个概念作为核心概念，并以此为起点，延伸到"使用价值"和"价值"这两个概念，亦即从"商品"概念中推导出"使用价值"和"价值"两个概念。因为，作为商品，它必须首先对人有用，能够满足人们的某种需求，这就使商品首先必须具有使用价值。但是，仅有使用价值并不就能成为商品。作为商品，其使用价值必须通过交换才能获得，而进行交换的根据就是凝结在商品中的人类一般劳动，这就构成商品的价值。同样，我们又可以再从"价值"这个概念延伸到"商品交换"、"一般等价物"等概念；接着从"一般等价物"延伸到"货币"这个概念；然后从"货币"继续延伸到"货币职能"、"价格"、"纸币"、"通货膨胀"、"通货紧缩"等概念。这样，以"商品"这个核心概念为起点，通过逻辑推导逐步向外延伸，就把在不同章节、不同课时中分散地获得的知识构成了一个具有紧密逻辑关系的知识系统（见图10—5）。

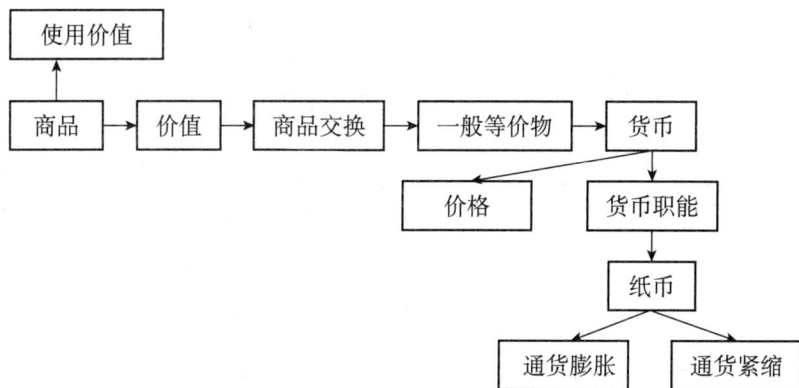

图10—5　以"商品"为核心概念的知识系统化过程

知识链接

知识的定义在认识论中仍然是一个争论不止的问题。一个经典的定义来自于柏拉图：一条陈述能称得上是知识必须满足三个条件，即它一定是被验证过的，正确的，而且被人们相信的。尽管难于定义，但是知识的概念是哲学中认识论领域最为重要的一个概念。[①]

《应用汉语词典》给出的解释是"人们在社会实践中不断积累起来的认识和经验的总和"[②]。被誉为"现代管理学之父"的德鲁克则将知识定义在信息之上："我们现在所说的知识是在行动中有效的信息，着重于效果的信息。效果在人体之外，在社会和经济中，或在知识本身的提高之中。""知识是改变事物或人的信息——或者通过成为行动的根据，或者通过使个人（或机构）有能力采取不同的和更有效的行动。"[③]

所谓系统，就是由一群有相互关联的个体组成的集合。中国学者钱学森认为：系统是由相互作用、相互依赖的若干组成部分结合而成的，具有特定功能的有机整体，而且这个有机整体又是它从属的更大系统的组成部分。[④]

扩展延伸

【化学】

以初中化学课涉及的"物质的分类"为例：

"物质的分类"相关内容被分配在不同小节中，涉及"物质"、"单质"、"化合物"、"有机物"、"无机物"、"氧化物"、"纯净物"等许多概念。我们首先以"物质"这个核心概念为起点，以是否由一种物质组成、是否有固定结构和固定性质为标准，运

---

① 参见百度百科．知识．见百度网，2013-09-17。
② 商务印书馆辞书研究中心编：《应用汉语词典（大字本）》，1623页。
③ 转引自和金生，王晓文．知识的概念研究．见百度网，2011-06-21。
④ 参见百度百科．系统．见百度网，2013-09-16。

用分类的逻辑方法，就从"物质"概念中延伸出"纯净物"和"混合物"等概念。然后再针对"纯净物"这个概念，以组成纯净物的元素是否只有一种为标准，运用逻辑分类的方法，就从"纯净物"概念中延伸出"单质"和"化合物"等概念。接着我们又针对"化合物"这个概念，以是否含碳为标准，运用逻辑分类的方法，就从"化合物"概念中延伸出"有机化合物"和"无机化合物"等概念。运用同样的方法，我们还可以从"无机化合物"和"有机化合物"概念中进一步延伸出"氧化物"、"酸"、"碱"、"盐"等概念。这样，我们通过核心概念延伸的方法，就使"物质的分类"这一部分内容形成如图10—6的知识的逻辑系统。我们掌握了这个逻辑系统，也就把"物质的分类"这部分知识统领起来了。

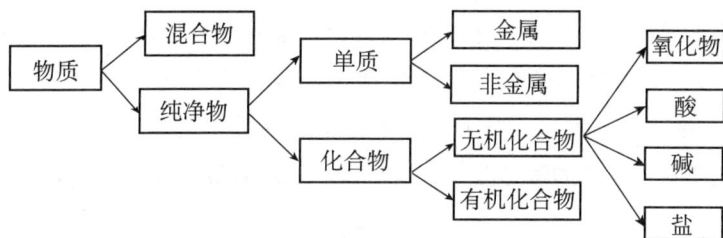

图 10—6　通过"物质"核心概念的延伸而形成的知识系统

【地理】

高中地理课讲到了"大气的热力状况与大气运动"，以"大气热力作用"为核心概念，并由此进行概念延伸，就可以形成一个知识系统（见图10—7）。

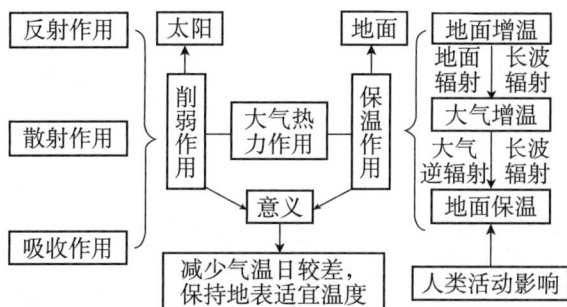

图 10—7　通过"大气热力作用"核心概念的延伸而形成的知识系统

勤思多练

【数学】

教学设计：请将"直线"作为核心概念，引导学生延伸出"角"、"线段"、"三角形"、"四边形"，并将其构成一个系统。

（参考提示：选取了"直线"这个概念，通过给直线加一笔，引导学生得出"射线"、"垂线"、"平行线"这些概念。然后再通过给射线加一笔，引出"角"与"线段"这两个概念。关于"角"，我们又可以进行分类，如"锐角"、"直角"、"钝角"、"平角"、"周角"这五大类型。在"角"的基础上，又可以延伸出"三角形"这一概念。关于"三角形"，我们又可以进行分类：按角分，可以分为"锐角三角形"、"直角三角形"、"钝角三角形"；按边分，可以分为任意三角形、"等腰三角形"、"等边三角形"。此外，在"三角形"相关知识中又涉及画高，这也是重点所在。关于"平行线"，通过添加两笔，引导学生得出"四边形"、"平行四边形"、"长方形"、"正方形"、"梯形"等概念。）

【历史】

请参考人教版普通高中课程标准实验教科书《历史》（必修）第一册第二课"秦朝中央集权制度的形成"的相关内容，以"秦朝的中央集权制度"为核心概念并进一步延伸，形成本课知识的系统。

（参考提示：从"秦朝的中央集权制度"出发，引出秦朝中央集权制度形成的条件、秦朝中央集权制度的形成过程、秦朝中央集权制度的作用和影响等。）

【生物】

请将"呼吸系统"作为核心概念并进行延伸，形成关于此教学内容的知识系统。

（参考提示："呼吸系统"是执行机体和外界进行气体交换的器官的总称。呼吸系统的机能主要是与外界进行气体交换，呼出二氧化碳，吸进新鲜氧气，完成气体吐故纳新。呼吸系统包括呼吸道和肺，呼吸道具体包括鼻腔、咽、喉、气管、支气管。）

三　运用概念图实现知识系统化

以文言文的教学过程为例：

　　为了帮助学生学好文言文，教师要进行"文言文常用句式"的教学。一般说来，在教学过程中，教师要分别地讲解"判断句"、"被动句"、"省略句"、"谓语前置句"、"宾语前置句"等。在逐一地讲解了各种文言文句式后，为了使学生形成一个整体性的观念，教师就可以运用概念图把所讲的内容整合在一起。在此，第一层次的概念是"文言文句式"；第二层次的概念是"固定句式"、"特殊句式"等。第一层次概念和第二层次概念之间是通过分类的逻辑关系相联系的，在第二层次概念下面又继续通过分类形成第三层次概念，以此类推。要把这部分知识系统化，就可以通过运用概念图来实现。

　　概念图是康奈尔大学的约瑟夫·D·诺瓦克于 20 世纪 70 年代提出，并应用在教学上的一种增进理解的教学技术。诺瓦克教授认为，概念图是某个主题的概念及其关系的图形化表示，概念图是用来组织和表征知识的工具。它通常将某一主题的有关概念置于圆圈或方框之中，然后用连线将相关的概念和命题联结，连线上标明两个概念之间的意义关系。概念图又可称为概念构图或概念地图。[①]

　　一幅概念图通常由四部分组成：第一部分称为"节点"，即某个知识单元或知识领域中的一系列主要概念，一般都标注在一个个方框

---

① 参见 MBA 智库百科. 概念图. 见 MBA 智库网，2012－12－08。

或圆圈中；第二部分称为"连线"，即表示一个概念与另一个概念之间存在某种逻辑联系，一般都用一条条线段表示；第三部分称为"联结词"，即指明不同概念之间是通过何种逻辑关系联结起来的，这种联结词可以用一个判断来表示，也可以通过一个推理来表示，或者用其他逻辑手段来表示；第四部分称为"层次"，即表明不同概念并不是并列的，而是分别处于不同的层次上。最关键、最抽象的概念处于顶层，较具体的概念称为一般概念，位于其次，以此类推。所以，一幅概念图实际上就是由具有多种内在逻辑关系的一系列概念组成的概念族谱。我们认为，称其为"概念族谱"比称其为"概念图"似乎更合适。我们可以用图 10—8 来表示概念族谱（概念图）。

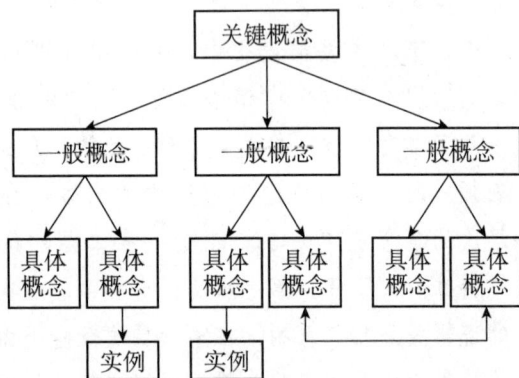

图 10—8　概念族谱

构建一幅概念图，主要有如下步骤：

第一，列出某个知识单元或知识领域中的主要概念。

第二，对所列主要概念逐一进行分析，厘清不同概念所处的层次关系。把最关键、最概括的概念置于顶层或中心，向下或四周辐射出下一级的概念，直到最后层级。

第三，建立有关概念之间的联结：用连线把相关概念之间的联结表示出来。

第四，标明联结词，指出被连线联结起来的两个概念间存在何种合乎逻辑的意义关系。

例如，我们在学习"水"的有关知识时，已经分别地知道了"水"、"生物"、"植物"、"动物"、"分子"、"运动"、"固态"、"液态"、"气态"等许多概念。怎样才能把这些分散地获得的概念梳理成一个知识系统呢？我们可以看到，"水"概念是这个知识单元里最关键、最抽象的概念，其他概念都是围绕"水"概念而展开的。因此，"水"概念处于最顶层。"水"概念是一个节点，"生物"概念、"分子"概念、"形态"概念也是一些节点。但是，在这个知识单元里，"生物"概念、"分子"概念、"形态"概念都是用来揭示水的性质的，因此，就处于"水"概念的下一层次，并且可以用连线把它们分别联结起来。它们之间究竟是否存在合乎逻辑的联结关系呢？我们可以用"生物需要水"或"水是维持生物生命不可缺少的物质"这样的判断作为联结词，把"水"概念和"生物"概念合乎逻辑地联结起来；可以用"水是由水分子构成的"这个判断作为联结词，把"水"概念和"分子"概念合乎逻辑地联结起来；可以通过"水在不同的条件下可以发生存在形态的变化"这个判断作为联结词，把"水"概念和"形态"概念联结起来。运用同样的方法，"生物"概念和"动物"、"植物"概念，也可以通过分类的逻辑方法联结起来，以此类推。这样，我们就可以通过构建如图 10—9 的概念族谱（概念图）来使这些分散的概念系统化。

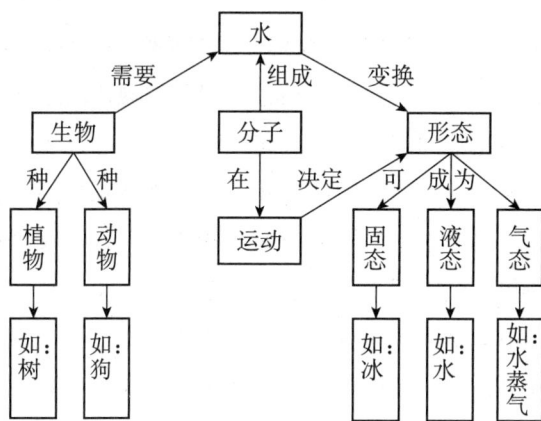

图 10—9 以"水"为核心概念的概念族谱

在前述案例中，"文言文句式"是本知识单元中最关键、最抽象的概念，处于第一层次，再往下，在第二层次上，通过逻辑分类的方法，使"文言文句式"概念与"文言文固定句式"和"文言文特殊句式"两个概念联结起来。然后，继续通过逻辑分类的方法，使"文言文固定句式"与"表示疑问的句式"、"表示比较的句式"、"表示反问的句式"等概念联结起来；使"文言文特殊句式"与"判断句"、"被动句"、"省略句"、"倒装句"等概念联结起来。然后，在第三层次上，仍然通过逻辑分类的方法，使"倒装句"概念与"宾语前置句"、

"状语后置句"等概念联结起来，这样，就形成了以"文言文句式"为统领的概念族谱（概念图），从而把有关文言文句式的知识整合成如图 10—10 所示的有关知识系统。

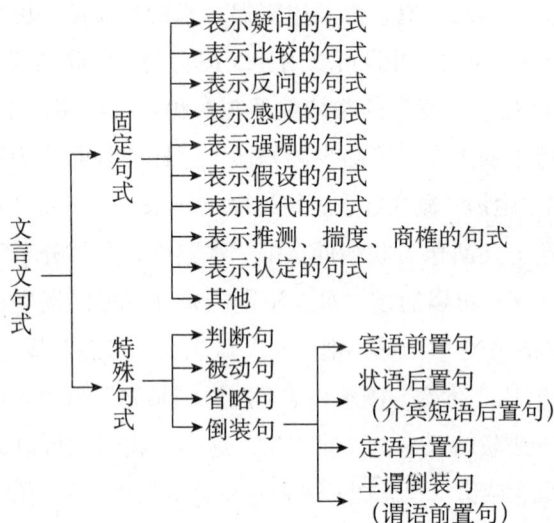

图 10—10　以"文言文句式"为核心概念的概念族谱

需要指出的是，所谓的特殊句式是相对于现代汉语而言的，在古代实际上是一种正常的句式，这些句式随着语言的发展而逐步发生了改变，在现代汉语中就变成特殊句式了。所谓特殊，除了指一些固定格式的句式外，主要是指句中成分的位置关系和现代汉语相比发生了变化。汉语的句子，除了独词句之外，都是由至少两个词构成的。词在句子的构成中所充当的角色、发挥的职能并不一致。分析句子，对句子内部各词语的语法职能进行观察和研究，就会找到一个个具有不同语法职能的句子构成成分，这就是句子的成分。所以，句子成分指的是根据句子内部组成成分之间不同的组合关系，以及各自语法职能划分而来的句子的结构成分，如主语、谓语等。

知识链接

概念图的特征：

层级结构：运用层级结构的方式表示概念之间的关系。含义最广、最具概括性的概念在最上端，更多的明细的、概括性不强的概念依次排列在下方。一个特定知识领域的概念层级结构也取决于这个知识应用的背景，因此，构建概念图最好能够参考我们试图回答的特定的问题，或者参考我们希望通过概念图来理解的事物或情境。

交叉联结：以此表示概念之间的关系，表明概念图上的某些领域知识相互联系的方式。在新知识的创建中，交叉联结表明了知识创造的跳跃性。

理性与情感交融：虽然概念图表现的是概念和命题，但同样反映了创建者在创建概念图过程中的情感状态，概念图既有理性、清晰性的特点，也映射了创建者的情感品质。

概念图的评价标准：

命题：在概念之间建立起有意义的联系。

层次：最高层的概念分解成若干有效的层级，从最一般到最具体。

分支：从最高层的概念分解出下一层概念。

交叉联结：不同分支中的下一层概念之间的联结整合是有效、有意义和重要的。

例子：最能区别次一级的概念。

概念化程度：理解最高层概念和与之相联结的次级概念的程度。①

扩展延伸 📡

【生物】

图 10—11 是讲完课程"碳循环"后，老师给学生提供的一个碳循环的概念图。②

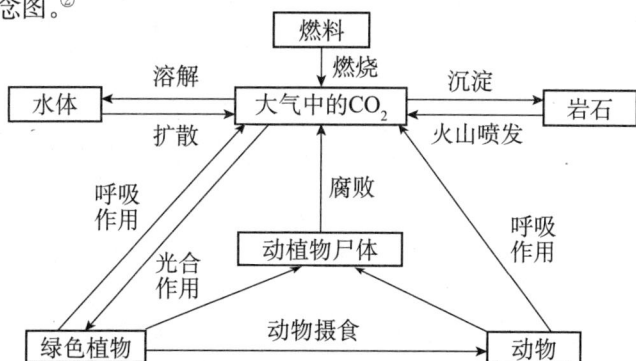

图 10—11 碳循环概念图

---

① 参见百度百科．概念图．见百度网，2013 - 04 - 19。

② 参见马贺林．初中生物碳循环概念图．见新思考网，2010 - 12 - 18。

【历史】

高一历史课程"伟大的历史性转折"主要涉及工作重点的转移、经济体制的改革和对外开放三个方面的内容。雪峰老师运用概念图对此进行了归纳（见图10—12）。[①]

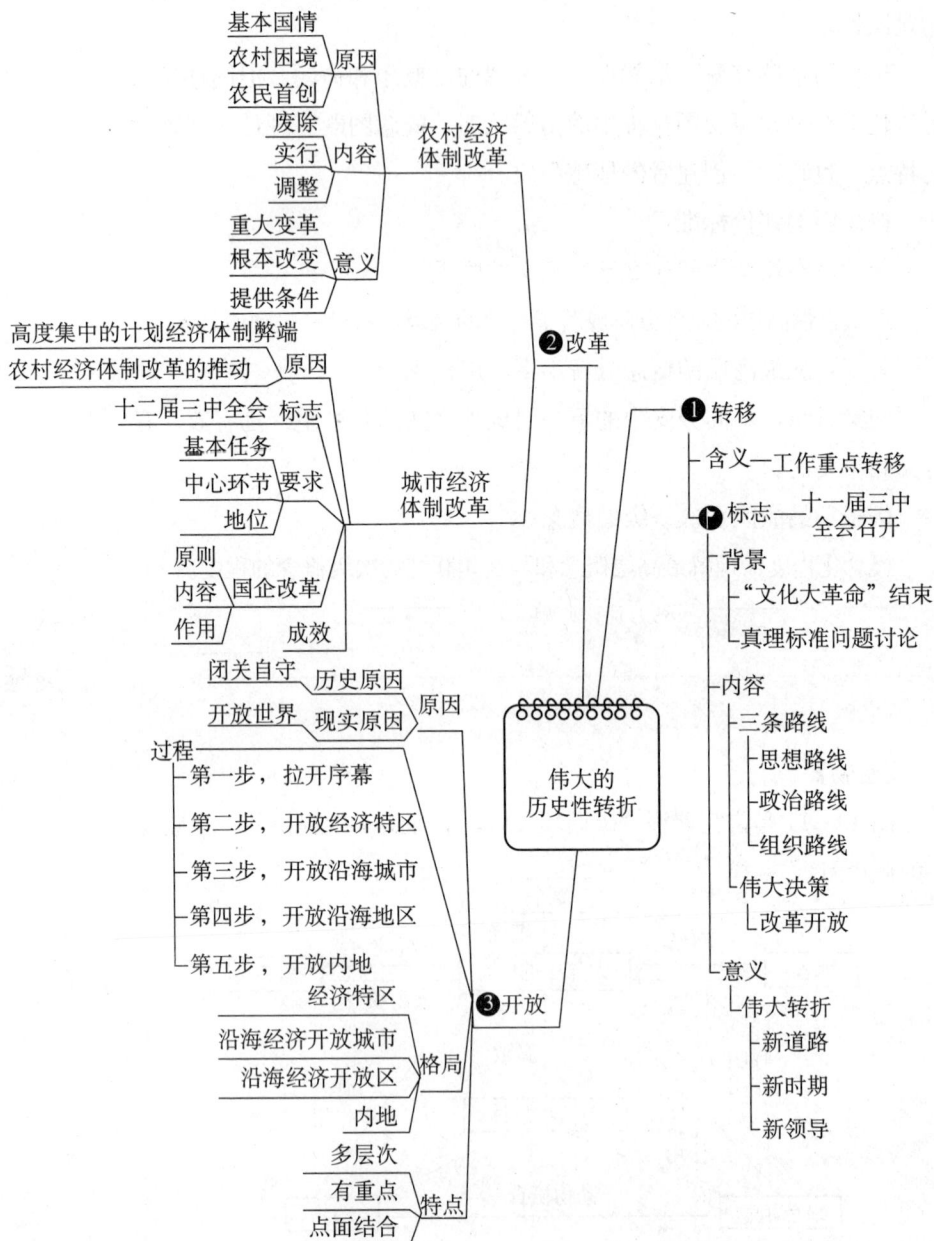

图10—12 "伟大的历史性转折"概念图

---

① 参见雪峰．概念图在高中历史教学中的应用．见新浪博客，2009-04-01．

【地理】

图 10—13 是某学生制作的关于地壳物质组成的概念结构图。

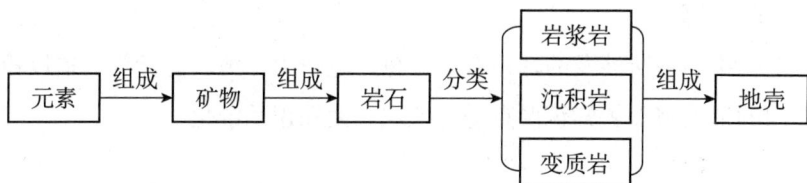

图 10—13　某学生绘制的地壳物质组成概念图

请结合地壳物质组成的相关内容对此图进行扩充与修改。

（参考提示：如图 10—14。）

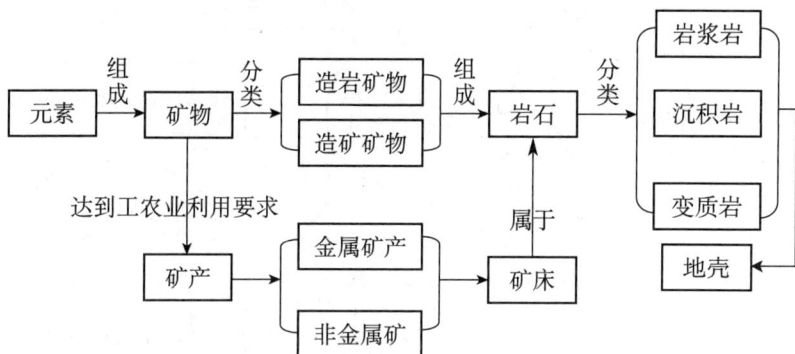

图 10—14　修改后的地壳物质组成概念图

【生物】

请以"扩展延伸"示例一中碳循环的概念图为模板，将氧循环、氮循环的知识也整理成概念图。

（参考提示：如图 10—15、图 10—16。）

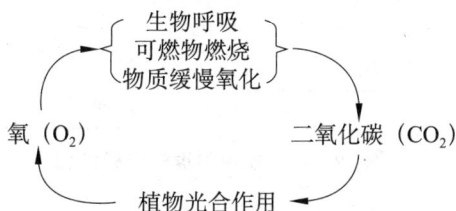

图 10—15　自然界的氧循环

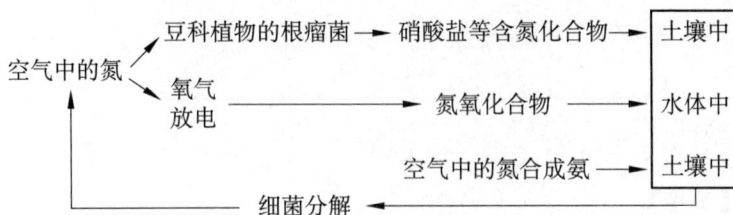

图 10—16　自然界的氮循环

【物理】

初中物理所涉及的知识有光、热、电、力、声、能量等，请以概念图的形式将相关知识要点进行梳理，使知识系统化。

（参考提示：如图 10—17。）

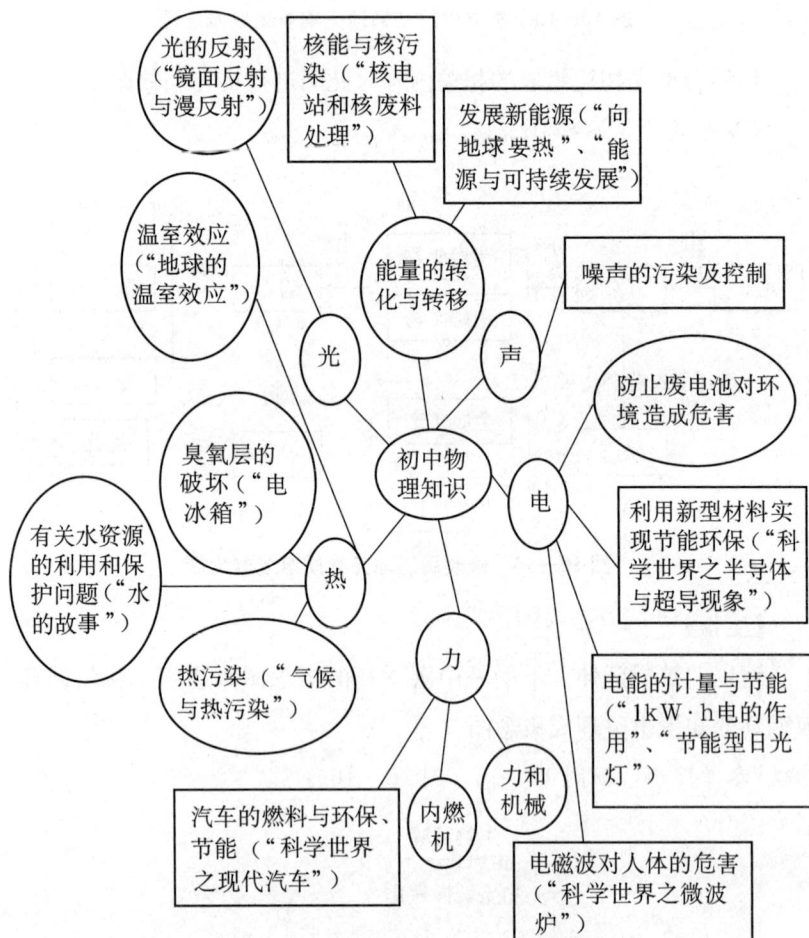

图 10—17　初中物理知识概念图

四 运用思维导图实现知识系统化

在进行人教版高中语文选修教材《中国古代诗歌散文欣赏》中的《项羽之死》一文的教学时，一个很重要的问题摆在笔者面前：课前通过读后感的方式调查学生对项羽及刘邦的评价，评价竟如出一辙。这种人云亦云现象的存在，肯定不利于学生思维的发展。

高中语文新课程标准多处提到了锻炼思维问题，涉及课程的基本理念、课程目标、教学建议、评价目标各个方面，而发展思维的严密性、深刻性和批判性是核心内容。

叶圣陶先生曾说："语言和思维密切相关，语言说得好在乎思路的正确，因此，锻炼思维至关重要。"[①] 的确，中学作文教学本该培养学生在生活和学习中善于观察、善于思考、勇于探索、勇于创造的习惯、意识和精神。这种观察和思考当然主要是指向人生和社会、历史和现实、文化和精神等领域，这才是中学作文教学能够而且应该做的事情。因为思考不仅是人的权利，而且是人的本质。没有思考的生活是动物式的生存，不会思考的人只能丧失独立人格和自主意识，从而沦为感性和知性的奴隶。作文发展等级第四条也明确提出要有创新、见解新颖、材料新鲜、构思精巧、推理想象有独到之处、有个性色彩（属表达应用层级 E 级）。因此从阅读和写作密不可分的角度考虑，我从人云亦云现象入手，将本节课的核心之一定位于写作思维能力的训练。

具体步骤可分为：

---

① 转引自余徐英. 小学语文思考点及其操作术——叶圣陶语文教育思想在课改中的指导和运用. 见龙源期刊网，2013－03－01。

（1）列出学生作品中的人云亦云现象。

（2）分析人云亦云的基本原因，通常情况下，原因分析可以从外因和内因的角度来进行。

（3）结合具体现象及相关原因寻求解决问题的办法。

为了有效地展开教学过程，我设计了如图 10—18 的思维导图。

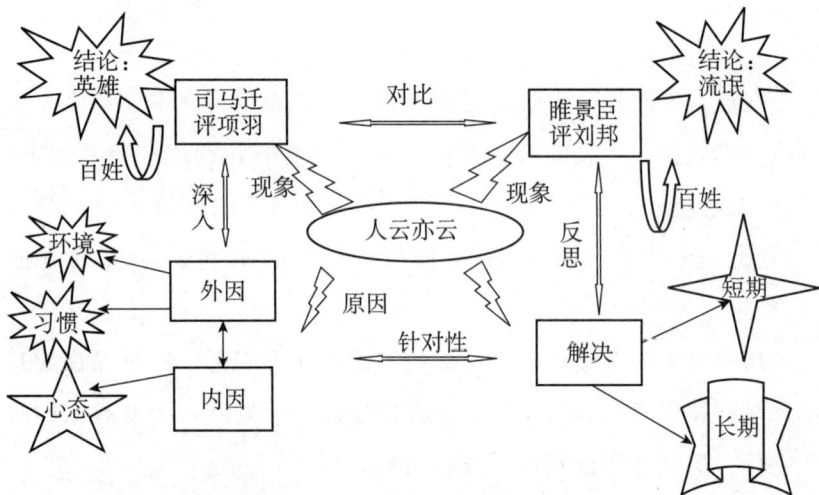

图 10—18　《项羽之死》教案设计思维导图

附：

教《项羽之死》有感

现在孩子的悲哀或许不在于成绩不好，而在于没有自己的见解，人云亦云将成为我们的特长，长此以往，我们会退化成异类——比如鹦鹉。在讲《项羽之死》的时候，再次感受到这一点的可怕，写下一点文字，为学生，也为自己。

中国的百姓大多习惯于人云亦云。自古如此，至今如是。

自从司马迁评价了一番项羽之后，项羽便自然而然地成了英雄，且不管司马迁为何如此评价，似乎百姓只要晓得但凡是白纸黑字的就一定能成为盖棺定论，更何况是辛苦地写在木简上的呢。

然后，我们这些后人便动用一切的智慧来寻找"英雄"的同义词、近义词，倚叠到项羽的身上，似乎唯有如此，我们才会向英雄靠近，我们内心的正义啊、果敢啊什么的也会随之升华。

与此同时，作为项羽对立面的刘邦便自然被推向了另一个极端。

的确，刘邦的手段也许令人不齿——我只是说也许——但刘邦是将命运掌握在自己手中的人。

中国的百姓永远是"草民"。虽有什么"野火烧不尽"的生命力，但每次读到此句，总有几分被调侃的悲愤感。按时下流行的说法，这或许也可以称为"被坚强"。不知经历了几世几劫之后，鲁迅先生道破其中的天机：中国几千年的历史不外乎分为两个时代——想做奴隶而不得的时代和暂时做稳了奴隶的时代，不管怎样，无论如何逃不开"奴性"二字。所以，我们的坚忍、我们的豁达、我们的仁义……似乎都浸满了奴性的味道。

但刘邦至少为这一结论找到了一个反例。政客们的战争游戏中，"兴百姓苦，亡百姓苦"是一条真理，可刘邦告诉他们，其实他们也可以大声地说出"你的战争我做主"。战争中，百姓可以不任人宰割，百姓可以鄙视肉食者，百姓心中也有理想，那不只是老婆孩子热炕头——这一切至少刘邦做到了。

的确，刘邦是"小人"、是"无赖"，说"流氓"也不为过。他没有后台，没有文化，所以他只有靠一种叫作"本能"的东西，去和高高在上的项羽们对抗，项羽一句"彼可取而代也"是有鸿鹄之志的表现，那只是因为他的贵族出身，而刘邦最初的梦想或许只是"我要活下去"，那只是因为他是草民，他靠着本能活了下去，活出了上等人样，他不该是英雄么？至少是一位让上层人物头疼的草根英雄。

当一切都已成为历史的时候，我仍坚信他是英雄——他将命运掌握在自己手中了。

至于百姓不肯接受他，就我个人看来，并非完全出于所谓的正义感。或许只是因为刘邦就在百姓中间，曾和他们平起平坐，太熟悉了所以失去了神秘感；或许他们的祖上要比刘邦强多了，不然，为何要如此盲从呢？

学而不思则罔，也许，我们永远成不了刘邦，但至少也别异化成学舌的鹦鹉，共勉吧。

逻辑辨析

"思维导图"的创始人是东尼·博赞和巴利·博赞。但是，他们实际上并没有给思维导图一个比较明确和规范的定义。根据他们在合著的《思维导图》一书中的分析和解释，我们可以这样理解：所谓思维导图，就是一种用来组织自己的思想或者组织别人的思想，以便达到理清思路、主次清楚、层级有序、关联明确、综观全局效果的思维工具。[①]

思维导图之所以能成为一种实现知识系统化的逻辑工具，是因为其核心在于发现和展示各个概念之间的联系。东尼·博赞和巴利·博赞在《思维导图》中说得很明白："思维导图向各个方向延伸，从不同角度理解各种概念"[②]，思维导图中"使用顺序的方式总会自动地得出更富有逻辑的思想"[③]。

他们认为，思维导图可以广泛地运用于各方面的思维活动，可以用来记录他人的演讲、整理他人的文章和著作，也可以用来展示自己的思考过程等。《思维导图》一书还特别谈到，思维导图可以运用于教学，"使教学变得更容易和更有趣"[④]。当把思维导图运用于教学后，其突出的作用在于：第一，可以帮助人们"勾勒出讲课的框架"，"从总体上把握所讲的内容"，掌握"全盘内容"；第二，可以帮助人们"把事实之间的关系也列出来"，"在一些理论、概念和他们自己的观点之间建立联系"，从而达到"深层次学习"和"综观全局"的目的。[⑤]

根据《思维导图》中的论述，思维导图的组成要素主要有四个部分：

第一，基本分类概念。这是一些关键的概念，在这些概念之下，

---

① 参见［英］东尼·博赞，巴利·博赞：《思维导图》，3 页，北京，中信出版社，2009。
② 同上书，67 页。
③ 同上书，86 页。
④ 同上书，197 页。
⑤ 同上书，197～205 页。

其他一些概念才能组织起来。（强调用图形表示概念。）

第二，分支线（由粗到细，并且区分不同颜色，从关键概念向四周发射，把不同概念联系起来）。

第三，层级（通过对关键概念的概括向上形成不同层级，通过对关键概念的限制向下形成不同层级，思维由关键概念向外逐层发射）。

第四，顺序（用数字表示，此顺序非时间的逻辑顺序，而是联想或意义的逻辑顺序）。[①]

思维导图与前面说过的概念图有不少相同之处。它们的主要共同点表现在：都是思维的工具，都采用可视化技术将知识以图解的形式表示出来，都被运用于对知识或思想的梳理整合，以达到系统化。正是基于它们的相同点，一些人认为可以不必去区分思维导图和概念图，他们所构建的概念图实际上往往是思维导图，而其构建的思维导图又往往近似于概念图。我们则认为，它们虽然有相同点，但终究存在比较明显的区别。

它们的明显不同表现在：第一，概念图所涉及的各概念间相关性较强，思维导图的各概念间则比较发散；第二，概念图在表现形式上是网状结构，由节点、连线、联结词、层次组成，形式比较严谨，思维导图在表现形式上是树状结构，由颜色、线条、图形、符号组成，形式比较活泼；第三，概念图主要用于组织知识，构造清晰的知识网络结构，思维导图主要用于呈现思维活动过程，让隐性的思维过程可视化；第四，思维导图使用粗细不同的分支线，概念图的连线则没有此种区分；第五，思维导图强调用不同颜色表示层级和分类概念，概念图则没有。

知识链接

英国教育学家东尼·博赞在大学时代遇到了信息吸收、整理及记忆等困难，前往图书馆寻求帮助，却惊讶地发现没有教导如何正确有

---

① 参见［英］东尼·博赞，巴利·博赞：《思维导图》，61～69页。

效使用大脑的相关书籍资料，于是开始思索和寻找新的思想和方法来解决。东尼·博赞开始研究心理学、神经生理学等科学，渐渐地发现人类大脑的每一个脑细胞及相关功能如果能被和谐而巧妙地运用，将比彼此分开工作产生更高的效率。他由此创建了思维导图，运用图文并重的方式，把各级主题的关系用相互隶属与相关的层级图表现出来，把主题关键词与图像、颜色等建立记忆链接。思维导图充分运用左右脑的机能，利用记忆、阅读、思维的规律，协助人们在科学与艺术、逻辑与想象之间平衡发展，从而开启人类大脑的无限潜能。东尼·博赞也开始训练一些被称为"学习障碍者"、"阅读能力丧失者"的人群，这些被认为是失败者或曾被放弃的学生，很快有了进步，其中更有一部分学生成为同龄人中的佼佼者。东尼·博赞也因此以"大脑先生"闻名世界，成了英国头脑基金会的总裁，又被遴选为国际心理学家委员会委员，是"心智文化概念"的创始人。东尼·博赞出版过多部著作，包括《思维导图》、《开动大脑》、《启动记忆》、《快速阅读》、《掌握记忆》、《大脑使用说明书》、《唤醒创造天才的10种方法》等，使思维导图的应用无论在理论上还是在实践上都有了很大的发展。

思维导图最早只是东尼·博赞倡导的一种记笔记的方法，但由于它有助于积累思考技巧，大幅增进记忆力、组织力与创造力，展现个人智力，在世界各国非常盛行，尤其是作为辅助学生认知的工具，在各国的中小学教育中得到了广泛的应用，英国已经把思维导图作为中小学的必修课程，新加坡、韩国、日本、德国、美国等国家的教育教学机构也已经开始对该课题进行研究和探索。目前新加坡已经成功地把思维导图引入了中小学教育中，《幼儿思维导图》更是年轻父母们的必读图书。哈佛大学、剑桥大学、伦敦政治经济学院等知名学府也正在使用和教授思维导图。

相对于国外的发展来说，国内思维导图的应用还刚刚起步，最近几年，很多教师和研究人员对此进行了积极的探索，在很多小学、中学、大学进行了将思维导图应用于学科教学的尝试，使思维导图的应用无论在理论上还是在实践上都有了很大的发展。[①]

---

① 参见赵焱. 利用思维导图优化高中生物总复习策略的研究. 见百度网，2011-07-23。

图 10—19 就是一位中学老师提供的学生在学习了"细胞"的有
关知识后所构建的具有不同特点的两幅思维导图。[①]

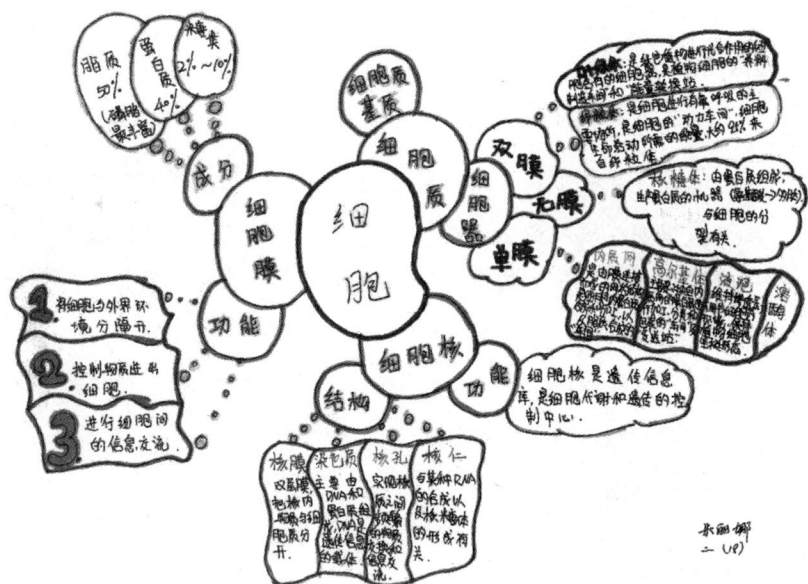

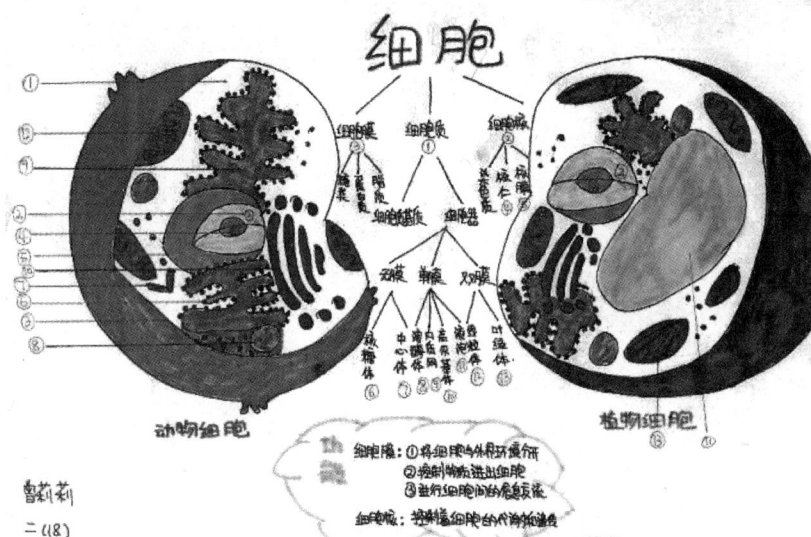

图 10—19 学生创作的关于"细胞"的思维导图

① 参见何彩霞. 二 18 班以细胞的基本结构为关键词的思维导图. 见新浪博客,
2013 - 06 - 12。

扩展延伸

【数学】

以下是有理数的加减法法则：

（1）有理数加法法则：同号两数相加，取相同的符号，并把绝对值相加；绝对值不相等的异号两数相加，取绝对值较大的加数的符号，并用较大的绝对值减去较小的绝对值；互为相反数的两个数相加得 0；一个数同 0 相加，仍得这个数。

（2）有理数减法法则：减去一个数，等于加这个数的相反数。有理数的减法可以转化为加法来进行。

相关思维导图示例见图 10—20。

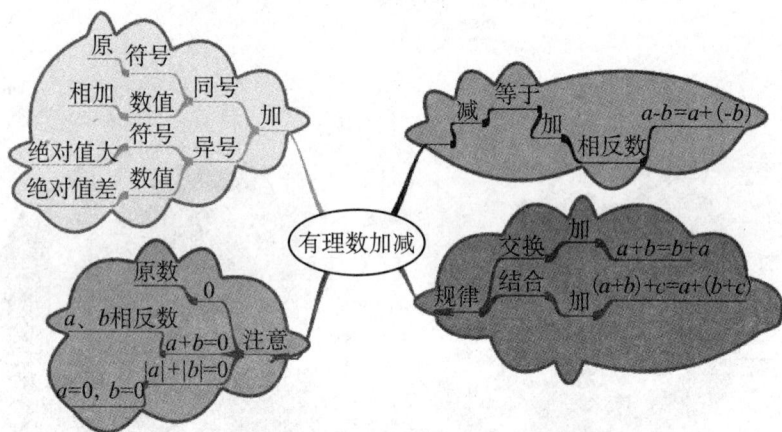

图 10—20　"有理数加减"思维导图

【物理】

图 10—21 是一幅人教版义务教育教科书《物理》八年级下册"浮力"一节的教学结构图：

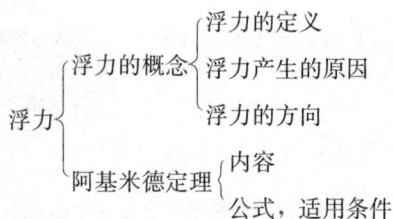

图 10—21　"浮力"一节教学结构

可将其转换成如图 10—22 的思维导图。

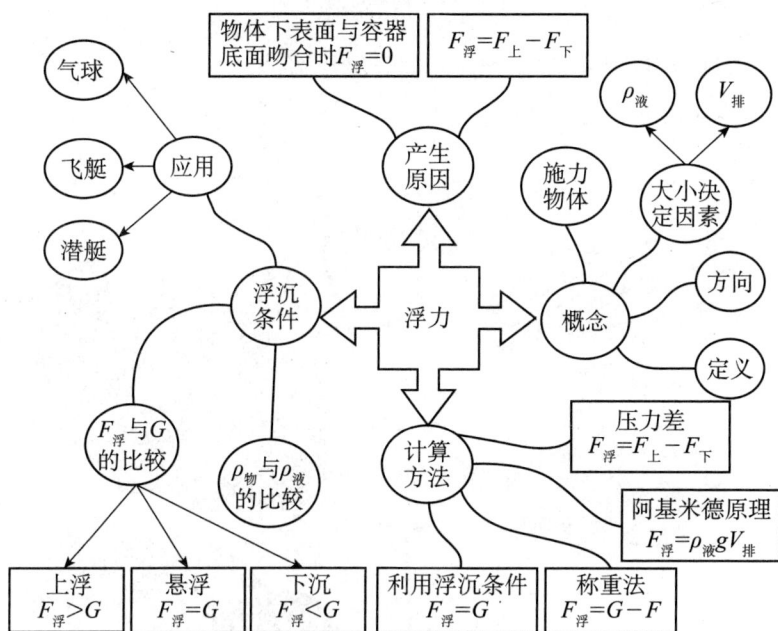

图 10—22 "浮力"一节思维导图

勤思多练

【数学】

以下是初中数学课程中关于"绝对值"的相关知识：

绝对值定义：在数轴上，表示一个数的点到原点的距离叫作这个数的绝对值，绝对值用" $|\ |$ "来表示。在数轴上，表示一个数 a 的点到数 b 的点之间的距离，叫作" $a-b$ "的绝对值，记作 $|a-b|$ 。

绝对值的几何意义：在数轴上，一个数到原点的距离叫作该数的绝对值。例如：5 指在数轴上表示数 5 的点与原点的距离，这个距离是 5，所以 5 的绝对值是 5。

绝对值的代数意义：非负数的绝对值是它本身，非正数的绝对值是它的相反数。互为相反数的两个数的绝对值相等。

a 的绝对值用" $|a|$ "表示，读作" a 的绝对值"。

实数 a 的绝对值永远是非负数，即 $|a| \geqslant 0$ 。

互为相反数的两个数的绝对值相等，即 $|-a| = |a|$ 。

若 a 为正数，则满足 $|x|=a$ 的 x 有两个值，即 $\pm a$，如 $|x|=3$，则 $x=\pm3$。

请试着将这些内容制作成一幅思维导图。

（参考提示：见图 10—23。）

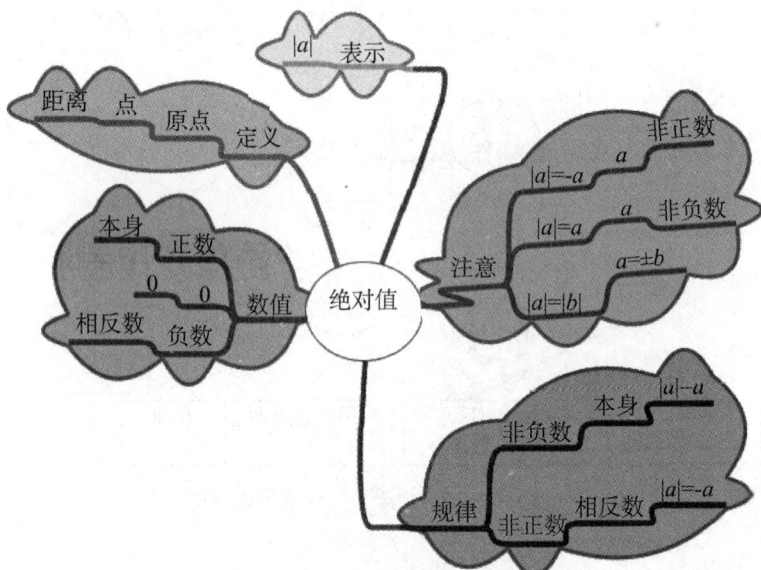

图 10—23　"绝对值"思维导图

【地理】

请阅读中学地理教材中与"水文"相关的内容，然后制作一张思维导图。

（参考提示：见图 10—24。）

图 10—24　"水文"思维导图

【物理】

以下是中学物理教材中关于"声"的一些基本介绍：

（1）声的产生。

声音是由物体的振动产生的；正在发声的物体称为声源。

（2）声的传播。

声音以声波的形式传播；能够传播声波的物质称为声的介质；声音传播的快慢用声速描述，它的大小等于声音在每秒内传播的距离；声速的两个决定因素是介质的性质、介质的温度；一般说来，声音在气体、液体、固体中的传播速度依次加快。

（3）声的特性。

（4）关于噪声。

（5）声音的利用。

请结合相关内容制作一份思维导图。

（参考提示：见图 10—25。）

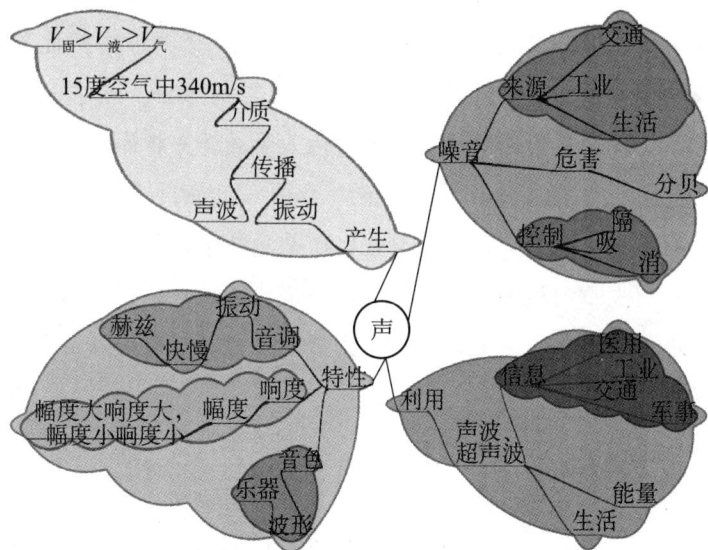

图 10—25 "声"的思维导图

编后记

在参与教育部人文社科规划基金项目"逻辑思维能力与创新型人才培养研究"的研讨过程中，深切感到要使逻辑思维能力在培养创新型人才过程中真正发挥作用，就必须深入基础教育领域，使逻辑学与基础教育的教学实践得到较好的结合。于是，我们邀请了一些有较丰富教学经验的中学教师，与高校从事逻辑教学的教师一起，共同组成了编写组。正当我们着手编写的时候，中国逻辑与语言函授大学申请的教育教学改革项目"北京市中学教师逻辑思维能力培训"获得北京市教委的批准。因为这两个项目有着许多相通之处，我们就合并起来做了综合的思考，本书即为这两个项目的研究成果之一。

我们这本书的立足点，是希望结合中小学老师们的实际教学活动，向处于百忙中的中小学老师普及一点逻辑方法。全书分四个模块：关于发现和提出问题的逻辑方法；关于展开分析的逻辑方法；关于进行概括的逻辑方法；关于实现知识系统化的逻辑方法。在编写中，我们不追求逻辑理论的完整性，而是从教学的实际需要出发进行选取；我们也不刻板地完全保持逻辑理论的原貌，而是根据教学的实际需要进行了适当的变通、拓展和发挥。希望我们的这种探索，能够得到理解和支持。

参与本书编写的各章作者有：

第一章　汪馥郁（北京联合大学应用文理学院）
　　　　饶玉川（北京创新研究所）

第二章　汪馥郁（北京联合大学应用文理学院）
　　　　刘　玉（北京创新研究所）

第三章　史月东（清华大学附属中学上地学校）

第四章　孙海昆（清华大学附属中学上地学校）

第五章　赵兴祥（清华大学附属中学上地学校）

第六章　翟　暾（清华大学附属中学上地学校）

第七章　翟　暾（清华大学附属中学上地学校）

第八章　孙海昆（清华大学附属中学上地学校）

第九章　谷　渊（清华大学附属中学上地学校）

第十章　窦雪松（北京海淀实验中学）

汪馥郁教授承担了构思全书编写提纲、讲解编写思路和全书修改统稿的任务。中国逻辑与语言函授大学郑功伦校长、张泽膏副董事长和李玉瑞副校长对本书的编写给予了明确指导。中国社会科学院刘培育研究员和北京师范大学董志铁教授对本书进行了认真细致的审阅，提出了许多宝贵意见。在本书的编写过程中，得到了涂洁（北京八十中学）、强明江（山西大同市实验中学）、张笋（山西大同市实验中学）、吴起兴（山东宁阳县教师进修学校）等老师的大力支持，也得到了中国人民大学出版社费小琳老师、陈曦老师和吴芸老师的热情帮助，并且能够在中国人民大学出版社出版，本书编写者感到非常荣幸，在此一并致谢。

主编

2013 年 8 月 5 日

图书在版编目（CIP）数据

课堂中的逻辑味道：让理性引导教与学/汪馥郁主编 . —北京：中国人民大学出版社，2013.10

（逻辑思维能力提升与创新人才培养丛书）

ISBN 978-7-300-18130-1

Ⅰ.①课… Ⅱ.①汪… Ⅲ.①中小学-课堂教学-教学研究 Ⅳ.①G632.421

中国版本图书馆 CIP 数据核字（2013）第 237619 号

教育部人文社科规划基金项目

逻辑思维能力提升与创新人才培养丛书

刘培育　总主编

课堂中的逻辑味道——让理性引导教与学

汪馥郁　主编

董志铁　主审

Ketang zhong de Luoji Weidao——Rang Lixing Yindao Jiao yu Xue

出版发行	中国人民大学出版社			
社　址	北京中关村大街 31 号		**邮政编码**	100080
电　话	010 - 62511242（总编室）		010 - 62511398（质管部）	
	010 - 82501766（邮购部）		010 - 62514148（门市部）	
	010 - 62515195（发行公司）		010 - 62515275（盗版举报）	
网　址	http://www.crup.com.cn			
	http://www.ttrnet.com（人大教研网）			
经　销	新华书店			
印　刷	天津画中画印刷有限公司			
规　格	175mm×255mm　16 开本		**版　次**	2014 年 3 月第 1 版
印　张	23.5		**印　次**	2022 年 12 月第 2 次印刷
字　数	334 000		**定　价**	49.00 元